ullstein

Das Buch

Selten steht ein Familienname für so viele Widersprüche wie der Name Krupp. Die Krupps erfanden Wohlfahrtssysteme und heizten Weltkriege an, sie paktierten mit Monarchen und mit Diktatoren, sie wurden gefürchtet und gefeiert, hofiert und angeklagt, sie schlugen jede Konkurrenz skrupellos aus dem Feld und standen immer wieder vor dem selbstverschuldeten Ruin. Wer waren die Menschen, die mit dem Privileg und der Bürde dieses Namens gelebt haben? Im Zentrum der emotionsreich und fesselnd erzählten Familiengeschichte stehen die »letzten Krupps«, Bertha Krupp und ihr Sohn, der Alleinerbe Alfried von Bohlen und Halbach. Ihre schwierige Beziehung gipfelt in Alfrieds Entschluss, die Firma in eine Stiftung umzuwandeln und so für alle Zeiten von der Familie zu trennen. Und sich damit von allem loszusagen, wofür seine Mutter zeit ihres Lebens gekämpft hat …

Die Autoren

Christian Schnalke, der das Drehbuch zu *Krupp – Eine deutsche Familie* verfasst hat, ist Autor erfolgreicher TV-Serien und Filme wie *Rosa Rot, Die Patriarchin* und *Afrika, mon amour.*
Leon Fischer lebt und arbeitet als Lektor, Redakteur und Autor in München.

Leon Fischer

KRUPP

Eine deutsche Familie

Roman

Ullstein

Besuchen Sie uns im Internet:
www.ullstein-taschenbuch.de

Umwelthinweis:
Dieses Buch wurde auf chlor- und säurefreiem Papier gedruckt.

Originalausgabe im Ullstein Taschenbuch
1. Auflage April 2009
Romankonzept und Realisation: Gerhard Seidl, teXt in form,
München. Nach einem Drehbuch von Christian Schnalke

Umschlaggestaltung: HildenDesign, München
Titelabbildung: © ZDF/Mats Cordt
Szenenbilder: © ZDF
Satz: LVD GmbH, Berlin
Gesetzt aus der Minion
Druck und Bindearbeiten: CPI – Ebner & Spiegel, Ulm
Printed in Germany
ISBN 978-3-548-28052-3

1

1957

Das Laub der riesigen Bäume im Hügel-Park hatte sich bereits gelb und rot gefärbt. Der Herbst schien in diesem Jahr viel zu früh zu beginnen. Ein leichter Wind kräuselte die Wellen des Baldeney-Sees, der sich unterhalb der Villa wieder zur schmalen Ruhr verengte. Alfried hatte die kleine Schar seiner Gäste mit einem Glas Champagner auf der Terrasse begrüßt. Er liebte das wunderbar warme Licht der tiefstehenden Sonne, das die Gelb- und Rottöne des Laubes zum Strahlen brachte. Langsam zogen von Westen dunkle Wolken auf. Der Wetterdienst hatte gemeldet, dass es im Laufe der Nacht zu vereinzelten Gewittern mit teilweise heftigen Schauern kommen würde.

Riesige Ölgemälde schmückten die hohen Wände der Unteren Halle. Sie zeigten die Ahnen der Familie fast impressionistisch im Freien zu Pferde oder im Atelier vor dunklem Hintergrund. Unter den ausladenden silbernen Kronleuchtern, die von der Holzkassettendecke hingen, saß die kleine Gruppe gerade beim Hauptgang zu Tisch. Dass ein Gedeck noch immer unbenutzt, ein Sitzplatz frei geblieben war, trug sicher seinen Teil zur gedämpften Stimmung bei. Alfried wartete auf seine Mutter und blickte nervös zur Tür. Er selbst hatte so oft vor dieser Tür gestanden, als sein Vater hier noch ein unnachgiebig strenges Regiment führte. Wer sich damals auch nur ein wenig verspätete, hatte das Essen verpasst. Die Diener waren angewiesen gewesen, alle Türen pünktlich zu schließen, damit in der vorausgeplanten Zeit ohne Störung gegessen werden konnte. Nicht nur die Kinder litten unter den peinlich genau eingehaltenen Zeitplänen, auch Gäste, die zu langsam aßen oder zu viel erzählten, mussten widerspruchslos erleben, wie ihr halbvoller Teller abgeräumt wurde, wenn der Hausherr seinerseits den jeweiligen Gang beendet hatte.

»Bleibst du jetzt in Essen, Arndt?« Barbara wandte sich interessiert ihrem gutaussehenden neunzehnjährigen Großneffen zu. Er wirkte eingeschüchtert und abwesend, während er die Kroketten auf seinem Teller hin und her schob wie Matchboxautos. Sie überlegte einen Moment, ob seine Augen wirklich so groß waren oder ob er, das war in der Familie ja längst kein Geheimnis mehr, kosmetisch etwas nachgeholfen hatte.

»Weiß nicht …«, kam es zögernd und tonlos aus Arndts Richtung, der es kaum wagte aufzusehen.

»Und was hast du vor?« Barbara ließ nicht locker. Sie hatte keine Lust, sich den Abend durch die Querelen ihrer Verwandtschaft verleiden zu lassen. Damals nach ihrer Hochzeit mit Tilo hatte sie die Villa verlassen und das Glück empfunden, diesen Mauern und ihrem Geist für lange Zeit entkommen zu sein. Wie wohl hatte sie sich auf den Besitzungen ihres Mannes bei Weimar gefühlt. Die Leichtigkeit des Lebens dort war ihr auch über die Jahre hinweg stets in Erinnerung geblieben. Möglicherweise war sie immer schon die unbeschwertere der beiden Schwestern gewesen. Für sie hatte es auch in Essen nichts zu gewinnen gegeben, denn auf Bertha, die Erstgeborene, war ja das gesamte Unternehmen übergegangen. Und Barbara hatte nicht den Eindruck gehabt, dass dieser Umstand das Leben ihrer Schwester Bertha glücklicher gemacht hatte.

Da Arndt noch immer schwieg, begann sie zu sticheln: »Ein wenig die neue Freiheit genießen? Nach dem strengen Internat?«

Scheu blickte Arndt zu seinem Vater hinüber, um sich zu versichern, dass er nichts Falsches sagte. »Vater will, dass ich die Abteilungen kennenlerne ...«

Tilo von Wilmowsky gab einen verständnisvollen Seufzer von sich. Der Neunundsiebzigjährige war immer noch so gekleidet, als wolle er gleich ausreiten. Obwohl er sicherlich froh war, noch auf zwei Beinen voranzukommen. Er hob aufmunternd sein Glas und sagte: »Willkommen in Essen!«

Barbara und Bertholds Frau schlossen sich dem Toast erwartungsvoll und freundlich lächelnd an. Arndt erwiderte die förmliche Aufnahme in den Kreis der Familie zurückhaltend. Zu unentschlossen wirkte die Zeremonie. Sein Vater, dessen Blicke noch immer eine der Türen fixierten, schien mit etwas völlig anderem beschäftigt zu sein. Und auch Harald und Berthold, Alfrieds Brüder, hatten nur kurz genippt und sich schnell wieder ihrem Essen gewidmet.

»Das wird er brauchen können ...«, murmelte Berthold halblaut.

Auch an einem solchen Abend waren die Misshelligkeiten zwischen den Geschwistern offensichtlich. Schweigen senkte sich über die Halle. Bis Alfried verärgert seine Serviette neben den Teller warf und wütend aufstand. »Entschuldigt mich!«, stieß der hagere, großgewachsene Mann hervor. Die verwunderten Blicke der Anwesenden kreuzten sich verstohlen. Nicht alle ahnten, dass Berthas Abwesenheit keineswegs auf eine Unpässlichkeit zurückzuführen war, sondern einen wohlüberlegten Affront darstellte. Noch einmal wollte sie die Geschicke der Firma Krupp in ihrem Sinne beeinflussen – vielleicht das letzte Mal.

Mit langen Schritten lief Alfried die Flure entlang und stieg die Treppen zum Zimmer der Mutter hinauf. Dabei wurden Erinnerungen wach: an das Gefühl, wieder zu einem Knaben zu werden, eingeschüchtert von der elterlichen Autorität, und an die Wut, die der Zwang, dem er sich so oft in entscheidenden Momenten seines Lebens gefügt hatte, stets in ihm hatte aufsteigen lassen. Als er sich der Tür näherte, hinter der er seine Mutter vermutete, drohte der verängstigte kleine Alfried in ihm die Übermacht zu gewinnen. Er wartete einen Moment, dann klopfte er, wie er es immer getan hatte, trat aber ein, ohne auf eine Aufforderung zu warten. Bertha, das volle graue Haar wie üblich streng hochgesteckt, saß gebeugt an ihrem Tisch und schrieb irgendetwas in ein ledergebundenes Büchlein. Wie ihr Großvater, schoss es Alfried durch den Kopf. Der hatte, einem Besessenen gleich, zeit seines Lebens Notizen angefertigt. Zehntausende seiner Zeichnungen, Anweisungen, Listen und Regeln befanden sich im Archiv des Unternehmens und prägten es bis in dieses Jahr 1957. Ihr Verfasser war überzeugt gewesen, dass sich darin die gesamte Weisheit seiner Unternehmensführung spiegelte und jeder seiner Nachfolger gut daran täte, sich daran zu erbauen.

Aufmerksamkeit suchend, stellte sich Alfried neben Bertha Krupp, die nur kurz von der Anwesenheit ihres Ältesten Kenntnis nahm. »Mutter, ich werde das nicht länger hinnehmen«, kündigte er seine Bereitschaft an, sich auf eine Auseinandersetzung einzulassen, an deren Ende er nicht als Verlierer dazustehen beabsichtigte.

Bertha schwieg eine Weile, so als würde sie nachdenken. Damit wollte sie ihrem Sohn unmissverständlich zu verstehen geben, wie die eigentlichen Machtverhältnisse zwischen ihnen waren. Und schließlich fragte sie: »Wovon redest du?«

So leicht ließ Alfried sich dieses Mal nicht aus der Ruhe bringen. Er hatte in den letzten Jahren ganz andere Herausforderungen erfolgreich bestanden. Sein autoritätsgläubiges Alter Ego, den kleinen Alfried, hatte er draußen vor der Tür gelassen. »Ich rede von meinem Sohn, Mutter.«

»Ich glaube nicht, dass das der rechte Moment ist«, erwiderte Bertha, um ihm den Wind aus den Segeln zu nehmen.

Nur einen Moment lang überlegte Alfried, ob dieses Argument auch nur eine Spur stichhaltig war. Dann dachte er an den opulent gedeckten Tisch unten in der Halle mit dem frei gebliebenen Platz, während ein Großteil seiner Familie dort saß, um Arndt in Essen zu begrüßen. »Es ist der rechte Moment.«

Gequält drehte Bertha den Kopf ein wenig zu ihrem Sohn. »Ich habe Migräne.« So oft hatte diese Ausflucht sie davor bewahrt, Stellung beziehen zu müssen, oder etwas nicht zu tun, wozu sie keine Lust verspürte.

Doch bei Alfried bewirkte diese Ausrede diesmal das Gegenteil. »Ich weiß!«, zischte er voller Sarkasmus. »Genau wie damals, als meine Frau ins Haus kam. Und wie immer, wenn jemand kommt, der dir nicht passt!«

Bertha zögerte, wie sie mit dieser Anschuldigung umgehen sollte. Etwas in der Haltung Alfrieds sagte ihr, dass sie dieser Auseinandersetzung wohl nicht aus dem Weg würde gehen können. Sie richtete sich auf ihrem Stuhl auf und schaute an Alfried vorbei zum Fenster hinaus in den dunklen Park. »Gut, dein Sohn, wie du ihn nennst, passt mir nicht. Das ist nichts Neues. Du wirst nicht erwarten, dass sich daran noch etwas ändert«, fasste sie ihren Standpunkt lakonisch zusammen.

»Doch, Mutter.« Er beugte sich zu ihr vor. Sie wollte einfach nicht verstehen, dass er nun derjenige war, der das Sagen hatte. »Genau das erwarte ich. Du wirst ihn akzeptieren.«

Erzürnt schaute Bertha nun Alfried an. »Einen Neunzehnjährigen, der sich schminkt?« Sie verzog abschätzig das Gesicht.

Um Zeit zu gewinnen, richtete Alfried sich wieder auf. Sie hatte den wunden Punkt getroffen, der auch ihm zu schaffen machte. Doch für ihn stellte es einen wesentlichen Unterschied dar, ob Arndt hier als Familienmitglied oder als künftiger Erbe des Hauses Krupp zur Diskussion stand. Mochte es auch für seine Mutter der gleiche Sachverhalt sein. Ihm ging es in diesem Moment darum, dass sein Sohn an diesem Abend nicht verleugnet wurde. Ob er sich jedoch als Krupp bewähren würde, stand auf einem ganz anderen Blatt. »Du hast mir mein Leben lang zugesetzt. Du hast mir deinen Willen aufgezwungen, wann immer es dir beliebt hat. Du hast mich gequält, wenn es dir ...«

Bertha wollte sich das nicht länger anhören. Was sollte diese Weinerlichkeit aus dem Mund eines der führenden deutschen Industriellen? Sie erhob sich so schnell von dem Stuhl, wie ihre alten Glieder es ihr erlaubten, und funkelte Alfried an.«Hinaus, du hast ja den Verstand verloren!«

Dieser unkontrollierte Gefühlsausbruch prallte an ihm

ab. Ungerührt fuhr Alfried erneut und nun sicherer fort: »Arndt ist mein Sohn. Was du seiner Mutter angetan hast, wirst du nicht an ihm wiederholen!« Abrupt wandte Alfried sich zur Tür und legte die Hand auf den schweren vergoldeten Messinggriff.

»Alfried!« Stolz und Verzweiflung ihres ganzen Lebens klangen darin an.

Ohne sich umzudrehen, blieb der Sohn zögernd stehen.

»Du weißt, warum ich hart sein musste. Vor allem zu dir.«

Müde zuckte Alfried mit den Schultern. »Du hast es mir oft genug gesagt.«

»Wir haben eine Verantwortung, Alfried! Wir haben eine Pflicht!«, fasste die Einundsiebzigjährige die Quintessenz ihres langen Lebens zusammen.

Alfried wandte sich um, als hätte er auf genau diesen Satz gewartet, und erwiderte: »Wir haben die Pflicht, endlich ehrlich zu sein.«

Mit der linken Hand stützte Bertha sich leicht auf dem Tisch ab. Sie hatte keine Vorstellung davon, worauf Alfried anspielte.

Ungewöhnlich trotzig für einen Fünfzigjährigen forderte er sie heraus. »Dein Großvater ist einsam gestorben. Dein Vater hat sich das Leben genommen …«

»Das ist nicht wahr!«, schrie Bertha. Mit lautem Krachen fiel der Stuhl um. Wutentbrannt starrte sie Alfried an. »Das ist eine Lüge!«

»… weil er den Druck nicht länger ertragen hat. Dein Mann war nur deshalb nicht bis zu seinem Lebensende im Gefängnis, weil sie mich an seiner statt verurteilt haben. Ich werde nicht zulassen, dass du meinen Sohn als Nächsten opferst!« Mit ruhiger, fester Stimme brachte er die Begründung vor, über die er in Betrachtung des leeren Stuhls und des unbenutzten Gedecks während des Abendessens nachgedacht hatte. Die sich von Generation zu Generation fortsetzende Tragik schien Alfried so klar, dass jeder Widerspruch seitens seiner Mutter zwecklos sein musste.

Doch nichts davon ließ Bertha an sich herankommen, nicht in diesem Moment. Sie baute sich vor ihm auf und forderte: »Verlass dieses Haus! Und komm nur zurück, um dich zu entschuldigen!« In einer selbstbewussten herrischen Geste wies sie ihrem Sohn mit gestrecktem Arm die Tür.

Alfried hatte gehofft, ihr die Augen zu öffnen, ihr Herz zu rühren, er musste jedoch ihre Versteinerung mit ansehen. Das Blut war ihr aus dem Gesicht gewichen. In der Konfrontation hatte er geglaubt, ihre mütterliche, beschützende Seite herausgefordert zu haben. Aber Bertha blieb hart. Ihr zu widersprechen war vergebliche Mühe. Alfried verzichtete darauf, obwohl er nach Worten rang, nur um nicht wieder geschlagen das Feld zu räumen. Dann drehte er sich wortlos um und kehrte zu der kleinen Gesellschaft zurück, die er so plötzlich verlassen hatte.

Nachdem die Tür ins Schloss gefallen war, begann Berthas Arm zu zittern. Sie hatte Haltung bewahrt, solange sie den Blicken ihres Sohns ausgesetzt gewesen war. Aber seine Worte hatten einen wunden Punkt getroffen. Die Geschichte ihrer Familie war keine von heroischen Gestalten, die über die Niederungen des Menschlichen erhaben waren, stets mit sicherer Hand und ohne Fehl und Tadel handelten, deren Leben nichts anderes war als eine grandiose Abfolge großartiger Momente. Doch hätte sie diesen Gedanken je wirklich zugelassen, so wäre Bertha ihr ganzes Leben sinnlos und vergeudet erschienen. Und sie spürte, wie ihr die Bereitschaft, Zweifel an diesen Gewissheiten zuzulassen, die Kraft nahm. Ein drückender Schmerz breitete sich von ihrer Brust aus, bis in die Arme und weit in den Bauch hinein. Ungläubig fasste sie sich mit der rechten Hand ans Herz. Immer heftiger wurde der Schmerz, und Bertha rang stöhnend nach Luft. Übelkeit stieg in ihr hoch, und der Schweiß trat ihr aus allen Poren. Bertha versuchte die schiere Todesangst mit einem lauten Schrei zu vertreiben. Doch der Herzanfall ließ sich nicht abweisen wie ihr Sohn oder das Personal. Er riss sie zu Boden, mitsamt dem Tischchen und den darauf in silbernen Rahmen stehenden Familienfotos.

Natürlich hatte Anna den Schrei vernommen. Aber es dauerte eine Weile, bis sie ihre klassische dunkle Dienstbotenkleidung mit der weißen Schürze angelegt hatte. Die Frau des Hauses hatte ihr erlaubt, sich für diesen Tag zurückzuziehen. Nun war sie unsicher, wie schnell sie gebraucht wurde. Und im Morgenmantel bei der Gnädigen zu erscheinen getraute sie sich nicht – lieber einen Moment zu spät als unpassend gekleidet. Annas erschrockener Ausruf hallte ungehört über den Flur, als sie Bertha Krupp zwischen den Glasscherben, Rahmen und Fotos liegen sah. Ohne zu zögern, verständigte sie den Hausarzt. Dann half sie ihrer Dienstherrin, die langsam wieder zu Bewusstsein kam, sich zu säubern, umzukleiden und ins Bett zu legen.

»Haben Sie Schmerzen im linken Arm?«, fragte der vertraute Arzt, um die Diagnose, an der er keinerlei Zweifel hatte, bestätigt zu wissen.

Bertha starrte wie ein trotziges Kind an die holzgetäfelte Decke und wehrte die Frage ab. »Nein.«

So leicht ließ der erfahrene Mediziner sich jedoch nicht abweisen. »Oder in der Herzgegend?«, hakte er nach. »Vielleicht hier oben, in den Hals ausstrahlend? Oder hier herunter?« Er markierte mit dem Finger auf seinem weißen Kittel die möglicherweise betroffenen Körperpartien.

»Nein.«

Der Arzt schüttelte nachdenklich den Kopf und holte ein Stethoskop aus seinem hellbraunen Köfferchen. »Ich kann mir nicht vorstellen, dass das nur ein Schwächeanfall war. Lassen Sie mich bitte Ihre Herztöne abhören.«

Bertha presste die weißbezogene Bettdecke auf ihren Oberkörper, als würde sie bedroht. »Herr Doktor«, beharrte sie, »es geht mir ausgezeichnet!«

»Sie wissen, was ein Herzinfarkt ist?« Der Arzt konnte sich das Verhalten seiner Patientin, zu der er schon lange ein nahezu vertrautes Verhältnis hatte, nicht erklären. Immer hatte Bertha Krupp, die Letzte ihres Familienzweigs, die den Namen von Geburt an trug, gekämpft. Wollte sie jetzt aufgeben? »Wenn wir nicht umgehend etwas unternehmen, kann es böse ausgehen. Die unterschiedlichsten Komplikationen können auftreten. Bis hin zu einem Sekundärinfarkt.« Nervös begann der Mediziner, seine Ausführungen mit dramatischen Gesten zu unterstreichen.

Seine Patientin lächelte ihn nur vielsagend an und meinte: »Nun, Sie sehen ja, ich lebe noch. Im Ernst, Herr Doktor, warum sollte ich Ihnen einen Infarkt verschweigen?«

»Weil Sie einen Aufenthalt im Krankenhaus scheuen?« Eine Abneigung, die viele Menschen in höherem Alter hatten, aber er als Arzt wollte sich damit nicht abfinden. »Ich bitte Sie«, drängte er, »erlauben Sie mir, Sie im Krankenhaus gründlich zu untersuchen. Mich würde das sehr beruhigen.«

»Unsinn«, Bertha drehte sich erschöpft zur Wand, »lassen Sie mich schlafen. Morgen denkt keiner mehr daran. Wäre ich wegen jeder Lappalie ins Krankenhaus gegangen, dann hätten mich die Ärzte längst umgebracht. Selbst die in meinem eigenen Krankenhaus.« Sie wandte sich noch einmal zu ihm um, lächelte ihn entwaffnend an und sagte: »Mir geht es schon viel besser.«

Zögernd packte der Arzt sein Stethoskop weg und suchte nach einem passenden Medikament. »Ich lasse Ihnen diese Kreislauftropfen da.« Er beschriftete das Etikett und überreichte das Fläschchen Anna, die sich, solange sie nicht gebraucht wurde, in eine Ecke des Zimmers zurückgezogen hatte. »Hier steht die Dosierung. Können Sie das lesen?«

Mit einem Knicks nahm Anna das Fläschchen entgegen und entzifferte verunsichert die Anweisungen. »Jawohl, Herr Doktor.« Sie entfernte sich, um Hut und Mantel des Arztes zu holen.

»Ich komme morgen früh wieder, um nach Ihnen zu sehen«, verabschiedete er sich von seiner sturen Patientin.

»Aber mit nüchternem Magen, dann können wir zusammen frühstücken«, lud Bertha ihn mit überzeugend fröhlicher Stimme ein. Doch kaum war die Tür hinter ihm ins Schloss gefallen, griff sie sich vor Schmerzen erneut an die Brust. Nach einer Weile bemerkte sie das Dienstmädchen, das sie seit einigen Minuten unverwandt beobachtete. »Ist noch was?«

In Sorge um ihre Arbeitgeberin fasste Anna sich ein Herz. »Frau von Bohlen, bitte halten Sie mich nicht für vorlaut, aber …«

»Was?« In ihrer Schwäche spürte Bertha, dass diese Unbotmäßigkeit echter Fürsorge entsprang.

»Sie haben dem Doktor nicht von Ihren Schmerzen erzählt …«

»Was für Schmerzen?« Bertha sah das Mädchen durchdringend an. »Sie wissen, dass ich Ihre Vorgängerin entlassen musste?«

»Bitte entschuldigen Sie, gnädige Frau.« Anna trat erschrocken einen Schritt zurück.

»Ich konnte ihr nicht vertrauen, verstehen Sie?« Bertha deutete damit an, was sie von Anna erwartete. Dann sank sie auf ihr Kopfkissen zurück und dämmerte in den Halbschlaf hinüber, aus dem sie bald durch krachenden Donner aufgeschreckt wurde. Das angekündigte Gewitter ging nieder.

Anna beeilte sich, die vom heftigen Wind aufgedrückten Fenster zu schließen, als sie vernahm, wie Bertha aufgewühlt halblaut zu sprechen begann.

»Und wir waren doch glücklich! Es waren glückliche Zeiten voller Arbeit und Mühe, aber gerade deshalb so glücklich. Das ist die Wahrheit!«

2

1901

Die Wellen glitzerten in der hellen Sommersonne. Silbrig türkisfarben schwappten sie gegen das frisch gestrichene Fischerboot, das locker am Ankerseil hing und vor der Küste Capris dümpelte. Die beiden Schwestern Bertha und Barbara hatten es sich auf den faserigen zusammengerollten Tauen gemütlich gemacht, die versteckt hinter rostigen Fischkörben und Holzkisten lagen. Während die beiden Backfische mit großen Hüten und leichten Sommerkleidern ihre zarte Haut vor der Sonne schützten, stand ein gebräunter italienischer Junge in einer halblangen Hose am Bug und zog ein Netz aus dem Wasser. Umsichtig sortierte er seinen Fang in die dafür vorgesehenen Eimer und warf Algen und Seegras, die sich im Netz verfangen hatten, wieder ins Meer zurück. Fritz Krupp stand aufmerksam daneben und begutachtete das Meeresgetier, das sich in den Behältern sammelte. Aus einem der Eimer ragte der Arm eines Tintenfischs. Der Siebenundvierzigjährige mit dem lichten hellen Haar und dem dunklen, an den Enden leicht gezwirbelten Schnauzbart fasste hinein und stupste das Tier so mit den Fingern, dass es erschrocken seine Tinte verspritzte.

»Bertha, Barbara! Kommt her, ich will euch etwas zeigen!«, rief er seinen beiden Töchtern zu. Er zog den glitschig wirkenden Tintenfisch aus dem Eimer und setzte ihn sich auf die Hand. Das Tier umfasste die Hand tastend und saugte sich schließlich daran fest. Dann streckte er die Hand mit dem kleinen Tier seinen Töchtern entgegen.

Mit einem skeptischen, leicht angewiderten Blick rief Barbara: »Iiiih! Und wie kriegst du den wieder ab?«

Lachend zuckte der Vater mit den Schultern. »Das weiß ich noch nicht! Jedes Problem zu seiner Zeit!«

Von dem Kreischen ihrer Tochter alarmiert, kam Margarethe Krupp aus der Kajüte nach oben, um zu sehen, was los war. Sie verachtete die Sympathien ihres Mannes für die Fauna des Meeres und beendete den kleinen Spaß rüde. »Den Mädchen so etwas zu zeigen …«

»Tut mir leid, aber etwas Besseres habe ich nicht zu bieten!«, erwiderte Fritz vielsagend.

Die Uneinsichtigkeit ihres nahezu gleichaltrigen Mannes empörte sie nur noch mehr. »Darf ich dich darauf aufmerksam machen, dass du mit Fischen spielst!«

Ungerührt schüttelte Fritz den Kopf. »Ich spiele nicht mit ihnen, ich erforsche sie.«

Bertha sprang ihrem Vater zur Seite. »Und Papa hat eine neue Art entdeckt!«

Wütend schnaubte Margarethe und drehte sich weg.

Fritz hielt den Tintenfisch fast wie eine Kasperlepuppe in der Hand und ging auf seine Frau zu. Versöhnlich wollte er wissen: »Und du kannst unsere Begeisterung gar nicht teilen?«

»Fritz, bitte!« Befremdet schaute Margarethe erst den Tintenfisch an, dann ihren Mann und fragte kühl: »Wann fahren wir nach Essen zurück?«

»Essen?« Es schien, als hätte Fritz keine rechte Vorstellung, wieso er nach Essen zurück sollte. Sein suchender Blick blieb an dem muskulösen Oberkörper des italienischen Knaben hängen, der noch immer mit seinem Fang beschäftigt war und nur gelegentlich scheu zu der deutschen Familie hinüberschaute.

»Fritz, wann?« Margarethe ließ nicht locker.

Mittlerweile kam Fritz sich mit dem Tintenfisch selbst ein wenig lächerlich vor. Er löste dessen Saugnäpfe von seiner Hand und warf ihn zurück ins Meer. »Margarethe … ich … Bald!«

Bertha wusste die Reaktion ihres Vaters nicht einzuschätzen. War er nur enttäuscht wie sie selbst, dass ihre Mutter auf eine Rückkehr nach Deutschland drängte, oder befürchtete er dort möglicherweise irgendetwas?

»Was ist denn nun? Können wir jetzt ins Hotel zurückfahren und uns für das Diner umkleiden?« Margarethe klatschte kurz in die Hände.

Der Fischerjunge schaute die Dame mit den streng hochgesteckten Haaren forschend an, um sicherzugehen, dass er ihre Anweisung richtig verstanden hatte, dann zog er das kleine Boot, das mit einem Tau an der Reling festgemacht war, seitlich an das Schiff heran und vertäute es.

Fritz beobachtete versunken seine sorgsamen und ruhigen Bewegungen. Erst als der Junge in das kleine Boot gesprungen war, um den Frauen beim Umsteigen zu helfen, kehrte wieder Leben in ihn zurück. Er half zuerst Margarethe, die energisch ihre Röcke anhob, um sich nicht schmutzig zu machen, dann seinen beiden Töchtern. »Nächstes Jahr bleiben wir länger«, flüsterte er Bertha ins Ohr, als er ihre Hand ergriff.

Die letzten Ferientage nutzten Bertha und Barbara, die beide leidenschaftlich am Theaterspiel interessiert waren, mit klassischer Lektüre. Eng an ihre knapp eineinhalb Jahre ältere Schwester geschmiegt, las Barbara mit verstellter Stimme aus einem schmalen Reclam-Band vor: »›Das Mädel ist schön – schlank – führt seinen netten Fuß. Unterm Dach mag's aussehen, wie's will. Darüber kuckt man bei euch Weibsleuten weg, wenn's nur der liebe Gott parterre nicht hat fehlen lassen …‹« Glucksend und mit wieder normaler Stimme meinte sie zögernd: »*Maman* wird außer sich sein, wenn sie das hört!«

»Das ist Schiller!«, betonte Bertha.

»Als ob sie das beeindruckt!«, erwiderte Barbara.

Bertha zuckte mit den Schultern und beharrte darauf, die Abneigung ihrer Mutter gegen solche vermeintlich freizügigen Texte zu ignorieren. »Außerdem ist es ja nicht für *maman,* sondern für Papa!«

Barbara gab sich den Argumenten der Älteren geschlagen und las weiter: »›Stöbert mein Springinsfeld erst noch dieses Kapitel aus …‹« Versonnen hielt sie inne.

»Was ist los?«, fragte Bertha.

Die Schwestern wechselten einen geheimnisvollen Blick, dann hielt Barbara sich das Büchlein vors Gesicht, so dass der Titel des Stückes *Kabale und Liebe* zu sehen war. Sie wartete einen Moment, ob Bertha die Andeutung verstand. Doch die sah keinen Grund, den Titel auf dem Umschlag zu lesen. Schließlich wusste sie ja, welches Buch die Schwester in der Hand hielt. Also blieb Barbara keine andere Wahl, als deutlicher zu werden. »Ich muss dir etwas gestehen. Aber du musst schwören, es niemandem zu verraten.«

Bertha nahm eine feierliche Haltung ein und erhob die rechte Hand. »Ich schwöre!«

Daraufhin umarmte Barbara ihre Schwester und flüsterte ihr kichernd ins Ohr.

Bertha freute sich sichtlich, hielt aber nicht so viel von Geheimniskrämerei. »Also, wer ist es?«

Diese Direktheit war Barbara unangenehm. Sie zögerte. »Du lachst mich bestimmt aus …«

»Nein, niemals!«

Während Barbara noch nachdachte, wie viel sie ihrer Schwester anvertrauen konnte, betrat Tilo von Wilmowsky unangemeldet und von den Mädchen unbemerkt die Villa Hügel. Er hörte die Stimmen vom anderen Ende des Saals und machte mit einem Räuspern auf sich aufmerksam.

»Tilo!«, begrüßten ihn die beiden Mädchen einstimmig, sprangen auf und hakten sich links und rechts bei ihm ein.

»Sie bleiben doch bis zum Abendessen?«, fragte Bertha nahezu aufgedreht fröhlich, während ihre Schwester zart errötend stiller geworden war und den Augenblick zu genießen schien.

Gut gelaunt betraten Fritz Krupp und der junge Wilmowsky die Bibliothek, um nach dem Essen noch eine Zigarre und einen guten Weinbrand zu genießen.

»Jetzt treten ja die neuen Sozialgesetze aus Berlin in Kraft. Das bedeutet wohl viele Umstellungen für Krupp«, begann Tilo das Gespräch, während er es sich in einem Ledersessel bequem machte.

Fritz Krupp winkte ab, als verscheuchte er ein paar lästige Fliegen. »Berlin … Wen interessiert das! Die machen ohnehin nur nach, was Krupp bereits seit zwanzig Jahren macht!«

»Und worauf Sie stolz sein können!«, stimmte Tilo zu. »Ich denke, es würde dem Kaiser guttun, sich genauso um unsere Arbeiter zu kümmern, anstatt in China Arbeiter zu erschießen …«

Diese Kritik am Kaiser missfiel Fritz, auch wenn er Wilmowskys engagiertes Auftreten sympathisch fand. Er hob eine Augenbraue und hielt sich vorerst zurück.

»Warum nimmt der Kaiser den Sozialdemokraten nicht einfach den Wind aus den Segeln? Ich verstehe das nicht«, setzte Tilo erneut an.

»Tilo …« Fritz wartete ab, ob Tilo ihm auch zuhörte, dann wies er seinen Gast vornehm zurecht: »Tilo, wir haben hier eine sehr angenehme Tradition auf Villa Hügel. Wir politisieren nicht.«

Erschrocken über diese Ermahnung, begann Tilo zu stammeln: »Politisieren? Äh, natürlich …«

»Unsere Väter waren schon lange befreundet … Und Sie besuchen uns ja jetzt öfter, seit Sie Ihr Referendariat in Essen begonnen haben. Deshalb …« Völlig gelassen blies er einige Rauchringe in die Luft und wechselte das Thema. »Wissen Sie, Tilo, ich habe da so eine Idee. Ich habe mir in den Kopf gesetzt, bei der Gewerbeausstellung in Düsseldorf die größte aus einem Stück gewalzte Stahlplatte zu zeigen, die je hergestellt wurde. Bei dreieinhalb Metern Breite arbeiten wir an einer Länge von dreißig Metern! Wir stellen den Giganten einfach dort auf. Was halten Sie davon? Das lässt wohl keine Fragen offen.« Begeistert versuchte er, die Dimensionen mit den Händen zu veranschaulichen.

Der Plan überzeugte Tilo, dennoch hatte er Bedenken. »Dreißig Meter. Wie wollen Sie die nach Düsseldorf schaffen?«

»Jedes Problem zu seiner Zeit. Falls nötig, bauen wir in Düsseldorf ein Werk und fertigen sie gleich dort.« Er nahm einen Schluck von seinem Weinbrand. »Aufsehenerregende Exponate haben eine Tradition in unserem Unternehmen. Mein Vater ließ achtzehneinundfünfzig einen dreiundvierzig Zentner schweren Block aus Gussstahl zur Weltausstellung nach London transportieren. Keines der renommierten englischen Unternehmen hatte Vergleichbares vorzuweisen. Als vier Jahre später auch die Franzosen mit einer Weltausstellung aufwarteten, musste natürlich ein noch größerer Block gegossen werden. Annähernd einhundert Zentner wog das Ungetüm. Bis Paris war die Reise ohne Kalamitäten vonstattengegangen, doch dann brach der Transporter trotz aller vorsorglichen Verstärkungen mitten in der Stadt zusammen. Der Block musste auf Walzen bis zum Ausstellungspavillon geschoben werden. Auch dort sprengte er im wahrsten Sinne des Wortes alle Dimensionen: Der Boden des Ausstellungsgebäudes brach unter der Last. Fast hätten die Mitglieder des Preisgerichts, die sich zur Vorbesichtigung der Exponate im darunterliegenden Keller versammelt hatten, ihr Leben gelassen. Mit diesen kostspieligen Auftritten erreichte mein Vater eine enorme Publizität für den Namen Krupp und das unbekannte Städtchen in Rheinisch-Preußen. Als mein Vater seine Goldmedaille umgehängt bekam, kündigte er an, wenn es gewünscht werde, auch einen doppelt so großen Metallblock herstellen zu lassen.«

Beeindruckt hatte Tilo der Geschichte zugehört. »Dann verwundert mich der Ruf, den das Haus Krupp und seine Erzeugnisse in der Welt genießen, nicht mehr.«

»Wenn Sie sich ein wenig dafür begeistern, lade ich Sie

gerne zu meiner nächsten Führung durch das Werk ein. Mein schönstes Kabinettstückchen ist es, die Präzision unseres größten Dampfhammers zu präsentieren. Ich bitte dann einen der Anwesenden um seine Taschenuhr und lege sie unter den Hammer. Meist sind die Herrschaften sehr zögerlich, in Anbetracht der gigantischen Maschine. Dass es sich bei seiner goldenen Uhr um ein Erbstück handele, erwähnte bei der letzten Führung der Industrielle, dem ich sie für die Vorführung abschwatzte. Mein Stahlwerk auch, erwiderte ich zum Amüsement der Runde, bevor ich die Uhr unter dem Hammer platzierte. Mit einem Höllenlärm fuhr der Hammer herunter und ließ nur einen kleinen Schlitz. Tatsächlich blieb auch diesmal die Uhr unversehrt. Noch besser, der Hammer hielt sie fest, ohne sie zu beschädigen.«

In den oberen Gemächern waren die Töchter bereits zu Bett gegangen. Bertha, die schon eingeschlafen war, wurde plötzlich von der Stimme ihrer Schwester geweckt. »Bertha, Bertha, bist du wach?«

Zögernd drehte Bertha sich um. »Hmm?«

In einem langen Leinennachthemd und barfuß trat Barbara ans Bett ihrer älteren Schwester. »Ich weiß, ich bin ein schreckliches Mädchen, dass ich keine Geheimnisse für mich behalten kann. Vor allem nicht vor dir! Aber ich muss es dir einfach erzählen!«

Erwartungsvoll schaute Bertha sie an. Barbara schien etwas in ihren gefalteten Händen zu verstecken. Sie öffnete die Hände, und eine rote Rose kam zum Vorschein, bei deren Anblick Bertha erstarrte.

»Von Tilo …«, erklärte Barbara mit einem glückseligen Lächeln.

Bertha umklammerte die Bettdecke. Sie musste sich beherrschen, nicht zu schreien. Aber kein Wort, kein Laut kam ihr über die Lippen.

»Bertha, was ist los mit dir?«, fragte Barbara besorgt, die sich diese plötzliche Schweigsamkeit nicht erklären konnte.

Neidisch auf ihre kleine Schwester zu sein erlaubte Bertha sich nicht, hatte sie doch schon Vorteile genug – als künftige Erbin des Stahlwerks.

Um ihre widerstreitenden Gefühle besser verbergen zu können, umarmte sie die Glückliche, die sich auf die Bettkante gesetzt hatte. »Ich freue mich so für dich«, flüsterte sie, den Mund nahe an Barbaras Ohr, und dann gelang es ihr tatsächlich, sie anzustrahlen.

Überglücklich, die Freude über ihre erwiderte Liebe teilen zu können, erhob sich Barbara und schwebte davon, die Rose mit beiden Händen an die Brust gedrückt. Bertha schaute ihr mit traurigem Blick nach.

Fritz Krupp drückte dem italienischen Pagen noch ein paar Banknoten in die Hand, bevor sie sich beide aus seiner Suite im Hotel Bristol stahlen. Allein wegen dieser Annehmlichkeiten schätzte er seine Aufenthalte in der Reichshauptstadt besonders. Er hatte den armen Fischerjungen aus Capri nach Berlin empfohlen und ihm eine Anstellung in der Hauptstadt besorgt. Aus sozialen Gründen, wie er dem Hoteldirektor versicherte, der sich ein wenig über dieses Arrangement wunderte, zumal Krupp auch für den Lohn aufkam.

Fritz schaute auf seine Taschenuhr. Genug Zeit, um den kurzen Weg Unter den Linden entlang zum Stadtschloss zu Fuß zu gehen. Hier in Berlin, wo ihn, im Gegensatz zu Essen, nicht gleich jeder Passant erkannte, leistete er sich gelegentlich diese unangemessene Art der Fortbewegung. Fröhlich pfeifend überquerte er den ersten Arm der Spree und näherte sich dem Schloss. Verwundert über seinen ungewöhnlichen Auftritt zwischen den wartenden Kutschen, geleitete die Garde ihn durch lange Flure in die kaiserlichen Gemächer.

Da sich Krupp und Kaiser schon lange und gut kannten, kam Letzterer schnell zur Sache. »Es gibt Leute, die Ihre Loyalität zu Deutschland anzweifeln und es Ihnen verübeln, dass Sie Ihre Waffen – unbestreitbar die besten der Welt – auch in andere Länder verkaufen. Nicht zuletzt haben die deutschen Truppen beim chinesischen Boxer-Aufstand gegen die eigenen Waffen gekämpft. Die von Krupp.«

Fritz hob entschuldigend die Schultern und erwiderte: »Majestät, so bestürzt ich persönlich über diese Wendung des Schicksals bin …« Er machte eine rhetorische Pause und fuhr dann mit fester, ein wenig süffisanter Stimme fort: »Dem Reich ist am wenigsten gedient, wenn Krupp bankrottgeht. Nur eine starke Firma Krupp kann auch ein starkes deutsches Heer garantieren.«

Der Kaiser betrachtete den ungerührt wirkenden Krupp. Dann sagte er mit kühler Stimme: »Und Sie halten das deutsche Heer für so stark, dass es für die gleichen Waffen mehr bezahlen kann als die Ausländer?«

»Das sind Verleumdungen, Majestät!« Langsam begann Krupp nervös zu werden. Bisher war er davon ausgegangen, dass die Preispolitik des Unternehmens höchster Geheimhaltung unterlag. Die Prokura regelte jene Angelegenheiten, über die er selbst nicht so genau Bescheid wissen wollte.

Zufrieden, sein Gegenüber schnell in die Enge getrieben

zu haben, schlug Wilhelm II. eine versöhnlichere Tonlage an. »Ich selbst zweifle selbstverständlich nicht im Geringsten an Ihrer Loyalität, mein lieber Friedrich Krupp. Deshalb bin ich sicher, dass Sie meine Flottenpolitik mit größtem Eifer unterstützen werden.«

Nun zog es Fritz Krupp vor, einen servileren Ton anzuschlagen. »Gewiss, Majestät. Ich habe bereits vor fünf Jahren auf Anregung Eurer Majestät die Germaniawerft übernommen und …«

»… und bisher nichts Nennenswertes produziert!«, schnitt der Kaiser Krupp das Wort ab. Er hatte sich mit den Gegebenheiten vertraut gemacht, die Verstärkung der Flotte war sozusagen sein Steckenpferd.

»Die Werft war veraltet! Bankrott! Es braucht seine Zeit, eine Produktion einzurichten.«

»Vor allem, wenn man zögerlich investiert! Was ist mit der *Forelle*? Wann bekomme ich endlich das Unterseeboot?«, hakte Wilhelm II. nach, der die Ausflüchte leid war.

»Majestät, wenn ich Garantien hätte oder …«, versuchte Krupp kleinmütig einzuwenden.

Da warf sich der Kaiser in die Brust und erwiderte geradezu verächtlich: »Garantien! Ich habe eine Vision! Deutschland muss erste Seemacht werden. Ich werde mich nicht länger von England drangsalieren lassen! Von Frankreich! Von Russland! Ich will Schiffe!« Der Kaiser fasste sich ans Portepee, als wolle er den Degen ziehen, und fügte blaffend hinzu: »Sie wollen Garantien? Ich garantiere Ihnen, dass wir England verdrängen werden. Was sind Sie für eine Krämerseele! Sollte ich mich so sehr in Ihnen getäuscht haben? Hier geht es nicht um ein Geschäft! Hier geht es um Politik!«

Krupp ließ diese Argumentation nicht unbeeindruckt,

und so versuchte er es mit einer letzten Ausflucht. »Wussten Majestät, dass es im Hause Krupp eine alte Tradition gibt, sich von der Politik fernzuhalten …«

Ein fast schon joviales Lächeln umspielte die Lippen des Kaisers, und er sagte: »Seit Sie die Werft besitzen, machen Sie Politik. *Meine* Flottenpolitik!«

Zur gleichen Zeit fuhr ratternd ein offener Einspänner auf die gekieste Auffahrt der Villa Hügel. Telefonisch vom Pförtnerhäuschen über seine Ankunft in Kenntnis gesetzt, erwartete Margarethe ihren Bruder bereits. Der elegant gekleidete Endvierziger sprang aus der Kutsche, noch ehe diese richtig zum Stehen gekommen war. Er umarmte seine Schwester überschwänglich, dann trat er einen Schritt zurück, um sie ausgiebig zu betrachten. »Du kannst sagen, was du willst, vor diesem Ungetüm von Haus wirkt man regelrecht klein.«

»Wie lange wirst du bleiben?«, wechselte Margarethe das Thema.

»Bis die Farbe trocken ist!«

»Dann trag sie recht dick auf.« Sie war glücklich, den Bruder eine Zeitlang bei sich zu haben. »Und erzähl mir von München!«

»Soll ich dabei auch dick auftragen? In München fließen Milch und Honig. Die Künste stehen in höchster Blüte. Wir Maler, Musiker und Dichter haben den Thron eingenommen und wandeln barfuß in Freiheit und Glückseligkeit.« Felix von Ende zog seine Schwester näher an sich und erzählte mit verschwörerischer Stimme weiter: »Und jeden Mittag halten wir eine Schweigeminute zum Andenken an meine Schwester, die in einem freudlosen Käfig aus Stahl und Stein gefangen ist.« Während die Dienstboten mit dem

Gepäck in einem Seiteneingang verschwanden, hakte er seine Schwester unter und ging mit ihr die Stufen hoch. Bevor sie die Eingangshalle betraten, drehte er sich noch einmal um. »Wir sollten gleich mit der ersten Sitzung anfangen, das Licht ist so schön!«

»Nach einem kleinen Imbiss, außerdem musst du mir bei der Auswahl meines Kleides helfen, schließlich bist du der Maler!«

Kaum eine Stunde später saß Margarethe Krupp in fürstlicher Haltung auf einem goldlackierten Stuhl, das Haar aufgesteckt, vor einigen dekorativen Grünpflanzen in der Orangerie, während Felix einen Malerkittel trug. Seine Haare waren zerzaust. Der Kontrast zwischen beiden konnte kaum größer sein. Gemächlich packte Felix seine Utensilien aus und legte sie auf ein Tischchen. Konzentriert begann er, mit Kohle Umrisse und Linien auf die große Leinwand zu skizzieren.

In die Stille hinein fing Margarethe an, über ihren Mann zu sprechen, etwas, was sie seit langem beschäftigte. »Manchmal denke ich, es ist nichts weiter als Flucht. Wenn er nicht in Berlin ist, dann geht er für Krupp auf Reisen, oder er weilt auf Capri – der gesunden Luft wegen. Denn die viele Arbeit strengt ihn immer mehr an.«

»Er ist ein schwer arbeitender Mann …«, merkte Felix an, um auch etwas zur Unterhaltung beizutragen.

Margarethe spürte, dass Felix zu diesem Thema mehr zu sagen hätte, dies aber aus Rücksicht vermied. So brach es endlich aus ihr heraus: »Glaubst du, ich kenne die Gerüchte nicht? Das Gerede, was Fritz treibt? In Berlin.«

»Margarethe!« Felix legte die Kohle beiseite. So aufgebracht, wie seine Schwester gerade war, konnte er sie keinesfalls porträtieren. »Du darfst nichts darauf geben! Fritz steckt jetzt in der Politik. Da wird mit bösartigen Mitteln gekämpft. Dieser Junge ist sein Diener. Sein Page.« An ihrem entsetzten Gesichtsausdruck las er ab, dass sie keineswegs gut informiert war, sondern ihm eine Falle gestellt hatte. Betroffen stammelte er: »Du wusstest folglich gar nichts.«

Die Jahre als Frau Krupp hatten sie gelehrt, unter allen Umständen die Fassung zu bewahren. Sie saß so majestätisch da wie zu Beginn der Sitzung. »Also, erzähl es mir!«, bat sie schließlich.

Als aufgeklärter und aufgeschlossener Mensch war Felix der Überzeugung, dass seine Schwester nicht weniger über die Angelegenheit wissen sollte als er selbst. Andererseits kannte er sie und ihre Anschauungen lange genug, und diese Geschichte würde sie sehr verletzen. So begann er vorsichtig, seine Sicht der Dinge darzulegen. »Im Grunde geht es nur um den Flottenverein! Die Menschen sind wütend, weil er sich angeblich bereichert. Sie sagen, die kleinen Leute spenden, und Krupp nimmt es ...«

Das war es nicht, was Margarethe hören wollte. »Was ist mit diesem Jungen?«

»Gerüchte, Verleumdungen. Warum willst du dir das anhören? Mach dich nicht verrückt«, versuchte Felix die Sache herunterzuspielen.

»Felix, du bist mein Bruder!«

»Also gut. Er hat diesen Jungen aus Italien mitgebracht. Hat seine Anstellung im Hotel erwirkt. Wenn Fritz in Berlin ist, steht ihm der Junge zur Verfügung. Rund um die Uhr ...« Felix bemerkte, wie sehr seine Schwester sich beherrschen musste, um nicht in einen Wein- oder Schreikrampf auszubrechen. Aber er hatte noch nicht alles mitgeteilt, was ihm auf dem Herzen lag. »Vertrau du ihm wenigstens. Ihr habt immer eine gute Ehe geführt. Du erfüllst deine Pflichten, er seine.«

»Indem er alles aufs Spiel setzt?«, stieß sie gequält hervor. »Merkt denn der Mann nicht, dass er sich angreifbar macht? Wenn ein Industrieller aus der Provinz sich dort Freiheiten herausnimmt, schweigen die anderen Herren vielleicht still. Aber in Berlin macht er sich durch sein Benehmen zu einer fetten Beute.«

Darin war Felix mit seiner Schwester einer Meinung, aber er versuchte erneut, an sie zu appellieren: »Darum geht es doch nicht. Es geht um euch!« Er trat nahe an sie heran und nahm ihre Hand. »Warum hast du ihn geheiratet?«

Entnervt winkte Margarethe ab, es schien ihr alles so lange her, so vergessen, so vergangen.

»Warum hast du ihn geheiratet?«, wiederholte Felix.

»Weil er um mich gekämpft hat. Er hat gegen die Drohungen seines Vaters alles für mich riskiert.« Tränen traten ihr in die Augen, als sie sich an ihre damalige Situation erinnerte. Obwohl sie von preußischem Adel war, aber weitgehend mittellos, hatte sie für ihren Lebensunterhalt selbst sorgen müssen. Bertha, die Mutter von Fritz, hatte dem jungen Glück wohl ein wenig nachgeholfen und lange Auseinandersetzungen mit ihrem Mann Alfred geführt. Letztendlich kam die Hochzeit zustande, aber das junge Paar sollte den Hügel verlassen. Nach der ausgedehnten Hochzeitsreise hatte ihnen ihr Schwiegervater dann das Kleine Haus, ein Nebengebäude, als Wohnung zugewiesen, mit der Begründung, wegen grundlegender Umbauarbeiten könne er Fritz und Margarethe sonst nirgendwo auf dem Hügel unterbringen. Es waren fünf harte Jahre, bis zu Alfred Krupps Tod 1887, in denen Fritz trotz aller Widrigkeiten, die sein Vater ihm bereitete, fest zu ihr gestanden hatte.

Margarethes weicher werdendem Gesichtsausdruck entnahm Felix, dass sie sich an die glücklichen Tage mit Fritz erinnerte. »Genau«, sagte er. »Du weißt, dass ich damals gegen die Heirat war. Aber du hast dich entschieden. Jetzt vergelte ihm seinen Kampf. Jetzt kämpfe du um ihn.«

Nachdenklich schwieg Margarethe, während ihr Bruder seine Arbeit wieder aufnahm, dann lächelte sie ihn an. »Vergiss nicht, die Farbe dick aufzutragen!«

Neugierig schaute Bertha in den Speisesaal, dessen Tür unerwartet offen stand. Sie sah ihren Vater etwas zusammengesunken am Tisch sitzen, wobei er krampfhaft mit zwei Stäbchen in der rechten Hand jonglierte. »Papa, was machen Sie denn da?«

»Setz dich her, probier es auch einmal.« Fritz freute sich über die Gesellschaft seiner Tochter. »Ich versuche zu essen wie die Japaner.«

»Wie soll das gehen?« Bertha nahm in jede Hand ein Stäbchen, versuchte ein imaginäres Stückchen Fleisch aufzunehmen und in den Mund zu stecken.

Fritz musste lachen, weil sie sich abmühte und dabei ziemlich seltsam aussah, weil sie sich die Stäbchen in den Mund zu zirkeln versuchte und dabei die Augen verdrehte. »Nicht so!«, sagte er. »Sondern so, im Prinzip!« Fritz führte ihr vor, wie sie die Stäbchen in einer Hand halten musste. Bertha machte es ihm nach. Fritz hatte einen Teller mit in Würfeln geschnittenem Brot bringen lassen, damit sie gefahrlos üben konnten.

Bertha, die übers ganze Gesicht strahlte, schaute ihren

Vater glücklich an und meinte: »Sie machen immer so lustige Sachen, Papa.«

Verunsichert schob Fritz seine Brille zurecht. »Lustige Sachen? Ich bereite mich auf die nächste ausländische Delegation vor, die wir auf dem Hügel empfangen werden. Die Japaner kommen nächsten Monat. Letzten Monat hatte ich Besuch vom japanischen Kriegsminister.« Fritz lehnte sich zurück und streckte die Beine weit unter den Tisch. »Was glaubst du, Bertha? Nur weil die Herren alle die gleichen Anzüge tragen, denken sie auch gleich?«

Darauf wusste Bertha nichts zu antworten, denn sie hatte nicht so viel Kontakt zu anderen Menschen.

In diesem Moment des ungestörten Zusammenseins mit seiner Tochter wurde Fritz redselig. Vermutlich würde sie einmal sein Erbe antreten, auch wenn er sich keine Frau an der Spitze eines Unternehmens vorstellen konnte. »Weißt du, Bertha, als Kind war ich oft krank. Und die Wahrheit ist auch, ich war immer ein wenig zu korpulent.«

Verwundert schaute Bertha ihren Vater mit großen Augen an. So persönlich und offen hatte er noch nie mit ihr gesprochen.

»Für meinen Vater war ich ein Schwächling. Und alle haben gewusst: Sobald ich eines Tages die Firma leite, beginnt das Unglück.« Er setzte sich wieder aufrecht hin. »Hätte ich es auf die Art meines Vaters versucht, dann wäre es auch so gekommen. Aber ich habe es auf meine Art getan.« Darüber hatte Fritz Krupp oft nachgedacht, und eines Tages war ihm ein Gleichnis dazu eingefallen. »Weißt du, was das Geheimnis von perfektem Stahl ist?« Er nahm ein Essstäbchen in die Hand und begann es zu biegen, bis es fast zerbrach, dann ließ er es an einer Seite losschnellen, so dass es wieder seine ursprüngliche Form annehmen konnte. »Er ist nicht nur hart. Sonst würde er brechen. Er ist zugleich biegsam. Denn dann lässt er sich schmieden, ist nahezu unzerstörbar.«

Bertha spürte, dass sie diese Sätze ihr Leben lang nicht vergessen würde.

Fritz hatte die ganze Zeit mit den Stäbchen geübt, so dass es ihm mühelos gelang, auch das kleinste Stückchen Brot damit aufzunehmen und elegant zum Mund zu führen. »Man könnte einen japanischen Koch engagieren …«, überlegte er laut.

»Woher wollen Sie den denn nehmen?«, gab Bertha zu bedenken.

»Nun«, antwortete Fritz schmunzelnd, »in Japan muss es ja welche geben! Wir erkundigen uns, welcher der beste ist, und lassen ihn per Schiff kommen.«

»Nicht zu schnell, meine Damen. Ein Reitausflug ist doch keine Fuchsjagd!« Der hagere Reitlehrer setzte seinen dunkelbraunen Trakehnerhengst mit der Peitsche schnalzend in Bewegung. Bertha und Barbara grinsten einander an und gaben ihren Rheinischen Warmblüterstuten mit einem leichten Druck der Fersen zu verstehen, dass sie dem Hengst folgen sollten. Hintendrein folgte das Kindermädchen, dem diese Ausflüge immer etwas suspekt waren. Gemächlich ging es an den Wirtschaftsgebäuden entlang in den großen Park. Doch kaum hatte das Quartett die Villa Hügel hinter sich gelassen, ließ Bertha ihr Pferd im Galopp quer über die Wiese schießen. Sie verspürte keine Lust auf dieses behütete Gezockele. Nach so vielen Jahren Reitunterricht und der tiefen Vertrautheit mit ihrer Stute wollte sie nicht in diesem gemächlichen Schritt vorwärtsbewegen. Das langweilte sie. Sie wollte sich spüren, das Pferd, den Wind, das Leben, alles!

»Fräulein Bertha, nicht doch über die Wiese!«, rief der Reitlehrer, verzagt über das jugendliche Ungestüm seiner Schülerin. Doch musste er einsehen, mit seinem Rufen nichts ausrichten zu können. Er gab seinem Braunen die Sporen, um Bertha zu folgen, musste aber gleichzeitig darauf achten, dass vor allem das Kindermädchen den Anschluss nicht verlor. Um Barbara machte er sich weniger Sorgen, war vielmehr froh, dass sie nicht sofort ihrer Schwester gefolgt war. Mittlerweile hatte Bertha den Waldrand erreicht, durchquerte, ohne auf die peitschenden Äste zu achten, das Unterholz und würde bald eine Weggabelung erreichen. Bergab ging es hinüber zu den Stahlwerken – Bertha überlegte nicht lange. Bevor die anderen ihr nachkommen konnten, schlug sie den Weg hinunter zum Fabrikgelände ein, das sich weit im Tal erstreckte.

»Fräulein Bertha, wir dürfen den Park nicht verlassen, hier ist es viel zu gefährlich«, vernahm sie von weitem eine Stimme. Oder war es nur ein innerer Widerhall all der Ermahnungen, die sie oben auf dem Hügel gehört hatte? Sie verminderte das Tempo erst, als sie die gepflasterte Straße unter den klappernden Hufen des schnaubenden Pferdes bemerkte.

Der Pförtner begrüßte sie schneidig, als sie, ohne zu zögern, durch das breite Einfahrtstor an der Altendorferstraße ritt, über dem die drei ineinander verschlungenen Ringe prangten – das Firmenzeichen der Krupps. Zwischen all den Schmieden, Hammerwerken und zahllosen anderen Ziegelbauten, deren Funktion sie nicht kannte, wuchs ihr Stolz auf die Familie Krupp, auf den Namen, den sie trug. Bald fünfhundert Hektar umfasste das ummauerte Firmengelände. Das hatte sie bei einem Gespräch ihres Vaters mit irgendeinem Potentaten aufgeschnappt. Und überall standen Arbeiter, die den Stahl herstellten oder verarbeiteten, der ihren Namen in der Welt bekannt gemacht hatte, Arbeiter, für die sie einmal verantwortlich sein würde. Neugierig geworden, was das für Menschen waren, was sie leisteten, stieg sie vom Pferd und band es an einem Laternenmasten fest. Durch ein halbgeöffnetes Tor betrat sie eine Eisengießerei. Die Hitze der Hochöfen schlug ihr entgegen. Wie konnte man diese Temperatur nur den ganzen Tag aushalten, wunderte sich Bertha. Gerade hatten die Arbeiter einen der Öfen angestochen, und die glühende Schmelze bahnte sich durch ein System von Rinnen ihren Weg zu den Gussformen. Dick vermummt in ledernen Schutzanzügen mit langen Schürzen standen die Männer entlang des gelborangefarbenen Bandes und stocherten gelegentlich in der heißen Masse herum, wenn diese zu stocken schien. Keinem war aufgefallen, dass ein wenig abseits eine junge Frau in Reitkleidung sie beobachtete. Die Arbeit erforderte ihre ganze Aufmerksamkeit.

»Was ist jetzt, kommst du nun heute Abend zur Versammlung?«, fragte einer, der unweit von Bertha stand, unvermittelt seinen Nebenmann.

»Was?«

»Die Versammlung! Heute Abend! Ob du kommst?«

»Du kannst mich mal. Hab ich dir schon mal gesagt.«

»Schon mal das Wort Solidarität gehört?«

»Schon mal das Wort Idiot gehört?«

»Willst du dein Leben lang Gefangener von Krupp bleiben?«

»Gefangener? Ich kann hier mein Leben lang arbeiten!«

»Aber wehe, du muckst auf!«

Während der lautstarken Unterhaltung folgten die Männer dem Lauf der Schmelze. Bertha versuchte, sich in ihrer Nähe aufzuhalten, um ja nichts zu verpassen.

»Warum sollte ich? Alles, was ihr Roten wollt, haben wir doch hier bei Krupp schon längst! Ein Haus, den Konsum, Krankenversorgung, Rente …«

»Und sobald du's Maul aufmachst, haste nix mehr!«

»Ich sag dir mal was: Ich hab fünf Kinder. Die machen jeden Tag das Maul auf, damit ich was zu fressen reinstopfe. Krupp garantiert uns, dass keiner entlassen wird. Niemals.«

»Und an den Weihnachtsmann glaubst du auch?«

Währenddessen öffnete ein anderer Arbeiter, der weiter entfernt stand, eine Schleuse, und das flüssige Metall ergoss sich in eine bisher nicht benutzte Rinne.

»Lass mich doch in Ruhe! Geh zu Thyssen oder sonst wem. Die brauchen deine Solidarität. Wir nicht!« Er drehte sich verärgert um und beendete somit die Unterhaltung. Unkonzentriert stieg er in die Rinne, in der nun die glühende Masse auf ihn zuschoss. Der andere erfasste schnell die Situation und schubste seinen Kollegen so heftig aus der Rinne hinaus, dass dieser stürzte. Der fühlte sich angegriffen, rappelte sich auf und wollte schon eine Schlägerei beginnen, als er feststellte, dass der andere ihn vor grausamen Verbrennungen bewahrt hatte. Er reichte ihm die Hand und schlug einen versöhnlicheren Ton an. »Hör besser auf mit deinem Gequatsche. Das lenkt nur ab. Und wenn dich jemand hört, kannste gleich gehen!«

»Genau davon rede ich doch die ganze Zeit!«

»Ich hab hier Stahl zu kochen …«

Kopfschüttelnd über so wenig Verständnis für die nötige Solidarität versuchte er es ein letztes Mal: »Wenn's ihm passt, setzt dich der Alte auf die Straße. Dann haste Zeit zu überlegen, wo deine Freunde sind.«

»Es gibt also auch Kommunisten unter unseren Arbeitern«, sagte Bertha leise vor sich hin, während sie versuchte, unbeobachtet aus der Halle zu verschwinden. Draußen wischte sie sich den Schweiß von der Stirn, auch ihre Kleidung und die Frisur hatten so nahe an den Hochöfen gelitten. Sie würde zurück auf dem Hügel kaum um eine Strafpredigt herumkommen. Aber das war ihr egal. Sie konnte nicht immer unter dieser Glasglocke leben.

Auf dem Rückweg zum Tor passierte sie den Verwaltungsbau und traf prompt ihren Vater, der sie auf dem Pferd natürlich sofort unter all den Fußgängern entdeckte und auf sie zukam. Bertha schaute ihn ängstlich an, aber Fritz Krupp war nicht zum Schelten aufgelegt. »Bertha«, rief er, »stell dir vor, wir haben den Auftrag der Japaner!« Er hob die rechte Hand und tat so, als würde er mit Stäbchen essen. Bertha erwiderte die komisch wirkende Geste und lächelte. Während ihr Vater mit einigen Direktoren in den Büros verschwand, ritt sie gedankenverloren zum Tor hinaus.

»Die Leute haben den ganzen Park durchkämmt, um dich zu suchen!«, schimpfte Margarethe, die wütend vor der Reithalle stand, laut mit ihrer Tochter. »Und wie du aussiehst! Eine Schande für das ganze Haus!« Berthas anmaßendes Schweigen brachte sie nur noch mehr auf, und sie zischte: »Hast du nicht wenigstens ein bisschen Anstand, wenn es dir schon an Vernunft fehlt? Du reitest einfach so auf dem Fabrikgelände herum!«

Bedächtig schaute Bertha ihre wütende Mutter an und erwiderte: »Warum nicht? Das Werk wird mir eines Tages gehören. Wieso sollte ich mich nicht dort aufhalten?«

Weil sie die Richtigkeit dieser Bemerkung nicht abstreiten konnte, wurde Margarethe nur noch wütender. »Auf dein Zimmer«, herrschte sie ihre Tochter kalt an, »und dort wirst du bleiben und über dein Verhalten nachdenken!«

3

1957

Schweigend stapfte Arndt einige Meter hinter seinem Vater her. Ihre hellgrauen Übergangsmäntel blähten sich im Wind auf. Den ausgreifenden, entschiedenen Schritten konnte er nur mit Mühe folgen. Am Himmel hinter der Villa flammte ein Blitz auf und umriss deren kantigen Schatten. Arndt sah noch einmal hinauf zu den wenigen erleuchteten Fenstern, hinter denen er seine Großmutter vermutete. Jemand machte sich an den Vorhängen zu schaffen. Nun war nur noch schummriges Licht zu sehen. Wie es ihr wohl gehen mochte?

Die kleine Gesellschaft hatte sich ein wenig besorgt aufgelöst, nachdem der Arzt einen kurzen Bericht über den Zustand der alten Dame gegeben hatte. Barbara beschloss, noch rasch nach ihrer Schwester zu sehen, das war sie ihr schuldig.

Dem Angebot seines Onkels Berthold und dessen Frau, sie beide mitzunehmen, wollte Arndt gerade erfreut zustimmen. Doch die leise, aber bestimmte Stimme seines Vaters wies den gutgemeinten Vorschlag dankend zurück. Während die anderen Gäste sich also von den wartenden Chauffeuren nach Hause fahren ließen, bevorzugte Alfried einen kleinen Fußmarsch.

Mittlerweile hatte es heftig zu regnen begonnen. Die Glut von Alfrieds Zigarette, die wie ein Glühwürmchen im Dunkeln geleuchtet hatte, erlosch traurig in der Nässe. Arndt verspürte keinen Ärger über den Verlauf des Abendessens. Im Gegenteil, er war erleichtert, seiner Großmutter, diesem halsstarrigen Monument der Zeitgeschichte, nicht schon am ersten Abend auf dem Hügel begegnen zu müssen. Bereits seine Konfirmation in der Pfarrkirche von Essen-Bredeney, bei der sich erstaunlicherweise die gesamte Verwandtschaft eingefunden hatte, war eine eher einschüchternde Veranstaltung gewesen. Eine so große Familie, die er so gut wie gar nicht kannte. Von den sieben Geschwistern seines Vaters lebten noch vier: Arnold starb bereits während des ersten Lebensjahres, Claus stürzte mit seinem Flugzeug an der Westfront ab, wenige Tage vor Kriegsende ließ Eckbert bei Parma sein Leben. Auch Arndts Mutter, die damals so schändlich vom Hügel vertrieben worden war, nahm an den Feierlichkeiten teil, mit Einverständnis der Familie, aber ohne von ihr besonders freundlich aufgenommen und behandelt zu werden. Und ihn brachte ein Chauffeur postwendend samt einem Kofferraum voller Geschenke zurück ins Internat im abgelegenen Engadiner Bergdorf Zuoz. Die Nähe zu seinem Vater, die er damals beflissen gesucht hatte, war Arndt wie immer verwehrt geblieben.

»Bereiten Sie das Gästezimmer für meinen Sohn, dann können Sie uns alleine lassen«, ordnete Alfried dem wartenden Butler an, als sie im Bungalow angekommen waren. Dann führte er Arndt in das Zimmer, in dem er seiner Lieblingsbeschäftigung frönte. Einer Sammlung von Schallplatten und Tonbändern mit vorwiegend klassischer Musik, die er liebevoll katalogisiert und beschriftet hatte. Allein von

Beethovens Neunter Symphonie besaß er mehr als dreißig Aufnahmen.

»Trinkst du noch einen Whiskey mit?« Alfried hatte die Flasche White Horse bereits von dem eleganten Mahagonitischchen genommen, das zwischen den Ledersesseln stand, und schenkte sich ein Glas ein. Aufmunternd hielt er Arndt die geöffnete Flasche hin.

Der Junge zögerte, nicht weil er harte Getränke mied, das hätte ihm im Lyceum Alpinum noch mehr Spott eingetragen, als er sowieso schon hatte einstecken müssen. Wegen seines leidenschaftslosen Verhältnisses zu sportlichem Engagement und seiner Neigung zu glamourösen Auftritten gehörte er trotz des außerordentlichen finanziellen Hintergrunds seiner Familie zu den eher am Rand stehenden Schülern. Was ihn irritierte, war die Tatsache, von seinem Erziehungsberechtigten zum Genuss harter Spirituosen aufgefordert zu werden. Aber der Umstand, dass die Flasche einfach so herumstand, sowie das Fehlen von Alternativen brachten Arndt zu der Annahme, dass der Konsum von Alkohol hier eher zum Alltag gehörte und eine brüske Ablehnung seinen Vater vor den Kopf stoßen würde. Arndt nickte und antwortete: »Gerne, Vater.«

Gewohnt, allein zu trinken, hatte Alfried das halbgefüllte Glas schon fast an den Mund geführt, reichte es aber dann seinem Sohn und holte sich eins aus dem Schrank.

»Ihr habt meinetwegen gestritten?« Arndt hatte all seinen Mut zusammengenommen, um diese Frage zu stellen, und wollte eigentlich anfügen: Oma und du. Aber er brachte diese liebevolle Bezeichnung für seine Großmutter nicht über die Lippen.

»Deinetwegen, ja.« Alfried schaute hinaus in die Nacht.

Die nur schattenhaft zu erkennenden Bäume bewegten sich in dem nicht nachlassenden Sturm. »Und wegen unserer Vorfahren.«

Mit der Geschichte des Unternehmens hatte Arndt sich vertraut gemacht, auch mit den Eigenheiten seiner Vorfahren, aber er hatte keine Vorstellung, wie sein Vater darüber dachte. Er versuchte, einen Zusammenhang zwischen sich und ihnen herzustellen, und vermutete, es konnte nur etwas mit seinem Urgroßvater zu tun haben. Vorsichtig fragte er nach: »Wie kam es zu diesen Meinungsverschiedenheiten?«

Alfried holte ein Päckchen Zigaretten aus der Tasche seines Sakkos, entfernte die Klarsichtfolie und öffnete die Packung. Dann klopfte er von unten dagegen, bis er eine der Zigaretten nach oben geschnipst hatte. Lässig hielt er die Schachtel an den Mund und zog mit zusammengepressten Lippen die Zigarette heraus. In seiner Hosentasche kramte er nach Streichhölzern. »Es ging um den Tod meines Vaters, den meines Großvaters und den meines Urgroßvaters. Darum, wie diese Männer unter den Verpflichtungen litten, wie sie selbst zum Werkzeug wurden, benutzt von etwas Größerem …« Alfried zündete die Zigarette an und nahm einen tiefen Zug.

Wie in einer Filmszene, schoss es Arndt durch den Kopf, den dieses offene Bekenntnis seines Vaters überraschte, obwohl er selbst ähnlich darüber dachte. Zwar hatten beide bereits einen kräftigen Schluck genommen, aber Arndt hielt es für einen guten Zeitpunkt, jetzt anzustoßen. Ihre Blicke trafen sich für einen kurzen Moment, nachdem sie ihre Gläser fast übertrieben heftig aneinandergeschlagen hatten. »Und wie geht es dir in der Rolle als Krupp?«, fragte Arndt.

»Als letztem Krupp!«, betonte Alfried seine besondere

Stellung. »Ich versuche, dem Unternehmen eine neue Form zu geben. Nicht immer ganz freiwillig. Manches gehört zu den Auflagen, die mir die Amerikaner gemacht haben, als sie mir Krupp zurückgaben. Ich denke, du weißt, dass ich mit der Unterschrift unter den Mehlemer Vertrag vor vier Jahren zugestimmt habe, die Kohlenzechen und Stahlwerke zu veräußern. Dafür konnte ich die produzierenden Unternehmensteile weiterführen, bis auf die Rüstungsgüter natürlich. In zwei Jahren muss die Trennung abgeschlossen sein. Aber selbst meine Konkurrenten haben keine Lust, mir die Zechen und Stahlwerke abzukaufen, nur damit die Auflagen einer Siegermacht erfüllt werden.«

Alfried überlegte, ob er Arndt die ganze Wahrheit sagen sollte, über seinen Vertrauten, den Schweden Wenner-Gren, der bereits seinem Vater in manch misslicher Lage geholfen hatte. Als es während des Krieges zu Schwierigkeiten mit dem Nachschub von Eisenerz gekommen war, hatte Wenner-Gren von Schweden aus für Lieferungen gesorgt. Und nun stand er Alfried zur Seite, als der einen Strohmann brauchte, um die Aktienmehrheit am Bochumer Verein zu erwerben. Eben jenem Stahlunternehmen, das Interesse am Ankauf der von Krupp abzustoßenden Betriebsteile zeigte und das lange Zeit als einer der schärfsten Konkurrenten von Krupp gegolten hatte. Alfried beschloss, dies vorerst auch vor seinem Sohn geheim zu halten. Arndt sollte sich erst im Unternehmen bewähren, bevor er von den besonderen Maßnahmen Kenntnis bekam, welche die erfolgreiche Führung eines solchen Unternehmens gelegentlich erforderte. So weit war es gekommen. In den Gründerzeiten konnte Alfred Krupp noch Geschäfte machen, indem er einfach die besten Produkte herstellte. Wie damals, als er ohne Anmeldung eine neue Eisenbahnachse zum Materialprüfungstermin hatte transportieren lassen. Alfried wusste nicht, ob es sich um eine wahre Begebenheit handelte, aber sie passte gut in das Bild, das er sich von seinem Urgroßvater machte. Aber natürlich passte es auch sehr gut zu dem Bild, welches das Unternehmen Krupp der Welt vermitteln wollte. Aus Stahlhütten des Saarlands, des Ruhrgebiets und Oberschlesiens hatten die Fabrikbesitzer sich angemeldet, um die von ihnen hergestellten Achsen einer Belastungsprüfung zu unterziehen. Alfred Krupp wusste ebenfalls von dem Termin, zögerte aber, sich anzumelden, da er keinesfalls scheitern wollte. Er zog es vor, falls es bis dahin gelingen würde, ein ausreichend stabiles Werkstück herzustellen, auf gut Glück nach Berlin zu fahren und die Achse dort vorzuführen, sollte er die Erlaubnis dazu bekommen.

Erst in letzter Minute traf er mit seinen Männern in Berlin ein. Die Probestücke der Konkurrenten hatten dem Belastungstest nicht standgehalten: Eine Achse nach der anderen war unter dem Gewicht eines riesigen herabdonnernden Stahlhammers zerbrochen. Enttäuscht hatten die Herren neben den untauglichen Erzeugnissen ihrer Fabriken gestanden, als das Geräusch einer heranrollenden Stahlachse sie aufhorchen ließ.

Der Achsprüfer hatte erstaunt reagiert, als Alfred Krupp ihn bat, sein Probestück zu prüfen.

Die Herren musterten die unbekannten Neuankömmlinge aus Essen und merkten belustigt an, dass man ja zwei Hälften auch leichter wieder nach Hause transportieren könnte.

Die Arbeiter hatten die Achse an der vorgesehenen Stelle unter dem Hammer fixiert und nervös darauf gewartet, was passieren würde. Der Hammer donnerte herunter und schnellte von der unversehrten Achse zurück. Ein Raunen war zu vernehmen gewesen. Der Prüfmeister ordnete an, die Belastung zu erhöhen. Erfolgsgewiss stand der alte Krupp daneben. Als die Achse den zweiten Test bestanden hatte, forderte der Prüfer die maximale Belastung. Der Stahl verfügte über ausreichend Widerstandskraft und Nachgiebigkeit, um auch diesmal nicht zu brechen.

Alfred Krupp hatte sich den Herren vorgestellt mit der Bemerkung, dass Essen der Standort des modernsten Stahlwerks der Welt sei.

Fast hätte Alfried über seiner Betrachtung der Vergangenheit vergessen, dass er nicht, wie sonst meistens am Abend, alleine war. »Entschuldige, Arndt! Ich weiß nicht mehr, worüber wir als Letztes gesprochen haben. Mir fiel plötzlich eine Geschichte über meinen Urgroßvater ein. Vielleicht nur eine Anekdote, aber sie beschreibt einen Wendepunkt für das Unternehmen …«

»Erzähl sie mir!«, forderte Arndt ihn auf und sah seinen Vater aufmerksam an.

»Hast du noch zu trinken?«, fragte Alfried, bevor er sich selbst das Glas vollschenkte, um dann die Geschichte der Eisenbahnachsen zu erzählen.

»Und wann war das?«, erkundigte Arndt sich, als sein Vater zu Ende erzählt hatte.

»Wird wohl gute hundert Jahre her sein, eher etwas mehr. Was ich sicher weiß, ist, wann das Patent auf die nahtlosen Radreifen erteilt wurde. Das war 1852. Die geniale Idee war, ein längliches Stück Stahl in der Mitte so aufzuspalten, dass die beiden Enden noch miteinander verbunden waren.

Daraus ließ sich ein Ring ohne Naht schmieden. Die vorher übliche Verbindungsstelle hielt den massiven Belastungen zwischen der Schiene und den Eisenbahnwagen, und vor allem der schweren Lokomotive, nicht besonders gut stand.«

»Und seit 1875 symbolisieren drei ineinander verschlungene Radreifen das Unternehmen«, ergänzte Arndt die Ausführungen seines Vaters, um zu zeigen, dass auch er sich damit beschäftigt hatte.

Damit hatte Alfried nicht gerechnet. Er hatte nie einen besonderen Druck auf seinen Sohn ausgeübt, sich schon früh mit dem Unternehmen zu identifizieren. Zu sehr hatte er selbst unter der frühen Zurichtung durch seine Mutter gelitten. Er nahm sich eine neue Zigarette und schaute seinen Sohn prüfend an. »Ich habe vorgesehen, dass du die unterschiedlichsten Abteilungen kennenlernst und auch anstrengende und schmutzige Arbeiten verrichtest, genauso wie viele unserer Arbeiter. Ein Unternehmen funktioniert nur dann erfolgreich, wenn jeder an seinem Platz bereit ist, sein Bestes zu geben. Aber vielleicht solltest du dich auch schon bald mit meinen Aufgaben vertraut machen, die ja einmal deine sein werden. Ich fliege demnächst nach Mexiko. Du solltest mich begleiten. Das wird dich anspornen!«

»Im firmeneigenen Flugzeug nach Mexiko«, sagte Arndt halblaut vor sich hin. Ihm hatte es – auch wegen der Zuwendungen seiner Mutter – nie an Geld gefehlt, und er hatte an der Reaktion seiner Mitschüler oft bemerkt, dass es selbst in diesen Kreisen, die sich das Internat in Zuoz leisten konnten, etwas Außerordentliches bedeutete, der Krupp-Erbe zu sein. Trotzdem konnte er sich nicht vorstellen, wie umfassend die Präsenz des Unternehmens in der Welt war und über welche Mittel Krupp verfügte, um seine Interessen zu verfolgen.

»Alles Nähere besprichst du bitte mit Herrn Beitz. Wie du sicher weißt, genießt er mein volles Vertrauen und regelt einen großen Teil meiner geschäftlichen Angelegenheiten.«

Durch das überraschende Angebot übermütig geworden, warf Arndt, der Berthold Beitz schon seit geraumer Zeit kannte, ein: »Und wie ich mitbekommen habe, auch einen Teil der privaten.«

Entrüstet und mit leichter Verärgerung in der Stimme erwiderte Alfried, der zu Recht vermutete, dass Arndt auf die Briefe ins Internat anspielte, die Beitz verfasst hatte: »Wenn du das so sehen möchtest.«

»Was ich dich noch fragen wollte«, wechselte Arndt schnell das Thema. »Ist Friedrich Krupp für dich wirklich ein ernstzunehmender Firmengründer? Er wird ja auch gelegentlich als arbeitsscheuer Bankrotteur beschrieben.«

Dieser Einwurf hob Alfrieds Stimmung keineswegs. Obwohl er selbst manchen Zweifel an der kruppeigenen Geschichtsschreibung und den in der Familie kolportierten Mythen hatte, fand er die Frage seines Sohnes ziemlich unpassend. »Wir werden 1961 den 150. Jahrestag der Firmengründung begehen. Erste Überlegungen und Vorbereitungen dazu haben bereits begonnen. Reicht das als Antwort?« Alfried schnellte aus seinem Sessel hoch und wollte Arndt verabschieden.

»Ich kann verstehen, dass du diese Einschätzung nicht teilst. Aber es ist doch eine Tatsache, dass seine ehrgeizigen Pläne wenig fruchteten und er niemals über einen längeren Zeitraum hinweg Einnahmen hatte, die seine exorbitanten Ausgaben decken konnten.«

Alfried nahm wieder Platz. Er musste zugeben, dass Arndts Bereitschaft, sich mit der Familie Krupp über die

Generationen hinweg auseinanderzusetzen, deutlich größer war, als er vermutet hatte. Sogar größer, als er es erwartete, bei jemandem, dessen Mutter aus dem Familienclan ausgeschlossen worden war – nach einer Scheidung, die nichts anderem geschuldet war als einer zweifelhaften Unternehmensräson.

»Friedrich Krupp hatte eine Vision, von deren Realisierung heute Hunderttausende von Menschen leben. Mag sein, dass er in seiner Zeit mit der Fortführung der Geschäfte seiner Großmutter Helene Amalie mehr Erfolg gehabt hätte. Die Idee, in Deutschland hochwertigen Stahl zu erzeugen, erwies sich dennoch als richtig, auch wenn er nicht kontinuierlich gleichmäßige Qualität zu produzieren vermochte. Dass seine Produktionsstätten überdimensioniert waren und er den Bedarf völlig überschätzte, stellte natürlich ein Problem dar, über das man nicht hinwegsehen kann. Und ohne die ehrgeizige Lebensleistung seines Sohnes Alfred hätte er die im damaligen Essen durchaus renommierte Familie Krupp wohl zumindest in unserer Linie dauerhaft ins Armenhaus gebracht. Doch solche fanatischen Träumer, wie Friedrich Krupp möglicherweise einer war, bringen die Menschheit weiter, auch wenn es Opfer kostet.«

Angespannt setzte Arndt sich auf und wollte spontan widersprechen. Der letzte Satz seines Vaters hörte sich so an, als könnte damit auch Adolf Hitler entschuldigt werden. Inwieweit sein Vater den Führer aktiv unterstützt und wie nahe er dem nationalsozialistischen Regime gestanden hatte, wusste er nicht abzuschätzen. Aber Arndt verspürte keine Lust, die Verwicklungen noch an diesem Abend zu klären. Er leerte sein Glas mit einem Zug und stand auf. »Vater, lass uns ein anderes Mal weiter über die Vergangenheit sprechen. Wir haben in Zukunft wohl öfter Zeit dazu. Ich würde gerne mehr von dir erfahren. Aber jetzt möchte ich doch lieber schlafen gehen.«

»Gute Nacht, Arndt. Du findest allein in dein Zimmer, oder?« Alfried wartete eine bestätigende Geste seines Sohnes ab, dann zog er eine Schallplatte aus dem überfüllten Regal und legte sie sorgfältig, ja beinahe liebevoll auf den Plattenteller.

Bevor Arndt die Tür des Gästezimmers zuzog, hörte er die ersten Töne der Ouvertüre von Wagners *Parsifal* in einer Aufnahme aus dem Jahr 1951, mit dem Chor und dem Orchester der Bayreuther Festspiele, dirigiert von Hans Knappertsbusch. Angezogen legte er sich auf das Bett und überlegte, wie sein Vater und die Großtante mit ihrem Mann so ruhig zusammen am Tisch sitzen konnten. Natürlich waren zwölf Jahre eine lange Zeit, aber wenn man damals so unterschiedliche Positionen bezogen hatte, obwohl man sich so nahestand? Wie konnte man sich da aussöhnen?

Arndt hatte es einige Mühe bereitet, mehr über die Geschichte herauszufinden: 1937 wollte sein Großvater einen Carl Friedrich Goerdeler zum neuen Krupp-Direktor berufen. Eine Position, die zwischen 1909 und 1918 Hugenberg eingenommen hatte, ein Parteigenosse Goerdelers in der Deutschnationalen Partei. Gustav Krupp hatte ihn bei seinem Schwager Tilo kennengelernt. Goerdeler war kurz zuvor von seinem Amt als Leipziger Bürgermeister zurückgetreten, weil das Denkmal für den jüdischen Komponisten Felix Mendelssohn Bartholdy in Leipzig von nationalsozialistischen Fanatikern demontiert worden war, während er auf einer Auslandsreise war. Doch eine vorsorgliche Rückfrage der Firma Krupp bei den zuständigen Stellen in Berlin hatte ergeben, dass Goerdeler kein genehmer Kandidat für diese herausgehobene Position sei. Robert Bosch versorgte ihn daraufhin mit einem anderen Auftrag. Er reiste als Sonderbotschafter, unter anderem finanziert durch die Firmen Krupp und Bosch, durch die Welt, um international bekannt zu machen, welche Zweifel an Hitler in der deutschen Großindustrie und manchen konservativen Kreisen bestanden. Nach Ausbruch des Krieges gehörte Goerdeler zu den Protagonisten des Widerstands, befürchtete jedoch, dass die Ermordung Hitlers zu einer neuen Dolchstoßlegende führen könnte. Nach dem gescheiterten Attentat vom 20. Juli 1944 wurde er als Verräter verhaftet. Im Erfolgsfalle hätte er den Posten des Reichskanzlers übernehmen sollen. Ewald Löser, führender Direktor bei Krupp und unter Goerdeler Stadtkämmerer von Leipzig, war als sein Finanzminister vorgesehen gewesen. Während Löser, der unmittelbar nach dem 20. Juli direkt von seinem Arbeitsplatz aus abgeführt worden war, sich von allen Verdachtsmomenten befreien konnte und die Verhöre in der Berliner Prinz-Albrecht-Straße überlebte, wurde Goerdeler im Februar 1945 hingerichtet.

Die Namen und Bilder verschwammen allmählich vor Arndts geistigem Auge, und er fiel in einen schweren, unruhigen Schlaf.

4

1902

Missmutig betrachtete Bertha die Kohlezeichnung, die sie gerade fertigstellte. Die vor ihr stehende Marmorstatue eines Jünglings war darauf jedenfalls nicht zu erkennen – oder nur mit viel Phantasie und gutem Willen. Überhaupt fand sie den Raum, in dem sie mit Barbara saß, viel zu düster. Und dann lief noch der Zeichenlehrer nervös zwischen ihnen hin und her wie ein Tiger im Käfig. Wieso konnten sie nicht draußen in der Frühlingssonne sitzen und eine der zahlreichen Statuen im Garten skizzieren. Wenn es denn schon sein musste, Zeichenunterricht während der Ferien zu bekommen – unterrichtet von einem mittelmäßigen Maler, der sich mit seinen Stunden ein gutes Zubrot verdiente. Obgleich er es hasste, untalentierte Schüler in den Grundsätzen seiner Kunst zu unterweisen, was Bertha regelmäßig zu spüren bekam.

»Achten Sie vor allem auf die Proportionen, Fräulein Bertha. Die Körpermitte ist hier unter dem …«, der Lehrer zögerte kurz, ob es schicklich war, dieses Wort in Gegenwart seiner Schülerinnen auszusprechen, entschied sich dann aber gegen übertriebene Prüderie, »… Bauchnabel.«

Wie Bertha bei einem Seitenblick neidvoll feststellte, hatte Barbara richtig erkannt, worauf es ankam, und nicht nur die Proportionen wunderbar getroffen, sondern sogar die Muskelpartien so angelegt, wie sie an ihrem kalten Modell zu erkennen waren. »Ich werde das nie lernen!«, stöhnte Bertha auf und fügte ohne allzu große Hoffnung hinzu: »Können wir nicht lieber reiten gehen?«

»Wenn man etwas nicht kann, dann hat man noch nicht hart genug gearbeitet«, ertönte es ein wenig schroff von der Tür her. Margarethe war gekommen, um die künstlerischen Fortschritte ihrer beiden Töchter unter die Lupe zu nehmen. Außerdem schätzte sie die gelegentliche Konversation mit dem brotlosen Künstler, der sie an ihren Bruder Felix erinnerte, den sie so sehr vermisste. Ihr fehlte ein Ansprechpartner, wenn ihr Mann Fritz monatelang auf Capri weilte. Sie war hinter Bertha getreten und betrachtete kritisch ihr Werk. »Du hast allerdings noch nicht sehr hart gearbeitet.« Dann wandte sie sich dem Lehrer zu. »Geben Sie mir noch die Ehre, auf einen Tee bei mir vorbeizukommen?« Ohne die Zustimmung, die sie für selbstverständlich hielt, abzuwarten, rauschte sie wieder davon.

Der Maler, der zuerst noch bestätigend genickt hatte, schüttelte, von den Schwestern unbemerkt, den Kopf über die Dame des Hauses, dann ging er zu Bertha, die nun nicht mehr nur lustlos, sondern auch noch gekränkt war. Er schätzte ihre Entwicklung völlig anders ein als die Mutter. »Tatsache ist, Sie haben erstaunliche Fortschritte gemacht!«

Bertha, die sich an diesem Nachmittag besonders quälte, versuchte es ein weiteres Mal seufzend. »Können wir nicht wenigstens irgendwohin gehen, wo Licht ist?«

»Wir Künstler«, formulierte der Lehrer fast liebevoll, »sind da, wo unser Modell ist.«

»Das Licht kommt schon!« Tilo von Wilmowsky musste

Margarethe fast die Klinke aus der Hand genommen haben. Exzellent gekleidet und mit seinem gewohnten jugendlichen Schwung, kam er in die Malklasse geschlendert.

»Tilo, wie schön!«, begrüßte Barbara ihn freudig erregt und sprang von ihrem Stuhl auf.

»Zeichnen ist vom Stundenplan gestrichen, wir studieren Literatur! Sie haben doch nichts dagegen?« Der ausgelassene Tilo ignorierte die Bedenken, zu denen der Lehrer bereits ansetzen wollte. »Ich habe einen Roman mitgebracht. Ist erst kürzlich erschienen.«

»*Buddenbrooks* … von Thomas Mann«, las Bertha zögernd, die das Buch in die Hand genommen hatte.

»Ein erstaunlicher junger Autor mit einer erstaunlichen Sprache …«, sprudelte es aus Tilo heraus.

»… und einer verwerflichen Haltung von Dekadenz und Ironie«, warnte der Lehrer, der den Roman bereits mit Sympathie gelesen hatte, ihn aber als eine für das Haus Krupp ungeeignete Lektüre erachtete.

»Der genau da den Bohrer ansetzt, wo der Zahn richtig weh tut. Sehr richtig«, präzisierte Tilo seine Einschätzung.

Der dicke Wälzer, den Bertha da in der Hand hielt, schien ihr wesentlich interessanter, als all ihre Versuche, die Statue zu skizzieren. Sie klappte ihren Block zusammen. »Wir zeichnen morgen weiter«, verabschiedete sie sich beim Lehrer, dem dieses plötzliche Ende nicht ganz ungelegen kam. Dann deutete sie eine Verneigung vor dem marmornen Jüngling an. »Bitte laufen Sie nicht weg!«

»Lasst uns in den Park gehen«, schlug Barbara vor und ergriff ungezwungen Tilos Hand.

»Habt ihr Nachrichten von eurem Papa?« Tilo war von einem Besuch bei seinen Eltern in Schleswig zurückgekehrt, wo sein Vater das Amt des Oberpräsidenten von Schleswig-Holstein innehatte.

»Ja, er schrieb, das Klima bekäme ihm sehr gut, und die Beschwerden mit der Atemnot hätten auch schon nachgelassen«, erzählte Bertha.

Barbara schmunzelte und sagte: »Er hat darum gebeten, ihm eine neue Brille zu schicken. Sein Zwicker sei ihm ins Wasser gefallen. Er hatte völlig vergessen, Ersatz mitzunehmen. Manchmal ist er schon sehr weltfremd, der Gute!«

Überrascht schaute Tilo die amüsierten Mädchen an und fragte: »Weltfremd?«

»Wisst ihr, was ihm neulich passiert ist? Er hat sich in die Kutsche gesetzt, obwohl gar keine Pferde angespannt waren. Weil er dachte, es sei das Automobil«, fügte Barbara gleich die nächste Anekdote an, und die Schwestern lachten vergnügt.

»Du hältst ihn nicht für weltfremd?« Bertha hatte bemerkt, dass Tilo nur höflich lächelte.

»Keineswegs. Er ist der erfolgreichste und großartigste Unternehmer, den ich kenne. Ich erinnere mich an keine Begegnung, bei der ich nicht von ihm gelernt hätte.«

»Nun, es ist wohl schwerer, als wir es uns vorstellen, eine so große Firma zu erhalten, die man vom Vater geerbt hat«, versuchte Bertha einzulenken.

Die Mädchen schienen tatsächlich kaum eine Ahnung von den Leistungen ihres Vaters zu haben, erkannte Tilo bestürzt. »Erhalten? Aber was er ererbt hat, ist nicht zu vergleichen mit dem, was er geschaffen hat.«

»So? Was hat er denn geschaffen?«, hakte Bertha provozierend nach.

»Ach, ich will euch nicht langweilen«, wich Tilo aus, der

es nicht unbedingt als seine Aufgabe ansah, die Leistungen von Fritz Krupp vor dessen Töchtern ins rechte Licht zu rücken.

Froh, sich nicht länger mit so gewichtigen Themen befassen zu müssen, lief Barbara in eines der Gewächshäuser. »Wartet einen Augenblick!«, rief sie.

Bertha und Tilo spazierten zur nächsten Parkbank, die unter einer mächtigen Linde stand.

»Also!«

Verständnislos schaute Tilo Bertha an.

»Was hat er geschaffen?«

»Du interessierst dich tatsächlich dafür?«

»Natürlich! Glaubst du, mit uns Mädchen würde jemand über die Geschäfte sprechen? Ein einziges Mal hat Vater mir davon erzählt.«

»Zum Beispiel Rheinhausen. Das modernste Stahlwerk des Kontinents! Dein Vater hat die Gruson-Werke übernommen, die den besten Stahl hergestellt haben. Und dann die neuen Absatzmärkte. Euer Großvater ist nur bis nach London, Paris und Mailand gekommen. Euer Vater hingegen hat Krupp berühmt gemacht, von China bis nach Südamerika. Damit hat er das Unternehmen auf eine ganz andere Ebene gehoben.«

»Ist das nicht einfach, wenn man den Kaiser zum Freund hat?«, meinte Bertha.

»Aber das ist doch auch so ein genialer Schachzug. Ich bin überzeugt, er spielt ganz bewusst den ungefährlichen Fritz. Der Kaiser kann ganz entspannt mit seinem ›Freund‹ die Begeisterung für alles Technische teilen. Vor allem für die neuen Kriegsschiffe. Dein Vater hat es tatsächlich geschafft, fast alle Aufträge für die neue Flotte zu bekommen. Die

Spenden des Flottenvereins fließen nahezu vollständig in seine Kassen. Kein Wunder, dass überall die Wellen hochschlagen. Aber das ist lediglich der Neid!«

Ehe Bertha ihre Neugier weiter befriedigen konnte, überraschte Barbara die beiden mit einem Strauß Narzissen. »Die sollen heute Abend unseren Esstisch schmücken. Und dich!« Sie riss einer Narzisse die Blüte ab und steckte sie Tilo ins Knopfloch. »Was ist nun eigentlich mit den *Buddenbrooks* und dem Verfall einer Familie?«

»*Buona sera, Signor* Krupp«, begrüßte der Portier des Hotels Quisisana fröhlich den deutschen Gast, der dieses Mal deutlich länger auf Capri weilte als in den Jahren zuvor. Als er den Fischerjungen sah, der hinter Fritz Krupp die Empfangshalle betrat, verfinsterte sich seine Miene jedoch merklich.

Auch der Empfangschef wirkte an diesem Spätnachmittag seltsam distanziert, als er den Hereinkommenden begrüßte. Doch es stand ihm nicht zu, die vermögenden Gäste aus dem Norden zu kritisieren. Schließlich hatten sie viel Wohlstand hierhergebracht. Aber die Gerüchte mehrten sich, dass es nicht nur das wunderbare Klima der Insel war, das Scharen mittel- und nordeuropäischer Großbürger veranlasste, hier das Winterhalbjahr zu verbringen. Schon Oscar Wilde, der in seinem Heimatland bekanntermaßen wegen Unzucht zwei Jahre im Gefängnis abgesessen hatte, war hier vor längerer Zeit zum Entsetzen der anderen englischen Gäste mit seinem Liebhaber aufgekreuzt. Es wurde langsam Zeit, dass die Regierung Maßnahmen dagegen ergriff. Und nun … Er beobachtete misstrauisch, wie Krupp dem Liftboy, einem gutgewachsenen Dreizehnjährigen, ein großherziges Trinkgeld zustecken wollte. »Mattia!«

Überrascht schauten der Angesprochene und Fritz Krupp zum Empfangschef, der mit einer eindeutigen Geste klarmachte, dass der Page das Geld des Deutschen nicht annehmen dürfe. Erstaunt steckte Krupp es wieder ein und betrat den Lift zusammen mit dem Jungen, der auf seinem Schiff arbeitete. Wie an den meisten Tagen war Krupp seit den frühen Morgenstunden draußen auf dem Meer gewesen, wo er auch das Frühstück und das Mittagessen einnahm. Mittlerweile war das Boot, auf dem er leidenschaftlich seine meeresbiologischen Forschungen betrieb, fast mehr als die luxuriöse Vier-Zimmer-Suite des Quisisana zu seiner Wohnstatt geworden. Um schnell vom Hotel zur Anlegestelle des Schiffs zu kommen, hatte er einen Weg in den steilen Fels schlagen lassen, der in zahllosen Serpentinen zum Meer hinunterführte.

Während der langen Monate, die er hier seit mehreren Jahren verbrachte, waren ihm die Insel und ihre Bewohner ans Herz gewachsen, und er fühlte sich selbst mehr und mehr als Caprese. Fritz Krupp liebte es, unerkannt in einer kleinen Taverne mit Einheimischen zu feiern, und half großzügig, wo die Not bedrückend war. Während der Schiffsjunge fröhlich singend duschte, saß er nachdenklich am offenen Fenster und betrachtete die Fotografien seiner beiden Töchter, die dem letzten Brief, den er aus der Villa Hügel erhalten hatte, beigelegt waren. Plötzlich erinnerte er sich, was er Bertha im vergangenen Sommer versprochen hatte. Aber er fürchtete, Margarethe würde es nicht erlauben, dass seine Erstgeborene mit ihm längere Zeit auf Capri verbrachte. Ein heftiges Klopfen an der Tür riss ihn aus seinen Gedanken. »Herein!«, rief er.

Fritz erhob sich wie ein Schüler, als der Empfangschef, mit annähernd dem strengen Gesichtsausdruck, mit dem er sonst die Pagen herumscheuchte, die Suite betrat. Möglicherweise stand ihm kein anderer zur Verfügung, denn gleichzeitig rieb er nervös mit der linken Hand über die Seitennaht seiner dunklen Hose. Die Situation bereitete ihm sichtlich Unbehagen.

»Ja?«

»Nun … *Signor* Krupp … es ist mir sehr unangenehm …« Jetzt begann der Empfangschef, nachdem er die Tür hinter sich geschlossen hatte, mit der rechten Hand an den Knöpfen seiner uniformähnlichen roten Jacke herumzunesteln.

»Ja, was denn?«, forderte Fritz ihn zu sprechen auf.

»Es waren Herren hier im Hotel, die Erkundigungen eingeholt haben …«

»Was für Herren?«

»Von der Presse, Reporter! Wir haben ihnen natürlich auf ihre Fragen nicht geantwortet! *Naturalmente!*« Er unterstrich seine Worte mit eindringlichen Gesten. »Wir sind ja zur Diskretion verpflichtet! Sie verstehen. Es ist sehr unangenehm für ein traditionsreiches Haus wie unseres …« Er wartete ab, ob seine Worte schon die beabsichtigte Wirkung zeigten.

»Natürlich …« Fritz Krupp war innerlich zusammengebrochen und schaute hilfesuchend aufs Meer hinaus. Ihm schien es, als könnte ihn sein ganzes Vermögen nicht mehr retten. In diesem Moment kam der Junge frisch gewaschen und wohlriechend aus dem Badezimmer. »Geben Sie mir noch eine Woche, ich habe noch ein paar Dinge zu erledigen«, bat Fritz leise.

Der Empfangschef nickte verständnisvoll.

»Und geleiten Sie bitte meinen Gast aus dem Hotel.«

Die Ermahnungen ihres Bruders Felix im Ohr, hatte Margarethe nicht lange gezögert, als in der Presse erste Hinweise hinsichtlich der Geschehnisse auf Capri auftauchten. Ihr war bewusst, dass hier, da ihr Gatte von Unterstellungen und übler Nachrede bedroht war, nur einer helfen konnte. Außerdem bezeichneten sie einander als Freunde, er würde ihnen sicher zur Seite stehen.

Sie hatte ihren Besuch beim Kaiser erst angemeldet, als sie bereits in Berlin angekommen war, und nun stand sie ihm gegenüber.

»Frau Krupp! Das ist allerdings eine Überraschung!« Wäre sie nicht die Gemahlin des für seine ehrgeizigen Flottenpläne wichtigsten Industriellen, Wilhelm II. hätte diese Audienz niemals gewährt.

»Eure Majestät! Ich flehe Sie an. Helfen Sie mir?«

Der Kaiser wich zurück und hoffte, damit das Gespräch über dieses leidige Thema beenden zu können, noch ehe es richtig begonnen hatte.

Margarethe hatte während der ganzen Zugfahrt über die Worte nachgedacht, mit denen sie den Kaiser bewegen wollte, ihr zu helfen. Und sie ließ sich durch seine vornehme Zurückhaltung nicht davon abhalten, diese genau so vorzubringen: »Eure Majestät! Ich komme zu Ihnen als schutzbedürftige Frau. Ich komme zu Ihnen als die Unterwürfigste Ihrer Untertanen! Eure Majestät wissen, dass unsere Liebe zu Eurer Majestät, unsere Treue und Dankbarkeit keine Grenzen kennen. Aber ich komme auch in der bescheidenen Hoffnung, dass Eure Majestät ein Gefühl der Freundschaft und Verbundenheit zu unserer Familie hegen. Einer alten, schon so lange bestehenden Freundschaft, die bereits zwischen unseren Vätern bestand.«

Ohne die Miene zu verziehen, bemerkte der in der Nähe stehende Adjutant, wie die langatmigen Ausführungen den Kaiser immer ungeduldiger werden ließen.

»Deshalb hoffe ich, dass es Ihnen ebenso nahegeht wie mir, dass der gute Ruf meines Gatten, der seit jeher auf so stolzem und solidem Fundament ruht, auf das übelste beschmutzt worden ist! Einzig Eure Majestät können dem frechen Treiben dieser sozialistischen Hetze entgegentreten! Bitte, helfen Sie uns, seinen Ruf wiederherzustellen.« Am Ende ihrer Ausführungen fiel Margarethe auf die Knie und verbeugte sich tief, so dass sie die Wirkung ihrer Worte auf den Kaiser nicht wahrnehmen konnte.

Verständnislos betrachtete Wilhelm II. die Bittstellerin. Es kostete sein Kabinett schon jetzt Mühe genug, die Wogen zu glätten. Wenn plötzlich ein Mann in der Schusslinie stand, der für die nationalen Interessen so wichtig war, dann bedeutete das immer eine Gefährdung des gesamten Regierungssystems. Vor allem seine, des Kaisers, Flottenpolitik könnte ins Zwielicht gerückt werden, wenn der Hauptlieferant der künftig in Dienst zu stellenden Kriegsschiffe durch einen solchen Skandal desavouiert würde.

Noch immer wartete der Kaiser, dass Margarethe Krupp sich wieder erheben würde. Hilfesuchende Blicke trafen den Adjutanten, der sich pflichtschuldigst um Margarethe bemühte und ihr zu verstehen gab, dass die Audienz beendet sei, und ihr galant aufhalf. Demütig, und durch das Schweigen des Kaisers gedemütigt, zog Margarethe sich unter mehrfachen Verbeugungen zurück. Von dieser Seite war offensichtlich keine Hilfe zu erwarten.

In den bisher wie versteinert wirkenden Kaiser kam Bewegung, als die Tür sich hinter Margarethe geschlossen hatte. Er echauffierte sich über ihre Dreistigkeit. »Wie kann sie es wagen? Die muss aufhören, herumzurennen wie ein aufgeschrecktes Huhn und diese überaus dumme Geschichte in der Welt zu verbreiten! Wagt es, uns damit in Verbindung zu bringen! Uns, den deutschen Kaiser, König von Preußen! Die Frau muss zum Schweigen gebracht werden! Verstehen Sie mich! Zum Schweigen!«

In einer Ecke der Gießerei saßen die Arbeiter mit ihren Henkelmännern und schlürften dampfende Suppe. Obwohl Horst nicht mal die Hälfte gegessen hatte, klappte er den Deckel wieder zu und verstaute den Blechbehälter in seinem Rucksack.

»Was ist? Schmeckt's dir wieder mal nicht?«, wollte sein Nebenmann wissen, der sein Mittagessen bereits hinuntergeschlungen hatte. »Nehm dir gerne was ab, hörst du?«

»Lass ihn, das ist doch für seine Kinder«, wandte ein anderer ein.

»Das ist gut. In zwanzig Jahren bringen sie die Suppe dann für ihn mit nach Hause.«

»In zwanzig Jahren krieg ich meine Suppe vom alten Krupp!«, erklärte Horst.

Nach und nach packten auch die anderen ihr Essgeschirr zusammen.

»Habt ihr auch gehört, was ich gehört habe?«

Paul, der Vorarbeiter, wusste sofort, worauf die Frage hinauslaufen würde, und versuchte, weiteren Äußerungen von vornherein Einhalt zu gebieten. »Nichts haste gehört!«

Doch nun war Horst neugierig geworden und fragte: »Was gibt's denn?«

»Wie man so hört, hat sich's der Alte in Italien gutgehen lassen …«

»Und?«

»Gibt hübsche junge Männer in Italien …«

»Das reicht!«, mischte Paul sich erneut ein. »Nimmst das Geld von Krupp, wohnst in seinem Haus, frisst seine Lebensmittel – und reißt jetzt das Maul auf!«

»Ich sag ja nur, was die Genossen sagen«, beschwichtigte er, denn mit seinem Vorarbeiter wollte er es sich nicht verderben.

»Scheiß auf die Genossen! Bezahlen die dich etwa dafür, dass du Panzerplatten walzt? Deine Genossen haben hier noch kein einziges Schlachtschiff und keine Kanone und auch sonst nix in Auftrag gegeben!« Paul, der sonst eher einsilbig war, redete sich in Rage. »Ohne Krupp könnten wir noch lange zusehen, wie uns der Engländer auf der Nase rumtanzt! Und jetzt los. Ihr seid Stahlkocher und keine Klatschweiber.« Er zog seine Mütze vom Kopf und klopfte sie auf dem Oberschenkel aus. Dann strich er seine Haare mit den Fingern nach hinten, setzte die Mütze wieder auf, griff nach seiner Schutzkleidung und stapfte zurück zum Ofen. Die anderen folgten ihm murrend.

Die Depesche lag bereits auf Fritz Krupps Schreibtisch, als er vorzeitig, aus Capri nach Essen zurückgekehrt war. Kreidebleich las er die kaiserliche Anordnung wieder und wieder. Dann telefonierte er mit dem Hausarzt Doktor Klages, um die nötigen Vorbereitungen zu treffen. Margarethe wurde am späten Nachmittag aus Berlin zurückerwartet.

Der gebratene Fasan, sonst eines seiner Lieblingsgerichte, hatte Fritz an diesem Abend nicht das kulinarische Vergnügen bereitet, das er sich erwartet hatte. Vielleicht waren es der mittlerweile an die italienische Küche gewöhnte Gaumen, die Zaghaftigkeit der Tischgespräche oder die Unsicherheit über die weiteren Entwicklungen, die Fritz irritierten. Jedenfalls verzichtete er auf das Dessert und ließ sich gleich einen Mokka bringen.

Als dann, ohne anzuklopfen, Doktor Klages zusammen mit zwei stämmigen Pflegern den Speisesaal, betrat, blickten, überrascht über die unangemeldete Visite, Margarethe und die beiden Töchter auf.

»Doktor Klages, wir sitzen zu Tisch …«, ergriff Margarethe, verwundert über das Schweigen ihres Gatten, schließlich das Wort.

»Ich habe Doktor Klages hergebeten«, erklärte Fritz, der gehofft hatte, die Dinge würden sich von allein regeln. Doch nun wollte er die Angelegenheit so schnell als möglich erledigt wissen.

Zögernd näherte sich das medizinische Personal Margarethe.

»Was ist hier los, Fritz?«, forderte sie eine Erklärung.

Um Zeit zu gewinnen, wischte Fritz sich mit der Damastserviette umständlich den Mund ab. »Margarethe, ich verstehe, es waren schwierige Zeiten für dich. Du hast viel durchmachen müssen. Wir wollen nur dein Bestes. Mädchen, ihr dürft euch zurückziehen!«

Bertha und Barbara machten sich ganz klein auf ihren Stühlen. Diesen dramatischen Moment wollten sie sich keineswegs entgehen lassen. Obwohl sie keine Ahnung von dem hatten, was sich vor ihren Augen abspielte.

»Ihr wollt mich von hier fortbringen lassen?« Margarethe hatte sich erhoben und schaute die Männer reihum herausfordernd an. »Mich?«

»Ich habe dir bereits ein paar Sachen zusammenpacken lassen«, erklärte Fritz Krupp rücksichtsvoll.

»Du lässt mich einsperren?« Herausfordernd stemmte Margarethe ihre Hände in die Hüften.

»Nur zur Beobachtung. Bis du dich erholt hast. Ein paar Tage, vielleicht ein paar Wochen. Bis es dir wieder gutgeht«, versuchte Fritz, sie zur friedlichen Einsicht zu bewegen.

»Mir geht es durchaus gut. Ich werde dieses Haus nicht verlassen!«

»Der Doktor ist der Überzeugung, dass man dich vor unüberlegten Handlungen schützen muss.« Fritz schaute hilfesuchend zu Doktor Klages, auf den er einen Teil der Verantwortung gerne abwälzen wollte, doch der schwieg, dirigierte lediglich die beiden Pfleger zu Margarethe Krupp.

»Weil ich in Berlin war, nicht wahr«, versuchte Margarethe das böse Spiel zu verstehen. »Weil ich den Kaiser um Hilfe ersucht habe. Für dich!«

»Mach es bitte nicht noch schlimmer«, unterbrach Fritz sie, bevor sie begann, Dinge zu sagen, die ihr später unangemessen vorgekommen wären.

Die beiden Pfleger standen links und rechts von Margarethe Krupp und fassten sie an beiden Armen, um ihren Bewegungsspielraum einzuschränken. Doch sie konnten sie nicht davon abhalten zu schreien.

»Fassen Sie mich nicht an! Verlassen Sie mein Haus! Auf der Stelle!«

Während die Mädchen verschreckt zu weinen anfingen und sich umarmten, um sich gegenseitig zu trösten, trat Doktor Klages mit einer vorbereiteten Beruhigungsspritze zu Margarethe, die immer heftiger versuchte, sich den harten Griffen zu entwinden. Dabei löste sich ihr stets so streng frisiertes Haar, und die Perlenspange fiel zu Boden, die Bertha nun nicht mehr aus den Augen ließ.

»Loslassen!«, schrie sie. »Fritz! Fritz!« Ihre Stimme gehorchte ihr nicht mehr, wurde zu einem Gurgeln, einem Röcheln. Ihre Augen verdrehten sich. Die plötzliche Erschlaffung des Körpers ließ jeden Widerstand schwinden. Die beiden Pfleger fingen Margarethe auf und schafften sie aus dem Speisesaal.

Fritz konnte nicht fassen, wie das, was er selbst angeordnet hatte, nun vonstattenging. Er lief den Pflegern hinterher, um Margarethes Situation irgendwie angenehmer zu machen, fand aber keine Möglichkeit dazu. Margarethe wurde neben einen der beiden Pfleger in den Fond des Wagens, der in der Auffahrt wartete, gehievt. Gerade noch rechtzeitig konnte Fritz einen Zipfel ihres Kleids ins Wageninnere schieben, bevor die Tür heftig zugeschlagen wurde. Er winkte dem Wagen nach, bis er aus seinem Blickfeld verschwunden war. Gebeugt schloss er schließlich die Tür zur Villa und zog sich in sein Arbeitszimmer zurück, um die Unterlagen für die Taxonomie der jüngst von ihm entdeckten Fische fertigzustellen.

Ruhelos streifte Bertha durch den Park. Am Spatzenhaus und dem kleinen Fachwerkgebäude vorbei, das ihr Vater vor nicht einmal zehn Jahren für sie und Barbara hatte bauen lassen, kreuz und quer durchs Rhododendrontal. Sie kannte jede Hecke, jeden Baum, jedes Gebäude, auch wenn sie sich noch so fremd fühlte. Alles war ihr vertraut. In der Nähe des Wirtschaftshofs fand Bertha eine Zeitung, die auf einer Steinbank liegen geblieben war: *Vorwärts – Central-Organ der Sozialdemokratie Deutschlands*. Lustlos schweiften ihre

Blicke über die engbedruckten Seiten, bis sie an einem Artikel hängenblieben, in dem ihr Nachname vorkam. »Der Geheime Kommerzienrat Krupp«, begann Bertha zu lesen, »Mitglied des preußischen Herrenhauses, der reichste Mann Deutschlands, dessen jährliches Einkommen seit den Flottenvorlagen auf 25 und mehr Millionen gestiegen ist, der über 50 000 Arbeiter und Angestellte in seinen Betrieben unterhält, in denen das Zentrum der völkermordenden Kriegstechnik liegt. Herr Krupp, den die Fürsten und Staatsmänner zu besuchen pflegen, wenn sie Deutschland durchreisen, gehört zu jenen Naturen, für die der § 175 eine stete Qual und Bedrohung bedeutet.«

Ahnungslos, was in diesem Paragraphen geregelt wurde, überflog Bertha die Zeilen, um herauszufinden, was ihrem Vater vorgeworfen wurde.

»… huldigte er mit den jungen Männern der Insel dem homosexuellen Verkehr«, las sie weiter.

Bertha fühlte sich hilflos. Alles, was sie hätte wissen müssen, um diesen Artikel wirklich zu verstehen, fehlte in ihrer Ausbildung.

»… wurde Herr Krupp jetzt von den italienischen Behörden aufgrund dieses unhaltbaren Zustandes des Landes verwiesen …«

Sie riss den Artikel vorsichtig heraus und erwog, damit zu ihrem Vater zu gehen. Er wusste ihr bestimmt die Einzelheiten zu erklären. Sie beide hatten nicht mehr miteinander gesprochen, seit er ihre Mutter von hier hatte wegbringen lassen. Vielleicht wäre das eine gute Gelegenheit, mehr über die gegenwärtigen Ereignisse auf dem Hügel zu erfahren.

Sie stürmte ins Zimmer des Vaters, rannte beinahe eines der Dienstmädchen um, das voller Entsetzen wimmernd die

Hände vors Gesicht geschlagen hatte. Bertha wunderte sich, was all diese Bediensteten im Arbeitszimmer ihres Vaters zu suchen hatten, wunderte sich, wieso niemand sich um diese umgestürzte Kaffeetasse kümmerte, deren Inhalt sich über das Zierdeckchen auf dem Tisch bis auf das Parkett ergossen hatte. Als die Diener, die auf dem Boden knieten, sie bemerkten und sie drängten, den Raum zu verlassen, erkannte sie endlich den Grund für diese Ansammlung. Halb von einem ebenfalls umgestürzten Sessel verdeckt, lag ihr Vater mit wachsbleicher Haut, verkrampften Händen und starren offenen Augen auf dem Boden. Bertha wehrte sich vergeblich gegen die massiven Bemühungen der Diener, sie zur Tür hinauszugeleiten, wo sich mittlerweile noch mehr Menschen versammelt hatten.

Unter den Herbeigeeilten befand sich auch Barbara, die durch das Gewimmel hindurch lediglich die Waden und Füße ihres am Boden liegenden Vaters erkannt hatte. Da sie das Schlimmste befürchtete, begann sie zu weinen. Bertha, die ihre Schwester nun wahrgenommen hatte, nahm sie bei der Hand und ging mit ihr ins immer noch sogenannte Kinderzimmer. Von Weinkrämpfen geschüttelt, warf Barbara sich aufs Bett, während Bertha schweigend am Fenster stand und überlegte, was als Nächstes zu tun sei. Natürlich waren sowohl der Hügel als auch die Krupp-Werke selbständig funktionierende Organisationen. Aber über längere Zeit hinweg ohne Führung, das würde nicht gutgehen.

Die Gouvernante hatte Barbaras traurigen Zustand bemerkt und den inzwischen eingetroffenen Arzt gebeten, ihr zu helfen. Er wusste nichts anderes, als auch an diesem Tag eine Spritze aufzuziehen und Barbara ein Beruhigungsmittel zu injizieren. Bertha, irritiert von der Duplizität der

Ereignisse, wandte ihren Blick zu den rauchenden Schloten. Wenn es irgendetwas gab, was dringend geschehen musste, hatte es mit dem Erhalt der Firma zu tun. Wieso war sie darauf nie vorbereitet worden?

»Da kommt der Kaiser!«, rief der Wirt in die Wirtsstube hinein, in der Paul als einziger Gast saß. Der stämmige Gastwirt stand in der Tür seiner kleinen verräucherten Bierschänke, um das Spektakel auf der Straße besser verfolgen zu können. »Ich habe noch nie so viele Menschen auf der Straße gesehn.«

»Haben ja auch noch nie alle Maschinen stillgestanden«, stellte Paul verbittert fest. »Und alles nur wegen diesem dummen Gerede, wegen dieser verdammten Gerüchte!«

»Und die Margarethe Krupp ist auch nicht dabei, nur die Mädchen«, stellte der Wirt fest, der kaum etwas sah und mehr auf die Äußerungen der vor ihm Stehenden angewiesen war, so dicht drängten sich die Trauernden und Schaulustigen auf dem Bürgersteig.

»Das wollte der Kaiser so, erzählt man«, erklärte ein Arbeiter, der gerade das Lokal betreten wollte. »Hat wohl einen Skandal befürchtet. Aber so gibt's nur noch mehr Vermutungen.«

»Gibst du 'ne Runde aus?«, fragte sein Kumpel, der hinter ihm stand, den Wirt. »Ist doch ein historischer Tag: arbeitsfrei für alle!«

Während die beiden sich setzten, brodelte die Gerüchteküche weiter. »Sie sagen, keiner hätte ihn gesehen. Der Sarg ist sofort verschlossen worden.«

»Na und? Wieso sollte den Alten keiner sehen?«

Statt einer Antwort hielt der Arbeiter sich einen ausgestreckten Zeigefinger an die Schläfe, um einen Pistolenlauf anzudeuten, und bewegte den Daumen wie einen Schlagbolzen, dann ließ er schulterzuckend den Arm sinken. »Vielleicht hat er sich auch aus dem Staub gemacht. Und das da draußen ist eine Komödie, für uns.« Er hob sein Glas, schaute in die Richtung, in der der Trauerzug verschwunden war, und sagte: »Prost, Fritz!«

Wütend sprang Paul auf. »Jetzt reicht's!«, rief er. »Habt ihr denn kein bisschen Ehrgefühl im Leibe?« Er konnte nicht begreifen, wieso es seit Monaten ständig hämisches Gerede gab. Kaum standen ein paar Arbeiter zusammen, wusste einer von ihnen etwas Abfälliges über die Krupps zu erzählen. Etwa, dass Margarethe Krupp für einige Zeit in einer Irrenanstalt in Jena untergebracht gewesen sei. Manchmal zweifelte er selbst daran, dass alle üblen Nachreden nur von irgendwelchen Schandmäulern erfunden worden waren.

»Wir schon, aber die besseren Herrschaften da draußen anscheinend nicht!«, höhnte der Vorlaute.

»Das nimmst du sofort zurück!«, blaffte Paul.

»Ist doch wahr! Auf uns passen sie vierundzwanzig Stunden lang auf, sieben Tage die Woche. Damit wir nicht saufen, nicht spielen, nicht prassen, nicht huren ... Können uns kündigen, wenn wir es an Anstand fehlen lassen. Und er!«

»Halt verdammt noch mal die Schnauze!« Unvermittelt sprang Paul auf ihn zu und schlug ihn nieder.

Schon wollte dessen Kumpel sich auf ihn stürzen, als er feststellte, dass Paul sich in einer Ecke zusammengekauert hatte und anfing zu schluchzen. Für den Vorarbeiter war mit den Ereignissen der letzten Wochen die heile Krupp-Welt, die er seit seiner Kindheit gekannt hatte, zusammengebrochen.

Die Lokomotive des kaiserlichen Hofzugs stand bereits unter Dampf, als Wilhelm II. mit seinem Tross zum Essener Bahnhof zurückkehrte, der zu seinen Ehren mit grünen Girlanden geschmückt war. In seiner Nähe, in langen schwarzen Kleidern, die Schwestern Bertha und Barbara. Sie hatten an diesem traurigen Tag gewissermaßen die Gastgeberrolle innegehabt. Der Kaiser wirkte bereits ziemlich ungeduldig, er wollte Essen, die Familie Krupp und den ganzen ärgerlichen Skandal endlich hinter sich lassen. Als er auf Bertha zutrat, um sich von ihr zu verabschieden, knickste sie unterwürfig und sagte: »Eure Kaiserliche Majestät, ich bitte vielmals um Vergebung, aber meine Mutter ist immer noch indisponiert und lässt sich ergebenst entschuldigen.«

Der Kaiser schaute äußerst pikiert und fragte sich, ob man etwa diese Person nicht darüber in Kenntnis gesetzt hatte, dass er die Anwesenheit ihrer Mutter bei den Beerdigungsfeierlichkeiten für entbehrlich gehalten hatte? Oder wollte sie ihm mit dieser kleinen Szene gar auf subtile Art vorführen, dass sie bereit war, in die Schuhe ihres Vaters und ihres Großvaters zu schlüpfen? Er beschloss, nicht weiter darauf einzugehen. »Leben Sie wohl, meine Damen.« Bertha Krupp musste im Auge behalten werden, überlegte Wilhelm II. Noch hatte sie ja ein paar Jahre bis zu ihrer Volljährigkeit, aber es galt, sich umgehend Gedanken zu machen – über den zukünftigen Mann an ihrer Seite, denjenigen, der die Stelle Friedrich Krupps einnehmen und die Dynastie fortführen könnte. Und er hatte bereits eine Idee, wie er den Namen Krupp auch in Zukunft erhalten konnte.

Mit seinem gesunden Arm hielt der Kaiser sich an einem Türgriff seines Salonwagens fest und stieg auf die erste Stufe. Doch dann beschloss er doch noch die vorbereitete

Rede zu halten, mit der er seinen sozialdemokratischen Feinden die Stirn bieten wollte. Er konnte es nicht zulassen, dass seine militärischen Anstrengungen von diesem pazifistischen Gesindel hintertrieben wurden. Besonders ärgerte er sich darüber, dass die in Berlin für die Lockerung des Paragraphen 175 eintraten, aber Fritz Krupp genau mit dem Vorwurf, dagegen zu verstoßen, quasi auf dem Gewissen hatten. Mit einem wütenden Blick wandte er sich dem versammelten Direktorium und den anwesenden Arbeitern der Krupp-Werke zu und begann: »Eine Tat ist in deutschen Landen geschehen, so niederträchtig und gemein, dass sie alle Herzen erbeben gemacht und jedem deutschen Patrioten die Schamröte auf die Wangen treiben musste, über die unserem ganzen Volke angetane Schmach. Einen kerndeutschen Mann, der stets nur für andere gelebt, der stets nur das Wohl des Vaterlandes, vor allem aber das seiner Arbeiter im Auge gehabt hat, hat man in seiner Ehre angegriffen. Diese Tat mit ihren Folgen ist nichts weiter als ein Mord! Wer war es, der diese Schandtat an unserem Freunde beging? Männer, die bisher als Deutsche gegolten haben, jetzt aber dieses Namens unwürdig sind, hervorgegangen aus der deutschen Arbeiterbevölkerung, die Krupp eben so unendlich viel zu verdanken hat und von der Tausende in den Straßen Essens, mit Tränen in den Augen, dem Sarg ihres Wohltäters ein letztes Lebewohl zuwinken. Männer, die Führer der deutschen Arbeiter sein wollen, haben euch euren treuen Herrn geraubt. An euch ist es, die Ehre eures Herrn zu schirmen und zu wahren und sein Andenken vor Verunglimpfung zu schützen.«

Die Totenstille nach dem Verhallen seiner letzten Worte verunsicherte Wilhelm II. Abrupt bestieg er den Waggon, und sogleich begann der Hofzug sich in Bewegung zu setzen.

Nur wenige Tage später hatte Margarethe in der Villa Hügel das Heft wieder fest in der Hand. Nun wollte sie sich dem Direktorium als neue Führerin des Unternehmens vorstellen. Gemeinsam mit ihren Töchtern stieg sie in eine elegante schwarze Kutsche und ließ sich in die Hauptverwaltung fahren, wo die leitenden Herren an einem langen Sitzungstisch erwartungsvoll versammelt saßen. Sie nahm den Ehrenplatz an der Stirnseite ein, während Bertha und Barbara sich hinter ihr auf zwei Stühle an der Wand setzten.

»Meine Tochter Bertha Krupp ist alleinige Erbin der Firma. Bis zu ihrer Volljährigkeit werde ich der Firma vorstehen.«

Die Direktoren wirkten etwas irritiert über diese überraschende Ankündigung. Natürlich war es notwendig, eine Nachfolgeregelung für den Betrieb zu finden, aber man hatte respektvoll einige Trauerwochen einkalkuliert und wollte nicht vorschnell Vorschläge präsentieren. Dass die Witwe den freien Platz einzunehmen gedachte, hatte niemand erwartet, zumal sie noch bis vor wenigen Tagen in der Jenaer Psychiatrischen Universitätsklinik gewesen war.

Ungerührt setzte Margarethe ihre Ausführungen fort. Sie hatte mit dieser Reaktion gerechnet und wusste damit umzugehen. »Ich habe in den letzten Tagen mehr Schriftstücke gelesen, die Sie für notwendig erachtet haben, mir vorzulegen, als in meinem gesamten Leben zuvor. Ich gestehe ohne zu zögern, wie schwer mir die Lektüre von Bilanzen fällt und wie weit ich davon entfernt bin, die Welt der Saldovorträge zu verstehen.«

Noch wussten die versammelten Direktoren nicht, wie sie mit diesem Eingeständnis der Schwäche umzugehen hatten. Handelte es sich um weibliche Koketterie oder um mangelnde Bereitschaft und Fähigkeit, die Verantwortung wirklich zu übernehmen.

»Nun, gnädige Frau«, äußerte sich der stellvertretende Vorsitzende des Direktoriums schmeichelnd, »ich bin sicher, Sie werden sich bald daran gewöhnen.«

»Ich danke Ihnen für Ihre Höflichkeit, aber da ist nichts schönzureden: Im Umgang mit Zahlen bin ich eine Gans«, fuhr Margarethe fort und verzog, bis auf ein angedeutetes Lächeln, keine Miene. Nur Bertha bemerkte, dass es sich um ein geschicktes Pokerspiel handelte, an dessen Ende ihre Mutter die ihrem Status gebührende Vorrangstellung eingenommen haben würde, ohne einen der Direktoren vor den Kopf gestoßen zu haben.

Die bisherige Spannung, die Vorbehalte gegen eine weibliche Führung entluden sich in vereinzeltem Gelächter und Zwischenrufen. »Aber nicht doch … Für eine Dame gewiss ein ausgezeichnetes Verständnis … Immerhin ist man Krupp … Ach, gnädige Frau!«

Doch Margarethe setzte noch eins drauf. »Würde einer der Herren mir mein eigenes Todesurteil vorlegen, glatt würde ich es unterschreiben!« Sie hatte den wesentlichen Teil ihrer Mission erfüllt und setzte ein entwaffnendes Lächeln auf. »Ich bin auf die Erfahrung und die Kunstfertigkeit eines jeden Einzelnen von Ihnen zutiefst angewiesen.«

Das Direktorium sah sich in seiner Kompetenz bestätigt und gefordert. Die Herren sprangen auf und applaudierten dem gelungenen Einstand der neuen Leiterin des Unternehmens.

»Verehrte Frau Krupp«, ergriff erneut der stellvertretende Vorsitzende das Wort, »seien Sie unserer uneingeschränkten Loyalität auf ewig versichert.«

5

1957

»Ist mein Sohn gekommen?«

»Nein, Frau von Bohlen, niemand wurde gemeldet.« Fürsorglich hatte Anna die Nacht am Bett ihrer Herrschaft verbracht. Sie war naturgemäß immer wieder kurz eingenickt, obwohl sie sich die härteste Sitzgelegenheit ans Bett gezogen hatte, die in Berthas Zimmer zur Verfügung gestanden hatte: den Schreibtischstuhl, ein eher unauffälliges Biedermeiermöbel mit durchgesessener Polsterung. Aber in der Zeit zwischen zwei Uhr morgens und dem Sonnenaufgang waren ihr regelmäßig die Augen zugefallen, meist nur für wenige Minuten, bis sie fröstelnd wieder aufwachte, denn es gab keine Decke mehr in diesem Zimmer, in die sie sich hätte kuscheln können. Und den Raum zu verlassen, hatte sie nicht gewagt. Frau Krupp hatte tief geschlafen, fast beunruhigend tief und gleichmäßig. Das lag wohl an dem Medikament, das ihr der Arzt verabreicht hatte. Mittlerweile schien die Sonne bereits aufmunternd ins Zimmer, bestimmt käme der Doktor bald, um nach der Patientin zu sehen.

Zweifelnd betrachtete Bertha das junge Ding, das neben ihrem Bett auf dem Stuhl saß. Sie konnte sich nicht erklären, was der Grund dafür sein sollte. Geschlafen hatte sie bisher immer ohne Anwesenheit des Personals.

»Soll ich ihn rufen lassen?«

»Nein! Niemand ruft meinen Sohn!« Berthas Gesichtsausdruck verhärtete sich. »Er wird kommen, aber er kommt von alleine!«

Anna nickte ergeben. Die Frage, ob sie ein Frühstück servieren lassen sollte, verkniff sie sich. Die alte Dame wollte wohl auch jetzt alles unter Kontrolle haben, selbst wenn sie dazu augenscheinlich nicht mehr in der Lage war.

Bertha beäugte das Dienstmädchen weiterhin skeptisch, dann fragte sie: »Wie heißen Sie?«

»Anna.«

»Anna.« Irgendwie beruhigt, drehte Bertha sich auf den Rücken und blickte an die Decke, um ungestört nachdenken zu können. »Ihr Vater arbeitet im Stahlwerk und Ihr Verlobter in einer der Schlossereien.«

»Ja!«, bestätigte Anna erfreut. Die Geistesgegenwart der Hausherrin schien zurückgekehrt.

»Wenn mein Sohn kommt, dann soll er sofort zu mir vorgelassen werden! Sagen Sie das allen Dienern, gleich.«

Anna stand auf, zog und zupfte ihre Kleidung zurecht, die in dieser Nacht sehr gelitten hatte.

»Nein, nein! Ich werde es ihm nicht so leicht machen! Man soll ihn nicht hereinlassen. Ich will ihn nicht sehen.«

Irritiert von diesen jähen Stimmungswechseln, zögerte Anna und verharrte neben dem Bett.

Bertha wandte sich Anna freundlich zu und ergriff ihre Hand. »Anna«, begann sie, »haben Sie keine Angst! Ich werde Sie nicht enttäuschen. Ich werde immer für Sie da sein. So wie es immer heilige Pflicht war, auf beiden Seiten: Sie arbeiten für uns, und wir arbeiten für Sie …«

Diese gegenseitige Versicherung hatte Anna schon als

Kind von ihrem Vater gehört, als sie sich einmal darüber gewundert hatte, dass die Familie in einem Haus der Firma Krupp wohnte, in einem Laden einkaufte, der zum Unternehmen gehörte, und sogar das Krankenhaus, in dem sie zur Welt gekommen war, irgendwie Teil des Ganzen war.

»Schicken Sie nach jemandem, dass man Alfried holt! Man soll telefonieren! Er muss sofort kommen! Nein, er muss von selber kommen. Sonst hätte es keinen Wert, nicht aus Mitleid. Niemand darf ihn anrufen! Er darf nicht wissen, dass ich hier liege!«

Nachdenklich schwieg Bertha eine Weile, während Anna ihr eine kräftigende Brühe servierte, dann brach es aus ihr heraus: »Ich habe doch alles für ihn getan! Sieht er denn gar nicht, was er Krupp alles verdankt? Wir haben im Paradies gelebt, als Mädchen. Und ich habe ein Leben lang gekämpft, dieses Paradies wiederherzustellen. Für meine Kinder.« Fragend schaute sie zu Anna, die müde auf ihrem Stuhl saß und nahe daran war einzuschlafen. Aber das junge Dienstmädchen wusste zu alldem nichts zu sagen.

Mit großem Appetit löffelte Bertha den Teller leer und fühlte sich sogleich besser. »Es ist nicht wahr, dass ich gescheitert bin«, sagte sie, »das ist nicht die Wahrheit!« Dann sank sie erschöpft in die Kissen zurück und schlief wenig später wieder ein.

Am späten Nachmittag klopfte die Hausdame vorsichtig an Berthas Zimmertür und trat auf ein Zeichen hin ein. »Frau von Bohlen, Ihr Sohn möchte Sie sprechen.«

Als hätte sie auf nichts anderes gewartet, setzte Bertha sich auf, was ihr nur mühsam gelang, und forderte: »Anna! Frisieren Sie mich! Und etwas zum Anziehen. Mein Sohn möchte bitte warten! Vielleicht etwas Helles. Nichts Weißes, nein. Rot! Alfried liebt Rot!«

Während Anna die bereitliegende Bürste nahm, machte die Hausdame erneut einen Knicks. »Entschuldigung, aber es ist nicht Ihr Sohn Alfried, es ist Ihr Sohn Harald.«

Enttäuscht stieß Bertha Anna zur Seite, die begonnen hatte, ihr Haar zu richten. »Nicht Alfried! Dann kann ich leider nicht empfangen. Richten Sie ihm das aus, Anna!«

Ohne zu zögern, verließ Anna das Zimmer und ging hinunter in die große Halle, wo Harald etwas ungeduldig wartete. Sie überspielte die Peinlichkeit der Absage mit einem Knicks und sagte: »Es tut mir leid, aber Ihre Mutter, also Frau von Bohlen, hat mich gebeten, Ihnen auszurichten, dass sie keinen Besuch empfangen kann.«

»Keinen Besuch?«, wunderte sich Harald. »Sie kann mich nicht empfangen?«

»Sie fühlt sich nicht wohl!«, versuchte Anna zu erklären, der sichtlich unwohl in ihrer Haut war.

»Eben, gerade deswegen … Geht es ihr gut?«

Anna zögerte mit ihrer Antwort. Bertha Krupp hatte ihr schließlich mit deutlichen Worten eingeschärft, mit niemandem über ihren Zustand zu sprechen.

»Was ist los? Geht es ihr nicht gut?«, hakte Harald nach, dem die Situation zunehmend Unbehagen bereitete.

»Frau von Bohlen wünscht niemanden zu sehen«, wiederholte Anna ausweichend. Und dann kam ein Wort zu viel über ihre Lippen: »Außer …«

»Ja?«

»… außer Herrn Krupp.«

»Alfried …« Ohne ein Wort des Grußes drehte Harald sich um und verließ die Villa. Die Wut auf den Erstgeborenen stieg wieder hoch, eine Wut, die fast so alt war wie er selbst. Immer Alfried, die anderen sechs Geschwister liefen einfach so nebenher, hatten keine Rolle in diesem Spiel. Selbst auf den zahlreichen Familienfotos nahm Alfried immer eine exponierte Position ein. Entweder er posierte in der Mitte, oder der Vater hatte seine Hand auf die Schulter des Ältesten gelegt, oder er stand so, dass er alle anderen Geschwister überragte. Natürlich, Alfried trug keine Schuld daran, er hatte sich ja nicht selbst herausgehoben, dafür hatten Vater und Mutter gesorgt, vor allem die Mutter, die wirkliche Besitzerin des Namens Krupp und des Unternehmens. Ihr Mann hatte es für sie nur verwaltet, wie er alles verwaltet hatte, mit seinen minutiösen Zeitplänen, in denen auch festgelegt war, wann und wie lange er sich mit seinen Kindern beschäftigte. Erst später, nach dem Krieg, Krupp war ein Trümmerhaufen, so weit das Auge reichte, und der Firmenchef ein Angeklagter im Nürnberger Prozess, da wäre vielleicht der Zeitpunkt gewesen, sich von dieser Alleinherrschaft zu verabschieden. Aber die Rollenverteilung schien wie festgemauert.

Harald verspürte keine Lust, unverrichteter Dinge nach Hause zu gehen. Er könnte Alfried einen Besuch abstatten, vielleicht bot die Krankheit der Mutter ja eine passende Gelegenheit, offen miteinander zu sprechen. Er stieg in seine Limousine und fuhr los.

Immerhin hatte Alfried sich mit dem Bau seines Bungalows verzichtbereit gezeigt. Nachdem drei Generationen der Krupps in der Villa residiert hatten, wohnte er vergleichsweise bescheiden. Harald stand vor der Tür des modernen Hauses und wartete darauf, eingelassen zu werden. Der Butler wirkte überrascht, als er endlich öffnete.

Auch in Alfrieds Gesicht zeigte sich Verwunderung. Er hatte, wie so oft in seiner karg bemessenen Freizeit, seine jüngsten Plattenkäufe vor sich ausgebreitet. Während er der Musik lauschte, übertrug er die wichtigsten Daten von der Hülle in ein extra dafür gebundenes Buch und versah diese dann mit einem Aufkleber, auf den er eine Ordnungsnummer notiert hatte.

Nach einer knappen Begrüßung übergab Harald dem Butler seinen Mantel und setzte sich dem Bruder gegenüber, während dieser seine Tätigkeit unbeeindruckt fortsetzte. »Ich war oben im Haus«, erklärte Harald, »Mutter hat mich nicht zu sich gelassen.«

Alfried sah lediglich kurz von seinen Schallplatten auf.

»Ich bin der falsche Sohn. Ihr Dienstmädchen war so freundlich, mir mitzuteilen, dass sie nur einen anderen vorlassen darf: Herrn Krupp!« Haralds Stimme klang leicht verbittert.

Alfried ging zum Plattenspieler, einem eleganten weißen Schneewittchensarg der Firma Braun, und legte eine neue Platte auf.

»Was ist geschehen, mit Mutter und dir?« Bruckners achte Symphonie erklang in einer Aufnahme von 1944, die Furtwängler mit den Wiener Philharmonikern eingespielt hatte.

»Nichts!«

Harald musste gegen die Musik ansprechen. »Alfried, ich ertrage das Schweigen in dieser Familie nicht länger! Ich gehe daran zugrunde. Ich brauche endlich Antworten. Ich war zwölf Jahre in Sibirien. Weil ich ein Krupp bin. Und ich weiß nicht einmal, was das ist: Krupp!«

Alfried hob fragend die Whiskyflasche hoch, die wie üblich auf dem Tisch stand. Auf Haralds zustimmendes Nicken füllte er das Glas und reichte es seinem neun Jahre jüngeren Bruder. »Harald, was hat das mit Krupp zu tun? Was hast du mit Krupp zu tun? Du hast mit Berthold deine eigene Firma. Nutze deine Freiheit! Bau dein Leben neu auf, so wie du es möchtest! Ich bin der Älteste. Ich habe Krupp alleine geerbt. Den Namen, die Macht, aber auch die Verantwortung und die Last …«

Diese Ignoranz machte Harald wütend. »Und ich habe in den Schützengräben gelegen und gekämpft, mit deinen Waffen.«

Betroffen schaute Alfried ihn an, fingerte eine Zigarette aus einer Schachtel, zündete sie an und sog den Rauch tief ein. Vergeblich suchte er nach einer Antwort, aber alles, was ihm einfiel, klang hohl. Und die zynische Bemerkung, dass es immer noch die bessere Möglichkeit gewesen sei, mit den Waffen der Firma Krupp zu kämpfen statt gegen sie, schluckte er hinunter.

Keineswegs hatte Harald vorgehabt, den Bruder zu verletzen oder zu kränken, er suchte die Verständigung. »Tut mir leid …«, sagte er stockend. Unschlüssig, ob er seine Geschichte erzählen sollte, kramte er selbst nach Zigaretten, ohne welche zu finden, nahm stattdessen einen kräftigen Schluck und begann ruhig, nahezu unbeteiligt zu sprechen. »Vor zwölf Jahren bin ich in Gefangenschaft gekommen – als einfacher Soldat. Sie wollten mich schon wieder nach Hause schicken, aber ein Kamerad, ach was, Kameradenschwein, hat mich denunziert. Hat ihnen erzählt, dass ich ein Krupp bin. Kurz darauf saß ich in einem Gefängnis in Moskau. Und irgendwann haben sie so eine Art Verhandlung veranstaltet und mich zum Tode verurteilt. Weil unter meinem Namen Kriegsverbrechen verübt worden seien!

Unter meinem Namen! Sie wussten nicht, dass du der Ältere bist, dass du alles geerbt hast: den Namen, die Macht, die Verantwortung, die Last …«

Das *allegro moderato* der Bruckner-Symphonie verklang. Kratzend lief der Saphir in der Auslaufrille, bis der Tonarm des Plattenspielers sich unbemerkt hob, um lautlos in seine Ausgangsposition zurückzukehren.

»Das tut mir leid, Harald!«

»Und dann haben sie mir gesagt, am nächsten Tag sei meine Exekution. Also habe ich meine letzte Nacht verbracht. Und am nächsten Tag haben sie mich abgeholt, und ich musste an dieser blutigen Mauer stehen, voller Todesangst. Bis einer kam, der mich wieder zurückführte.« Harald schnappte sich Alfrieds Zigarettenpäckchen und steckte sich nun ebenfalls eine Zigarette an. All die Jahre hatte er niemandem davon erzählt, weil er die aufwühlenden Emotionen fürchtete. Und auch nach so vielen Jahren stiegen ihm die Tränen in die Augen. »Exekution verschoben! Und stell dir vor, ein paar Wochen später verbringe ich wieder eine letzte Nacht, und sie holen mich und ich stehe. Bis einer kommt, der sagt, dass keine Särge mehr da seien. Und eine Woche später machen sie es ein drittes Mal …«

»Das wusste ich nicht.«

»So nahe, Alfried, war ich Krupp. Ich bin für Krupp gestorben. Wieder und wieder und wieder. In Sibirien war ich Krupp. Krupp, steh auf. Krupp, kriech in den Schacht. Krupp, begrab die Männer. Und jetzt bin ich angeblich wieder zu Hause, und meine Mutter will mich nicht zu sich lassen, weil ich nicht Krupp bin. Und du erzählst mir, das alles ginge mich nichts an …« Harald sank müde zusammen.

Nachdenklich geworden, erhob sich Alfried, um die

Schallplatte umzudrehen und das *scherzo* zu hören, über das Bruckner gesagt haben soll, dass er dabei an den träumenden deutschen Michel gedacht habe, der ins Land hinauszog.

»Vielleicht bist du der Einzige, der mit dem Namen Geld verdient, bezahlt haben wir alle, teuer bezahlt.«

Mechanisch nickte Alfried, der sich tatsächlich über die Situation seiner Geschwister bisher wenig Gedanken gemacht hatte. Sie waren mit Millionenbeträgen abgefunden worden und konnten nun tun und lassen, was sie wollten. Nicht, dass er sie darum beneidete, er schätzte seine Position durchaus, aber sein Lebensglück hatte er als Krupp nicht gefunden, so wenig wie seine Vorgänger in dieser herausgehobenen Stellung. Aber er wollte seinen Leidensweg nicht dem Haralds entgegenhalten. Nicht die Qualen seiner Erziehung, nicht die erzwungene Auflösung seiner Ehe und auch nicht die Haft in Landsberg, zu der er in den Nürnberger Prozessen verurteilt worden war. Gegen ihn und elf Mitglieder des Direktoriums war Anklage erhoben worden, wegen Verbrechen gegen den Frieden, Teilnahme an Raub und Plünderung in den besetzten Gebieten, rechtswidrigem Einsatz von Gefangenen in der Rüstungsproduktion. Dass er nur drei der verhängten zwölf Jahre hatte absitzen müssen, verdankte er vermutlich nichts anderem als der Erwartung, Krupp würde sich nach dem Wiederaufbau Deutschlands, wie bisher immer in seiner Geschichte, als technologisch führender Waffenlieferant etablieren. Diesmal im Sinne der Nato, die Westdeutschland als potentiellen Kampfplatz einer kriegerischen Konfrontation der sich neu formierenden Blöcke vorsah. Aber er hatte ihnen einen Strich durch die Rechnung gemacht. Mehr als einmal. Die Zeiten Krupps als vaterländischer Anstalt waren vorbei. Solange er etwas zu melden hatte, war Schluss mit der Rüstungsproduktion. Auch mit zivilen Gütern ließen sich gute Geschäfte machen, sehr gute sogar, zumindest mit dem Namen Krupp und der ergebenen Bereitschaft seiner Angestellten, die überall auf der Welt bereit waren, die gleiche Perfektion, den gleichen Service zu garantieren wie in Deutschland.

Alfried schenkte Harald und sich noch einmal ein, um schweigend darauf anzustoßen, dass die Vergangenheit hinter ihnen lag. Dann begleitete er seinen Bruder hinaus in die kühle Herbstnacht.

In der Villa Hügel brannte noch immer Licht. Von innerer Ruhelosigkeit erfasst und von der Vergangenheit bedrängt, ließ Bertha sich von Anna eine fast vergessene Kiste holen, in der sie als Jugendliche wichtige Erinnerungsstücke gesammelt hatte, von deren Existenz niemand wissen durfte; sie selbst hatte über Jahrzehnte nicht mehr daran gedacht. Alfrieds gehässige Bemerkung über die Männer in der Familie hatte etwas lange Verdrängtes in ihr aufgewühlt. Sie hielt die mit Perlen besetzte Haarspange in der Hand, die ihrer Mutter Margarethe an jenem Abend, kurz vor dem Tod des Vaters, aus dem Haar gefallen war, und den Artikel aus dem *Vorwärts*. Gut, dass diese schlimme Zeit weit hinter ihr lag, auch, dass sie ohne die ständige Erinnerung daran gelebt hatte. Nie hätte sie sonst die Kraft gehabt, all das zu überstehen, was danach gekommen war. Aber der größte Segen in ihrem Leben war ihr Mann gewesen, den sie in Rom kennengelernt hatte.

»Ich muss noch einmal nach Rom! Kennen Sie Rom, Anna?«

»Nein.«

»Nein, natürlich nicht, Sie gutes Kind. Wollen Sie mich eines Tages nach Rom begleiten?«

Bertha Krupps Augen leuchteten, wie Anna es noch nie gesehen hatte. Dennoch hatte sie berechtigte Zweifel, ob die alte Dame den Anstrengungen einer solchen Reise noch gewachsen war. »Frau von Bohlen, ich weiß nicht …«

»Ich habe Rom geliebt!« Bertha suchte unter den Familienfotos, die Anna notdürftig wieder aufgestellt hatte, auch wenn einige Rahmen lädiert waren und viele Gläser fehlten, nach dem Bild, das Gustav in jungen Jahren zeigte. »Ich weiß noch genau, wie ich Gustav zum ersten Mal gesehen habe. Er sah schneidig aus! Legationsrat der preußischen Botschaft beim Heiligen Stuhl in Rom. Wir wussten natürlich, was der Kaiser von uns erwartete. Wissen Sie, was ich denke? Nach all den Jahren noch. Es war Schicksal! Der Kaiser war nichts als ein Werkzeug. Ein Werkzeug der Vorsehung. Zu Höherem berufen, ohne es zu ahnen.«

Anna reichte ihr das Hochzeitsfoto, auf das Bertha gezeigt hatte.

»Wir haben einander angeschaut und wussten, wir sind füreinander geschaffen. Verstehen Sie das? Ach, natürlich verstehen Sie das, Sie sind doch auch verliebt! Und dann eine Hochzeit! Keine Zeitung in Europa, die nicht darüber berichtet hätte! Keine Prinzessin hat je glanzvoller geheiratet! Kaiser Wilhelm war mein Brautvater. Und jetzt … jetzt ist Gustav seit sieben Jahren tot.«

6

1917

Während des Krieges, der sich nun schon deutlich länger hinzog, als das deutsche Volk und wohl auch die Generäle erwartet hatten, fand Wilhelm II. Zeit, der Familie Krupp und natürlich den Waffenfabriken in Essen einen Besuch abzustatten. Ein Aufenthalt auf dem Hügel, in dem mehrere Zimmer ausschließlich für Seine Majestät reserviert waren, bedeutete für ihn nicht nur willkommene Abwechslung vom Tagesgeschäft, die leitenden Ingenieure des Unternehmens bereiteten dem Kaiser regelmäßig eine große Freude und präsentierten ihm neue, noch bessere Waffen.

Auf dem Schießplatz hatten sich im Gefolge des Kaisers und Gustav Krupps zahllose hochrangige Offiziere und führende Angestellte versammelt, um die Wirkung einer neu entwickelten Granate zu überprüfen, mit der es gelingen sollte, auch die derzeit besten Panzerungen zu durchschlagen. Eine Fortsetzung des Rüstungswettlaufs, den nicht nur die Krupp-Stahlwerke, sondern auch eine Handvoll ausländischer Unternehmen, teilweise zur Begeisterung, teilweise zur Verzweiflung ihrer Regierungen, geführt hatten: Auf einen widerstandsfähigeren Panzerstahl folgte mit schöner Gesetzmäßigkeit ein Geschoss, das diesen durchdringen konnte, woraufhin neue Panzerungen nötig waren, dann wieder neue Geschosse. Ein kostspieliger Wettlauf, der etwa um die Jahrhundertwende begonnen hatte und geradezu naturgemäß in eine militärische Auseinandersetzung münden musste. Zumindest sah Wilhelm II. das so, und so förderte er den Krieg eher, als dass er sich ihm entgegenstellte.

Es war ein widerwärtiges und unangenehm lautes Krachen, das über den Übungsplatz hallte, als die nächste Granate eine Stahlplatte zerfetzte.

»Außerordentlich! Wirklich außerordentlich, Herr Krupp!« Der Kaiser applaudierte, während seine Gefolgschaft noch die Trümmer unter die Lupe nahm. Sie suchten nach einem überaus wirksamen Mittel, um dem unbeweglichen Stellungskrieg endlich ein Ende zu bereiten, der Abertausende Soldaten aufrieb, sie tötete oder zu Krüppeln machte. Gustav Krupp warf sich stolz in die Brust. Die Zufriedenheit des Kaisers zog selbstverständlich auch die seine nach sich.

Während die Männer noch beschäftigt waren, überprüfte Bertha eifrig den Stand der Vorbereitungen für den Aufenthalt des Kaisers. Mit ihren einunddreißig Jahren und sechs Geburten hatte sie eine innere Haltung angenommen, die auch einer wesentlich älteren Frau entsprechen würde. Die schlichte Kleidung und ihr kontrolliertes Auftreten ergänzten diese innere Einstellung vortrefflich. Mit Akribie überprüfte sie die Sauberkeit der kaiserlichen Gemächer. Alles schien perfekt, die Dienstmädchen hatten gute Arbeit geleistet. Zufrieden begutachtete Bertha die Räume, als hätte sie selbst alle Vorbereitungen getroffen. Plötzlich fiel ihr ein braunes Blättchen auf, das den riesigen Blumenstrauß verunzierte. Sie brach es heraus, und sofort eilte eines der

Dienstmädchen herbei, entschuldigte sich und nahm es ihr ab. »Die Blumen werden noch einmal kontrolliert, bevor der Kaiser sich für das Essen vorbereitet.« Danach ging Bertha Krupp hinunter, um ihre Schwester und deren Mann zu begrüßen. Mehrere Bedienstete und der Majordomus standen bereits als kleines Empfangskomitee bereit. Aus der großen Kutsche, welche die Familie am Bahnhof Hügel abgeholt hatte, sprangen nach dem gutgelaunten Ehepaar die vier fröhlichen Kinder samt Kindermädchen heraus. Währenddessen hatte sich auch Berthas Nachwuchs eingefunden. Alfried, Claus, Irmgard und Berthold standen steif herum, während ihre Cousinen und Cousins plappernd durcheinanderliefen und gerade planten, später den großen Park zu durchstreifen.

»Schön, wieder auf dem Hügel zu sein!« Barbara drückte ihre Schwester. Dann nahm sie ihren Hut in die Hand, drehte sich schnell mit wehenden Röcken im Kreis, wie ein junges Mädchen. »Was macht ein volles Haus euch froh? Beseht die Gönner in der Nähe!«, begrüßte Tilo seine Schwägerin mit einem Goethe-Zitat und lachte.

»Halb sind sie kalt, halb sind sie roh«, ergänzte Bertha vergnügt und fühlte sich gleichfalls an damals erinnert, als Tilo des Öfteren gekommen war, um die Schwestern zu erheitern und abzulenken, ihnen aber auch immer wieder interessante Romane mitgebracht hatte, deren Lektüre von den für ihre Erziehung Verantwortlichen eher skeptisch beäugt wurde.

»Du kennst unseren guten alten *Faust* also noch.«

»Wo denkst du hin, mittlerweile führen ihn bereits meine Kinder auf!«

Während die beiden die alten Zeiten aufleben ließen, hatte Barbara sich auf eine der Stufen vor dem Haus gesetzt, um ihre Nichte und die Neffen zu begrüßen. Wohlerzogen verbeugten sich die Jungen, und Irmgard machte artig einen Knicks.

»Wir haben euch etwas mitgebracht von unserem Gut!« Auf einen Wink hin brachte der Kutscher einen kleinen Hasenstall. Sofort öffneten die Kinder neugierig die Transportkiste, doch wagten sie es nicht, das kleine Tier zu berühren. Barbaras Kinder hingegen nahmen den Hasen heraus und brachen sofort in einen heftigen Streit darüber aus, wer ihn auf den Arm nehmen dürfe.

In dem Moment kam Gustav Krupp mit seinem offenen beigefarbenen Mercedes Typ 28/95 angefahren. Er hatte sich mit Verweis auf die nötigen Vorbereitungen für die Ankunft des Kaisers aus dessen Gefolge ausgeklinkt. Er begrüßte kurz die Verwandtschaft, um dann in der großen Halle persönlich mit dem Lineal den korrekten Abstand zwischen dem massiv goldenen Besteck, den feinen Gläsern und der Tischkante zu vermessen.

Währenddessen las der Chef de table ihm den exakten Zeitplan vor: »Bis 11 Uhr 35 werden sämtliche Vorbereitungen abgeschlossen sein. Das Personal hat dann dreizehn Minuten Zeit zum Umkleiden. Um 11 Uhr 48 werden von den Bereichsleitern die Kleiderinspektionen vorgenommen. Um 11 Uhr 58 werden alle Bediensteten des Hauses vor der Tür Aufstellung nehmen – mit Ausnahme von sieben Köchen und Küchenhilfen, die in der Küche bleiben werden. Seine Majestät werden um 12 Uhr 07 vorfahren. Wenn Seine Majestät um 12 Uhr 11 das Haus betreten, werden Küchenpersonal und Tischbedienstete durch den Kücheneingang auf ihre Position eilen, das Hauspersonal wird sich durch den Eingang der Wäscherei zurückziehen …«

»Taffy! Ich hoffe, du hast nicht nachgemessen, ob ich zu dick geworden bin für meinen Platz!«, witzelte Bertha blendend gelaunt, die gerade in die große Halle kam und sich über ihren Mann amüsierte, der ihre eigene Akribie bei weitem überbot. Zudem entspannte sie Barbaras Anwesenheit, ihre Heiterkeit aus guten Tagen, zu denen auch Tilo als geistreicher und amüsanter Gesprächspartner gehörte.

Nicht nur Haus und Hof wurden für den hohen Gast auf Vordermann gebracht, auch die Kinder standen in Reih und Glied, damit die Kindermädchen Kleidung und Frisur überprüfen konnten. »Alfried, deine Jacke muss noch geschlossen werden. Soll ich sie dir zuknöpfen?«

»Ich kann das selbst«, warf der sich beleidigt in die Brust.

Claus, der beim letzten Besuch Wilhelms II. noch zu klein gewesen war, um sich daran zu erinnern, phantasierte erwartungsvoll: »Und die Spitze seiner Haube ist aus purem Gold! Damit kann er jedes Hindernis durchstoßen, Alfried!«

»Unsinn!«, entgegnete Alfried altklug, während er an seiner Jacke herumnestelte. »Gold ist weich. Unser Stahl ist viel härter.«

»Alfried! Da kommt er!«

Der kaiserliche Automobilkonvoi näherte sich in gemessener Geschwindigkeit dem Haus. Das halbe Hundert Angestellter sowie die gesamte Familie hatten Aufstellung genommen. Ein livrierter Diener stand, so zumindest kam es Alfried vor, wie aus dem Boden gezaubert da, um dem Kaiser, kaum dass seine Limousine zum Stehen gekommen war, den Schlag zu öffnen. Während Wilhelm II. das Ehrenspalier der Angestellten würdevoll abschritt, bemerkte Alfried, dass er seine Jacke falsch geknöpft hatte, und versuchte das zu korrigieren, ehe der Kaiser dessen ansichtig werden könnte. Doch ein scharfer Blick seiner Mutter mahnte ihn, ordentlich zu stehen. So blieb Alfried nichts anderes übrig, als das Malheur möglichst unauffällig mit den Händen zu bedecken.

»Eure Majestät«, begrüßte Gustav Krupp den Kaiser, »wir sind stolz und froh, Sie hier auf dem Hügel begrüßen zu dürfen.«

»Lieber Krupp, es freut mich, wieder einmal bei Ihnen zu sein! Gnädige Frau«, der Kaiser deutete einen Handkuss an, »es ist doch schon das, ich glaube, siebte oder achte Mal!«

Hilfreich flüsterte Bertha ihm etwas zu.

»Was, das siebte Mal?«

»Eure Majestät weilen bereits das zehnte Mal bei uns«, verbesserte Bertha gleichermaßen stolz und bescheiden.

»Zum zehnten Mal! Nun, dann feiern wir ja sozusagen ein kleines Jubiläum«, konstatierte der Kaiser jovial und löste mit dieser Bemerkung ein fröhliches Hallo aus. Dann wandte er sich Margarethe zu: »Ich freue mich, Sie bei so guter Gesundheit zu sehen, Madame!«

Auch wenn seitdem fünfzehn Jahre ins Land gegangen waren, hatte Margarethe ihm seine damaligen Machenschaften nicht verziehen. »Geruhen Majestät meine körperliche Gesundheit anzusprechen oder meine geistige?«

Einen Moment lang war Wilhelm II. sprachlos, doch erwies ihm Margarethe sogleich pflichtschuldig ihre Referenz und machte einen tiefen respektvollen Knicks, so dass er sich nun huldvoll Alfried zuwenden konnte, der noch immer die Knopfleiste seiner Jacke mit den Händen zu bedecken suchte. Und davon auch nicht ablassen wollte, als der Kaiser ihm die Hand zum Gruß reichte. »Ah, mein Patensohn! Wer würde denken, dass ich diesen stattlichen jungen

Mann einmal auf dem Arm gehalten habe! Bei seiner Taufe. Wie geht es dir, Alfried? Du studierst wohl fleißig?«

Wie das Kaninchen auf die Schlange starrte Alfried auf die sich ihm auffordernd entgegengestreckte Hand. Da die Blicke aller auf ihm ruhten und der Kaiser sichtlich irritiert auf seinen Handschlag wartete, griff er endlich zu und stammelte lediglich: »Danke … Majestät.«

»Ah, der kleine Harald. Bravo! Ein strammer Bursche! Genau, was wir vom Hause Krupp erwarten!« Wilhelm II. tätschelte den jüngsten Spross, der von der Amme im Arm gehalten wurde, und zog dann mit seinem Gefolge weiter.

Stolz, glücklich und selbstzufrieden blickten Bertha und Gustav einander an. Doch trotz der guten Stimmung nahm Bertha ihren Ältesten zur Seite, um ihn zu tadeln. Und obwohl er sich sofort bei seiner Mutter entschuldigte, war sie nicht zufrieden, weil er dabei verlegen zu Boden geblickt hatte. »Sieh mich an!«, forderte sie ihn streng auf.

»Es tut mir leid!«

»Ich bin sehr enttäuscht von dir«, rügte sie ihn scheinbar herzlos. Bertha ließ sich nicht anmerken, wie sehr er sie anrührte.

Nach dem Essen zog Gustav sich für eine Weile in das Arbeitszimmer zurück, um sich telefonisch mit der Hauptverwaltung in Verbindung zu setzen und den täglichen Rapport des Direktoriums entgegenzunehmen. Danach bequemte er sich in die Bibliothek, wo Tilo über den aktuellen Zeitungen saß. Gustav schien ihm als idealer Gesprächspartner für seine gegenwärtige Besorgnis willkommen. »Die Verluste sind unmenschlich!«, begann er. »Dieser Stellungskrieg ist ein Wahnsinn! Der Kaiser …«

»Der Kaiser ist nicht hier, um mit dir oder mir über den Krieg zu sprechen. Er kommt, um Waffen zu bestellen.« Ruhig zündete Gustav Krupp sich eine Zigarre an.

»Eben! Er ist nur umgeben von Militärs, und die werden natürlich den Teufel tun und ihm reinen Wein einschenken. Wir dagegen könnten …«, ereiferte sich Tilo.

»Lass uns das Thema wechseln, Tilo. Du weißt, im Hause Krupp wird nicht politisiert«, unterbrach Gustav ihn freundlich, aber entschieden.

»Ich weiß. Dein Schwiegervater, den du vermutlich nie kennengelernt hast, saß genau in diesem Stuhl, als er mich – damals als Rechtsreferendar in Essen tätig – darüber in Kenntnis setzte.« Die Parallelität der Ereignisse amüsierte ihn. »Und auch du hast den Kaiser zu Gast und teilst mir mit, dass du nicht politisierst!«

»Der Kaiser ist nichts weiter als ein Kunde.«

Da Tilo wohl auch diesmal kein Gehör für seine Argumente finden würde, provozierte er ihn nur noch ein bisschen. »Natürlich – und soweit ich weiß, dein bester.«

Inzwischen hatte es sich der Kaiser mit seinen Offizieren in den für ihn vorgesehenen Räumen gemütlich gemacht. Die Schnapsflasche machte die Runde.

Der Kaiser, der sich seiner Stiefel entledigt hatte, wurde sehr direkt. »Ich kann den Kerl nicht ausstehen!«

»Liefert uns immerhin gute Waffen«, gab der ranghöchste Offizier zu bedenken.

»Ja, und wer weiß, wem noch!« Wilhelm II. echauffierte sich sichtlich. »Erklär mir doch mal einer, warum wir im Westen festsitzen? Obwohl wir zu Beginn des Krieges mit der Dicken Bertha über den besten Granatwerfer verfügten, dem kaum eine der belgischen Festungsanlagen standhielt?«

»Zumindest im Osten ist bald Ruhe«, versuchte einer der Offiziere ihn zu besänftigen.

»Weil die verfluchten Kommunisten dem Zaren in den Rücken fallen!«, ereiferte sich der Kaiser weiter. »Und alles nur wegen solcher Kerle wie Krupp! Kein Wunder, dass die Menschen wütend werden! Bereichert sich an jeder einzelnen Granate! Für den zählt nur das Geschäft! Keine Ehre, kein Patriotismus! Genau wie der Alte. Hat doch damals das erste U-Boot an die Russen verkauft! Krämerseelen, allesamt.«

Noch einmal kreiste die Flasche, die Offiziere prosteten einander zu und meinten trocken: »Zumindest guten Schnaps hat er!«

»Meine Herren, abtreten zum Schießstand«, befahl der Kaiser, während er sich wieder in seine Stiefel bemühte.

Zackig marschierte die Gruppe durchs Treppenhaus. Schon von weitem hörte Alfried die Tritte der Stiefel. Mit einem Stapel Bücher unter dem Arm war er auf dem Weg zum Unterricht bei seinem Hauslehrer. Am liebsten hätte er sich irgendwo versteckt, um der Begegnung aus dem Weg zu gehen, aber Wilhelm II. hatte ihn bereits entdeckt und rief: »Na, junger Mann. Du willst wohl hoch hinaus, was? Hoch hinaus, ha, die Treppe hoch!«

Die jovialen Bemerkungen des Kaisers steigerten Alfrieds Nervosität. Die Bücher entglitten ihm, und er brachte kaum ein vernünftiges Wort hervor.

»Seht unseren Kanonenprinzen! Sagt man Kanonenprinz, von Brauchitsch?«, zweifelte der Kaiser plötzlich am Sinn seiner spontanen Wortschöpfung.

»Warum nicht, Majestät«, unterstützte ihn der Angesprochene. »Ein netter Scherz.«

Das Gefolge stimmte ein vorsichtiges Gelächter an.

»Kanonenprinz«, wiederholte der Kaiser zweifelnd, »ein rechter Quatsch. Wir wollen die Kirche mal im Dorf lassen. Ist ja keine Dynastie ... Hauptsache, der Junge wird mal ein guter Kanonenkönig. Schiffe soll er mir bauen. Hörst du, Junge? Schiffe wirst du mir bauen!«

»Ja, Majestät«, antwortete Alfried gehorsam.

»Neue Schiffe, ja, dann mal weiter, Alfried, studiere eifrig!«

Alfried verbeugte sich tief, damit niemand sehen konnte, dass er vor lauter Scham rot geworden war.

Mehr als ein Jahr darauf, an einem nebligen Novembertag, saß die Familie bereit zum Abendessen. Die Uhr im Speisesaal zeigte bereits zwei Minuten nach sechs, und noch immer fehlte Gustav Krupp. Alfried und Claus wechselten vielsagend heimliche Blicke. Ihnen dürfte ein solches Versäumnis nicht passieren. Dann endlich öffnete sich die Tür, und der Vater trat ein, nahm jedoch nicht Platz, sondern blieb hinter seinem Stuhl stehen.

»Ich bitte meine Verspätung zu verzeihen«, begann er, und alle sahen ihn an. »Eine deutsche Delegation hat das Waffenstillstandsabkommen unterzeichnet. Seine Majestät der Kaiser musste abdanken und befindet sich in Holland im Exil. Der Krieg ist verloren.« Dann setzte er sich und begann unverzüglich mit dem Essen.

Alfried konnte es nicht fassen. Wie war es möglich, so schnell zur Tagesordnung überzugehen? War denn der Kaiser nicht ein Freund der Familie? Und hatte nicht das Unternehmen besonders vom Krieg profitiert, mit dem Verkauf von Geschützen, Schiffen, Panzerungen ...? Er starrte auf seinen Teller, während die anderen hastig ebenfalls zu essen begannen. Als abgeräumt wurde, hatte Alfried keinen Bissen zu sich genommen.

Bereits am nächsten Tag machte Gustav Krupp seine Forderungen geltend, die während des Krieges nicht angemahnt werden konnten. Er diktierte seiner Sekretärin, die fröstelnd im allenfalls auf dreizehn Grad temperierten Arbeitszimmer des Unternehmers saß und auf einem Block mitstenografierte: »An Vickers Limited, Sheffield, England, Adresse wie gehabt. Sehr geehrte Damen und Herren, hiermit gestatte ich mir allerhöflichst, ausstehende Lizenzgebühren für die Zünder der Vickers-Granaten in Erinnerung zu bringen. Laut Lizenzvertrag ist die Firma Vickers Limited verpflichtet, für jede abgeschossene Granate mit lizenziertem Krupp-Zünder eine Lizenzgebühr von einem Shilling und drei Pence an die Friedrich Krupp AG, Essen, zu begleichen. Bei geschätzten vier Millionen Abschüssen von Vickers-Granaten auf deutsche Stellungen im vergangenen Krieg ergibt sich eine Summe von zweihundertfünfzigtausend Pfund Sterling.«

Während der letzten Jahre, nun frei von Kindererziehung und Haushaltsführung, hatte Margarethe sich um Wohltätigkeiten für die Krupp'sche Arbeiterschaft bemüht. Regelmäßig sprachen Hilfsbedürftige bei ihr vor, in den Kriegsjahren war ihre Zahl spürbar angestiegen.

An diesem Tag saß Alfried in der Ecke des Zimmers, in dem sie bei diesen Gelegenheiten empfing, und passte mit weit geöffneten Ohren und Augen auf, was die Leute seiner Großmutter vortrugen.

Zwei Arbeiterfrauen standen in Sonntagskleidern vor ihr

und erklärten ihr Anliegen. »Die Prothese schmerzt, und er kann sich gar nicht damit bewegen! Die teuren Prothesen können wir uns nicht leisten. Aber der Heinrich will doch arbeiten. Aber sie haben ihn an der Front zusammengeschossen. Wir wissen nicht weiter!«

»Die teure Prothese könnte ihm helfen?«, fragte Margarethe Krupp freundlich und aufmerksam nach.

Die beiden Frauen nickten. »Sicher, die werden extra angefertigt, damit sie genau passen!«

In einem bereitgelegten Büchlein machte Margarethe sich einige Notizen. »Ich werde mich darum kümmern«, sagte sie dann. »Ihr Mann bekommt eine gute Prothese.«

Mit überschwänglichen Dankesbezeugungen verließen die beiden den Raum. Doch schon drängte die nächste Bittstellerin herein, auf dem Arm einen in Decken gehüllten Säugling. Scheu machte sie noch an der Tür einen Knicks, wagte aber nicht, sich Margarethe zu nähern. Die winkte sie jedoch zu sich heran und fragte nach ihrem Anliegen.

Von Weinkrämpfen geschüttelt, brachte die arme Frau nur mit Mühe heraus, was sie quälte. »Mein Mann ist entlassen worden.«

Nachdem alle Anliegen vorgetragen waren, nahm Margarethe ihr Notizbuch und suchte ihren Schwiegersohn in seinem Arbeitszimmer auf, um ihm ihre Sicht der Notwendigkeiten zu präsentieren.

»Prothesen?« Gustav beäugte Margarethe skeptisch, die sich wie immer geweigert hatte, ihm gegenüber Platz zu nehmen, sondern sich herrisch auf ihren Mahagonigehstock mit dem goldenen Knauf stützte.

»Natürlich Prothesen«, erwiderte sie unerschrocken.

»Nicht das billige Zeug, das andere zusammenschrauben. Anständige, brauchbare Prothesen.«

Zögernd lehnte sich Gustav zurück. »Ich weiß nicht, ob sich das lohnt?«

Mit ihrem Stock klopfte Margarethe aufs Parkett und donnerte los: »Lohnt? Wir haben in Deutschland zwei Millionen Verwundete, insgesamt sind es über zwanzig Millionen! Kannst du nicht mehr rechnen? Und außerdem werden diese Männer wieder arbeiten können!«

Erbost über ihr Auftreten, aber überzeugt von ihren Argumenten, nickte Gustav. »Gut, wir werden das an die Entwicklungsabteilung geben.« Er wandte sich wieder den Unterlagen auf seinem Schreibtisch zu.

Aber Margarethe war noch nicht fertig, etwas weniger heftig als zuvor stieß sie mit dem Stock auf den Boden. »Was ist das mit den Massenentlassungen?«

Gustav hob nur kurz den Blick von seinen Papieren. »Es sind keine Massen …«

»Es sind Massen!«

»Wir können die Leute nicht halten.« Gustav schüttelte resigniert den Kopf. »Die gesamte Waffenproduktion liegt danieder.«

»Dann lasst euch etwas einfallen«, herrschte Margarethe ihn an. »Das Zeichen von Krupp stellt keine Granaten dar, auch keine Kanonen, sondern Eisenbahn-Radreifen.«

Alfried blickte ungehalten auf die Uhr und sagte: »Noch drei Minuten!«

»Dann halt doch endlich mal still«, forderte sie ihn auf und machte sich an der Schleife seines Matrosenanzugs zu schaffen. »Damit du ja nicht zu spät kommst.«

Er eilte los, um pünktlich zum vereinbarten Gespräch mit seiner Mutter zu kommen, die ihn regelmäßig über den Stand seiner schulischen Fortschritte befragte.

Bertha schenkte sich und Alfried eine Tasse Kaffee ein. »Deine Lektionen in der letzten Woche?«

»Im Lateinischen habe ich den *Gallischen Krieg* begonnen, den Anfang übersetzt und auswendig gelernt«, antwortete Alfried, während er begierige Blicke auf Milchkännchen und Zuckerdose warf, die ihm den leidigen bitteren Geschmack des Kaffees lindern könnten. Da seine Mutter ihm beides nicht angeboten hatte, wagte er es auch nicht, darum zu bitten.

»Nun lass hören!«

»Gallia est omnis divisa in partes tres, quarum unam incolunt Belgae, aliam Aquitani, tertiam, qui ipsorum lingua Celtae, nostra Galli apellantur.«

»Genug«, unterbrach Bertha, überzeugt vom Fleiß ihres Sohnes. »Und im Französischen?«

»Jules Verne. *Le tour du monde en quatre-vingts jours.* Im Griechischen ein Kapitel aus der *Ilias* …«

»Mathematik?«

»Funktionen, Parabelgleichungen, Integralrechnung.«

»In den Prüfungen irgendwelche Fehler?«

»Nein, Mutter, keine Fehler.«

»Gut!« Bertha trank einen Schluck und wandte sich dann wieder ihrem Sohn zu. »Vergiss niemals: Du darfst keine Fehler machen, Alfried. Jeder andere. Du nicht. Du bist die Nummer eins, Alfried. Und du wirst es immer sein! Von dir hängt alles ab. Deine Leistungen müssen den Leistungen deiner Familie würdig sein. Deines Vaters, deines Großvaters und deines Urgroßvaters. Was sie uns geschenkt haben, liegt einmal in deiner Hand. Krupp! Weißt du, was das bedeutet?«

»Ja, Mutter«, bestätigte Alfried, wie es von ihm erwartet wurde, ohne als Elfjähriger wirklich eine konkrete Vorstellung zu haben von diesen besonderen Anforderungen, für die er gewappnet sein musste. Für ihn bedeutete es bisher vor allem eine strenge Erziehung.

»Krupp ist ein Weltreich! Wir besitzen das, wovon selbst der Kaiser nur träumen konnte: Vertretungen in der ganzen Welt, Alfried! Krupp! Überall wird unser Name mit Respekt und Ehrfurcht ausgesprochen. Auch davon kann der Kaiser nur träumen. Vor allem nach dem verlorenen Krieg. Aber wir haben den Krieg nicht verloren. Wir werden noch stärker daraus hervorgehen. Krupp, das heißt Perfektion, Pflicht, Pünktlichkeit. Daran kratzt kein Krieg. Verstehst du das, Alfried.«

Selig, so bei der geliebten und verehrten Mutter sitzen zu dürfen, hörte Alfried ihr gebannt zu. Er würde ihr in allem zustimmen, auch wenn er sich der Tragweite ihrer Worte nicht bewusst war. »Jawohl, Mutter.«

»Du wirst eines Tages diese Verantwortung an die nächste Generation weitergeben. Nicht deine Brüder, nicht deine Schwestern. Nur du. Es ist deine heilige Pflicht! Von dir hängt alles ab.« Sie sah ihren Sohn eindringlich an.

Verlegen trank Alfried einen weiteren kleinen Schluck von der bitteren schwarzen Flüssigkeit. Während er die Tasse absetzen wollte, schaute er weiter zu seiner Mutter auf und stellte die Tasse prompt so schräg auf die Untertasse, dass diese umkippte, der Kaffee sich über das Tischchen ergoss und auf den Boden tropfte. Er fürchtete ein schlimmes Donnerwetter. »Entschuldigung, ich bitte um Entschuldigung …«, flehte er die Mutter an.

Doch für Bertha war dieses Malheur im Moment eine unbedeutende Nebensache. Ihr ging es um ihren Sohn und dessen Aufgabe im Leben. Eine Aufgabe, die möglicherweise größer war als er selbst. »Du musst stark sein, Alfried! Stark, stärker als jeder andere, versprich mir, dass du immer der Stärkste sein wirst.«

Der nahezu verängstigt wirkende Gesichtsausdruck seiner Mutter, während sie sprach, beeindruckte Alfried schwer. »Ich verspreche es!«

7

1920

Mit hohem Tempo rumpelte der Steyr Typ II durch Essen. Besorgt schaute einer der Direktoren der Krupp-Werke, in dessen Begleitung Bertha sich befand, hinaus auf die Straße. Um die Kinderschar nicht zu beunruhigen, die mit ihnen im Fond saß, flüsterte er Bertha zu: »Ich muss Sie eindringlich warnen, Frau Krupp, die Stadt ist nicht mehr sicher.«

Bertha packte ihre Handtasche etwas fester und erwiderte: »Ich denke, unser kleiner Ausflug wird zur Sicherheit beitragen. Wir müssen Zeichen setzen.«

Mit einer kleinen Handbewegung zu den Kindern gab er zu bedenken: »Aber die Kinder!«

Diesem Hinweis mochte sie nicht nachgeben. Dass einem ihrer Familie in Essen ein Leid geschehen könnte, blieb für Bertha unvorstellbar.

»Die Rote Ruhrarmee ist bis hierher vorgedrungen! Und angeblich schickt Berlin Einheiten der Reichswehr …«, warnte der Direktor eindringlich.

»Genug jetzt! Wir haben mehr für die Arbeiter getan als jeder andere in Deutschland! Glauben Sie, ich fürchte mich vor den Arbeitern?«

Die Karosse kam an einer von spätwinterlichen Graupeln leicht bedeckten Wiese nahe einer Arbeitersiedlung zum

Stehen. Einige Honoratioren mit Frack und Zylinder warteten bereits vor einer kleinen girlandengeschmückten Tribüne. Darum herum stand eine Menschenmenge und begrüßte die Ankömmlinge mit einem Raunen. Unübersehbar hatten sich auch zahlreiche Mitglieder der Betriebspolizei postiert. Einer der städtischen Würdenträger geleitete die sichtbar schwangere Bertha zu dem einzigen Stuhl, der gegenüber dem Podium aufgestellt worden war. Je zwei Kinder standen links und rechts neben ihr. Nach einer umständlichen Rede, die die Grundsteinlegung für eine weitere Arbeitersiedlung der Firma Krupp feierte, gab ein Kinderchor, der zunehmend unruhiger werdend hinter dem Redner auf seinen Einsatz gewartet hatte, ein fröhliches Lied zum Besten. Es war eigens zu diesem Anlass vom Musiklehrer der nahen Volksschule mit einem neuen Text versehen worden.

Noch einmal ergriff der Redner das Wort: »Es ist uns eine besondere Ehre, höchstverehrte Frau Krupp, dass wir den Ausbau der Siedlung, den wir Ihrer Großzügigkeit zu verdanken haben – der wir bereits so viel zu verdanken haben –, in Ihrem Beisein beginnen, ja mehr noch, dass Sie, Frau Krupp, den ersten Spatenstich tun werden.« Er nahm den bereitgestellten neuen Spaten und schritt mit Bertha zu einem von Schnüren umspannten Karree. In möglichst vorteilhafter Pose und umgeben von ihren Kindern stellte Bertha sich dem Fotografen, als aus der Menge ein lauter Ruf ertönte: »Kriegsgewinnler, verrecken sollt ihr.« Ehe ein Tumult entstehen konnte, drängte die Betriebspolizei den Störenfried ab. Verärgert führte Bertha den Spatenstich aus und nahm den darauf folgenden Applaus huldvoll entgegen.

Auf dem Rückweg dämmerte es bereits, die kleineren

Kinder kämpften mit dem Schlaf, während die anderen angespannt auf die Straße starrten. Plötzlich fiel ein Schuss, es folgten weitere. Der Chauffeur bremste abrupt, setzte den Wagen zurück, um zu wenden und einen gefahrloseren Weg zu nehmen. Einheiten der Reichswehr, die gerade erst am Bahnhof angekommen waren, lieferten sich erste Scharmützel mit den Verbänden der Roten Ruhrarmee.

Besorgt wartete Gustav auf Bertha und die Kinder. Er hatte die Neuigkeiten aus Berlin bereits telefonisch übermittelt bekommen: Der Kapp-Putsch verunsicherte das gesamte Land, weil die Kommunisten Widerstand leisteten gegen die gewalttätige Machtübernahme. Margarethe, die einen Sturm auf die Villa Hügel befürchtete, war dabei, ihre persönlichen Briefe und Aufzeichnungen dem Feuer zu übergeben.

»Bertha!«, begrüßte Gustav sie erleichtert. »Alles in Ordnung?« Er wartete die Antwort nicht ab, seiner Frau ging es ja augenscheinlich gut. »Die Regierung ist aus Berlin geflohen! In München wird geputscht. Nicht nur Essen, sondern auch schon Düsseldorf und Elberfeld sind in der Hand der Kommunisten.«

»Und deswegen verbrennst du deine Briefe?«, wollte Bertha Krupp etwas spöttisch von ihrer Mutter wissen.

Mit verzerrtem Gesicht schaute Margarethe sie an. »Lieber sterbe ich, als dass sich diese Proleten auch nur über einen einzigen meiner persönlichen Briefe hermachen!« Sie nahm ihrer Tochter den Stapel Briefe aus der Hand, den diese gerade neugierig durchblätterte, und feuerte ihn wütend in den Ofen. Die Flammen loderten auf.

»Ich habe beschlossen, dass wir Essen sicherheitshalber verlassen und nach Blühnbach fahren, bis sich die Lage hier beruhigt hat«, sagte Gustav. »Bitte ordne an, dass noch heute gepackt wird, damit wir morgen zeitig losfahren können.«

Heftiges Hämmern weckte die Bewohner der Villa Hügel, mehrere Betriebsschreiner waren kurz nach Sonnenaufgang mit einer Kutsche voller Holzlatten gekommen und begannen, die Fenster zu vernageln. Rund um das Haus hatten sich bewaffnete Wachleute postiert. Nach einem eiligen Frühstück stiegen Bertha und Margarethe mit Gustav in den Mercedes, die Kinder saßen im Steyr, in einem weiteren Wagen fuhren Kindermädchen und Diener. Auf alle Fahrzeuge waren schwere Koffer gebunden. Sie passierten die Einfahrt, die mit einem improvisierten Geschützstand gesichert war, dann fuhren sie auf menschenleeren Straßen Richtung Essen. Das einzige Fahrzeug, das ihnen entgegenkam, war ein Lastwagen, auf dessen Ladefläche Männer mit Gewehren und Stahlhelmen saßen. Plötzlich tauchte eine Straßensperre der Roten Ruhrarmee vor ihnen auf, provisorisch aus Steinbrocken, Stahlträgern und Schrott errichtet und von bewaffneten Männern gesichert, die auf die ankommenden Fahrzeuge zielten. Ihr Anführer Joseph Koslowski schrie von der Barrikade herab: »Aussteigen!«

»Wir fahren weiter, wir sind die Krupps«, sagte Margarethe leise zu Gustav.

»Nein«, entschied Gustav nach einigem Zögern. »Ich steige aus.« Langsam öffnete er den Schlag und stieg vorsichtig aus dem Wagen.

»Alle!«, herrschte Koslowski.

»Hier sind nur Frauen, im nächsten Wagen nur Kinder, im …« Ehe Gustav Krupp zu Ende sprechen konnte, trat ein

Rotarmist auf ihn zu und hielt ihm sein Gewehr an den Kopf.

»Die Fahrzeuge sind beschlagnahmt und ab sofort im Besitz der Roten Ruhrarmee«, erklärte der Anführer.

Nachdem Bertha und Margarethe ausgestiegen waren, kletterten auch die vier Kinder aus dem Fahrzeug und scharten sich ängstlich um ihre Mutter.

»Die Wertsachen!«, kommandierte ein weiterer Rotarmist, der sich mit der Waffe im Anschlag näherte. Er nahm die ihm von Gustav Krupp entgegengestreckte Brieftasche, riss ihm die Taschenuhr samt Kette aus dem Knopfloch, während er ihn als Kapitalistenschwein beschimpfte. »Den Ring!«, forderte er.

»Nein!«

»Den Ring her, du …«

Da die Situation unübersichtlich war und die Rotarmisten zu allem bereit schienen, zog Gustav widerstrebend den Ring vom Finger. Gierig wurde ihm das Schmuckstück aus der Hand gerissen. Der Rotarmist besah sich seine Beute und erkannte ihn als Siegelring der Krupps. Einem so mächtigen Mann gegenüberzustehen überforderte ihn, und er lief zu Koslowski, um ihm zu erklären, wen sie da gerade vor die Gewehrläufe bekommen hatten.

Gustav registrierte blitzschnell, dass sich die Waagschale zu seinen Gunsten neigen könnte. Er beobachtete selbstgewiss den mutmaßlichen Anführer. Koslowski und der Rotarmist mit dem Ring sprachen aufgeregt miteinander. Schließlich schien sich Koslowski durchgesetzt zu haben. Eine eindeutige Kopfbewegung in Richtung Gustav Krupp schickte den Mann wieder zurück. Mit einer entschuldigenden Verbeugung übergab er Krupp den Ring.

Daraufhin forderte Gustav auch die restliche Beute zurück: »Meine Brieftasche und meine Uhr bitte!«

»Entschuldigung!« Der Mann kramte in seiner verschlissenen Armeejacke nach den beschlagnahmten Gegenständen.

Mit einer Gelassenheit, die Gustav Krupp sonst selten an den Tag legte, verstaute er die Brieftasche und machte die Uhr wieder fest. Währenddessen geleitete Bertha die verwunderten Kinder zum Auto zurück. Dann stiegen auch die Erwachsenen wieder ein. Vorsichtig setzte sich die Kolonne erneut in Bewegung und rollte auf die Straßensperre zu. Mit einer entschiedenen Handbewegung wies Koslowski seine Männer an, die Krupps passieren zu lassen. Lange schaute Alfried zu den Männern zurück und versuchte herauszufinden, was sich gerade in deren Köpfen abgespielt haben könnte.

Die weitere Fahrt nach Österreich in das 1916 von Gustav erworbene südlich von Salzburg gelegene Schloss Blühnbach verlief ohne nennenswerte Schwierigkeiten. Das über mehr als drei Jahrhunderte immer wieder umgebaute und vergrößerte Jagdschloss hatte zuvor dem bei dem Attentat 1914 in Sarajewo getöteten Erzherzog Franz Ferdinand gehört, dessen Tod letztendlich zum Ausbruch des Ersten Weltkriegs geführt hatte. Der repräsentative Besitz umfasste umfangreiche Ländereien, die die Krupps zeitweise zu den zweitgrößten Grundbesitzern in Österreich machten. Umgeben von zahlreichen Zweitausendern, bot das Anwesen ein bezauberndes Panorama und der Familie ein einladendes Refugium. Kaum angekommen, zog Gustav sich in sein Arbeitszimmer zurück, um sich über die Lage in Essen zu informieren. Die Kinder, die endlich den engen fahrbaren

Käfigen, zu denen sich die Fahrzeuge während der Reise in ihren Augen nach und nach entwickelt hatten, entkommen waren, unterstützten fröhlich das Personal beim Ausladen. Viel von der Strenge des Lebens, wie sie auf dem Hügel ständig zu herrschen schien, verflog in der abgelegenen Idylle. Hin und her rennend, eroberten die Sprösslinge Zimmer für Zimmer. Auch Alfried wollte dabei mittun, doch ein strenger Blick seiner Großmutter führte ihm vor Augen, dass dieses kindische Verhalten seiner herausgehobenen Stellung nicht entsprach.

Da ihnen hier nun weniger Personal zur Verfügung stand, mussten sich alle neu miteinander arrangieren. Einer der Chauffeure, ein Mann um die vierzig, der aus gesundheitlichen Gründen nicht mehr im Stahlwerk arbeiten konnte, entpuppte sich als wunderbarer Spielkamerad und Begleiter der Jungs. Er kletterte mit ihnen auf die Berge und bastelte Schiffe aus Holz, die mit echten Stoffsegeln versehen waren. Zur Schiffstaufe gingen Alfried, Claus und Berthold mit ihrem neuen Freund an einen nahen Bergsee.

»So, das müsste halten«, meinte der Chauffeur, nachdem er alle Befestigungen erneut überprüft hatte. »Wenn es kentert, beschweren wir den Kiel mit einem Stein. Wegen der besseren Gewichtsverteilung.«

Alfried blieb abseits sitzen, während Claus und Berthold das Boot stolz und erwartungsfroh ans Ufer trugen. Er spürte, dass ihm etwas fehlte, um so unbeschwert spielen zu können.

»Hiermit taufen wir dieses neueste Wunderwerk der Krupp'schen Werften auf den Namen *Deutschland*«, deklamierte der zehnjährige Claus.

»*Essen*«, widersprach Berthold, der drei Jahre Jüngere. »Wir hatten uns auf *Essen* geeinigt!«

»*Essen* ist dämlich!«, schimpfte Claus.

»Sind wir auch. Jedenfalls einer von uns. Wir taufen es *Deutschland*!«

»*Bertha*«, rief Alfried zu den Brüdern hinüber. Er hatte, während er fasziniert auf die glitzernden Reflexe des Sonnenlichts starrte, die sich auf den kleinen, vom Fallwind gekräuselten Wellen brachen, die beiden Brüder belauscht.

Fragend schauten die Brüder ihn an.

»Tauft es *Bertha*!«

Verdutzt über die Einmischung des Älteren und nicht gewohnt, seine Aussagen anzuzweifeln, überlegten sie eine Weile. Dann holte Claus einen Bleistiftstummel aus seiner Hosentasche, schrieb den Namen ihrer Mutter auf die vordere Bordwand und ließ das Schiff zu Wasser. Berthold versetzte ihm einen kräftigen Stoß, damit es Fahrt aufnehmen konnte. Da ihm die Wellen schwer zu schaffen machten, beschlossen die Jungs nebenherzuschwimmen, um das Boot so besser vor dem Versinken bewahren zu können.

Nach der fröhlichen Rückkehr der Schiffbauer und -kapitäne, überbrachte das Kindermädchen Alfried, dass er zu seiner Mutter kommen solle. Zögerlich wie immer klopfte er an ihre Tür. Bertha schien tagsüber Besorgungen in Salzburg gemacht zu haben, denn es standen noch einige unausgepackte Papiertüten herum. Zielsicher griff sie in eine davon, holte ein längliches Geschenkpäckchen heraus und überreichte es Alfried mit einem Augenzwinkern.

»Für mich?« Er konnte sich nicht erinnern, jemals ein Geschenk außer der Reihe bekommen zu haben.

Bertha lächelte milde und drängelte fast ein bisschen: »Komm schon, pack es aus!«

Gern hätte Alfried die Überraschung noch ein wenig in

der Hand gehalten, den Moment ausgekostet, überlegt, was sich wohl darin befinden könnte, doch er gehorchte seiner Mutter und befreite sorgfältig eine Pappschachtel vom Umschlagpapier und öffnete dann den Deckel. »Ein Fernrohr!«, jubelte er und strahlte übers ganze Gesicht.

»Hier in den Bergen wirst du es gut nutzen können«, erklärte Bertha.

»Danke, *maman*, das werde ich. Aber warum bekomme ich ein Geschenk?«

Bertha lächelte hintergründig und zuckte leicht mit den Schultern. »Hüte es gut, vielleicht werden wir bald nichts mehr haben.«

Diese Möglichkeit überstieg Alfrieds Vorstellungsvermögen, aber er sah seiner Mutter an, dass sie diese Befürchtung nicht einfach so dahingesagt hatte, ihr Blick war kummervoll und wehmütig.

Am nächsten Tag zog Alfried mit seinem Fernglas los. Er versuchte zuerst, einen der gelegentlich über dem Tal kreisenden Adler zu entdecken. Dann versuchte er es, etwas erfolgreicher, mit Gämsen. Kurz bekam er eine kleine Herde zu Gesicht, die sich dann aber hinter eine mächtige Felswand zurückzog. Alfried setzte sich auf eine Wiese oberhalb des Schlosses und machte sich einen Spaß daraus, seine Familie zu beobachten. Die Geschwister waren gerade dabei, Reifen über den Kies vor dem Schloss zu treiben. Auf einer sonnigen Terrasse saß Bertha, für ihre Verhältnisse leger gekleidet, und las. Auf der anderen Seite des Anwesens hängte ein Mädchen Wäsche auf. Alfried nahm wieder seine Mutter ins Visier. Plötzlich fiel ihr das Buch herunter. Beim Versuch, es aufzuheben, schien sie sich ungeschickt bewegt zu haben. Jedenfalls hielt sie sich den Bauch mit beiden

Händen, versuchte aufzustehen, aber ihre Beine trugen sie nicht, auch dann nicht, als sie sich am Stuhl abstützte. Vermutlich hatte sie geschrien, denn schon eilten Gustav und ein Diener herbei, um ihr aufzuhelfen. Erschrocken über das Gesehene und über die gleichzeitige Unmöglichkeit, ihr zu Hilfe zu eilen, ließ Alfried das Fernrohr fallen. Unglücklicherweise landete es auf einem Stein, und die Linse zerbarst. Verzweifelt bemühte er sich, die Glassplitter aufzusammeln. Irgendwie musste er dieses Malheur ungeschehen machen. Schließlich rannte Alfried durch den Wald, Zweige schlugen ihm ins Gesicht, und irgendwann stolperte er vor Erschöpfung. In der Hand, mit der er seinen Sturz abfangen wollte, hatte er die Scherben gehalten, die ihm nun ins Fleisch schnitten. Tränen schossen ihm in die Augen, und er hatte Angst, ins Schloss zurückzukehren. Aber wo sollte er sonst hin? Er stapfte unsicher an der Straße entlang, die Blühnbach mit dem Rest der Welt verband. Plötzlich näherte sich ihm eine Limousine. Der Wagen hielt auf seiner Höhe, und Barbara stieg aus.

»Was ist denn passiert, Alfried?«, fragte Barbara teilnahmsvoll, als sie ihren Neffen so armselig und verzweifelt dastehen sah.

Alfrieds Gesicht hellte sich ein wenig auf, zögernd streckte er seine beiden Hände aus, in der einen das defekte Fernglas, in der anderen die blutigen Glasstückchen.

»Oje!« Mit einem Taschentuch versuchte Barbara das Blut abzuwischen, beschloss aber schnell, dass es sinnvoller war, den restlichen Weg zum Schloss zu fahren und Alfried dort zu verarzten. »Leihst du mir dein Fernrohr bis morgen?«, fragte sie.

Verwirrt schaute Alfried seine Tante an. Was wollte sie

mit einem nutzlosen Fernglas? Aber seiner Retterin konnte er den Wunsch natürlich nicht abschlagen. Er gab es ihr.

»Jetzt steig schnell ein, wir müssen zum Schloss!«

»Was ist denn los?«, wollte Alfried wissen, doch seine Tante schob ihn wortlos in den Wagen und gab die Order, so schnell wie möglich zum Schloss zu fahren.

So viel Geschäftigkeit wie an diesem Abend hatte Alfried in Blühnbach bisher nicht erlebt. Als Erstes lief er seiner Großmutter in die Arme, die sich schon Sorgen über sein langes Ausbleiben gemacht hatte.

»Wo kommst du denn her?«, fragte sie, während sie sich über seine schmutzige Kleidung und die blutverkrustete Hand wunderte, aber ihr stand nicht der Sinn danach, sich auch noch darum zu kümmern. »Na, egal.«

»Wie geht es ihr?«, wollte Barbara wissen, die eigens aus Thüringen angereist war, um ihrer Schwester bei der Geburt beizustehen, und nun den Eindruck hatte, zu spät gekommen zu sein.

»Sie hat es gleich geschafft«, sagte Margarethe und eilte die Treppe hinauf, dann wandte sie sich um und rief zu Alfried hinunter: »In der Küche sitzen deine Geschwister beim Essen!«

»Was sagst du, Alfried«, begrüßte ihn Irmgard mit vollem Mund. »Junge oder Mädchen?«

»Wir wollen einen Jungen«, mischte Berthold sich ein, »Irmgard will ein Mädchen!«

»Ich will einen Hund!«, widersprach Harald, der Jüngste, mit der ihm eigenen Logik.

Da niemand den Kindern befahl, zu Bett zu gehen, und sie sich untereinander geeinigt hatten, dass an einem solchen Tag die üblichen Regeln außer Kraft gesetzt waren, blieben sie in der Küche, bis Tante Barbara mit gerötetem Gesicht in die fröhliche Runde platzte.

Überrascht stellte sie fest, dass niemand an die Kinder gedacht hatte. »Ihr seid noch wach?«, sagte sie erstaunt. »Dann frage ich eure Mutter, ob ihr das Neugeborene noch heute Abend ansehen dürft.«

»Es ist kein Hund, es ist ein Mädchen«, begrüßte Bertha, die Haralds größten Wunsch auch schon vernommen hatte, die Kinder strahlend. Erschöpft, aber glücklich lag sie, mit einem Spitzennachthemd bekleidet, in dem frisch bezogenen Bett und freute sich über ihren Besuch. Sie zeigte auf die Wiege, die neben ihr stand und in der nur das kleine, noch etwas faltige Gesicht des Säuglings unter einer weißen Haube zu sehen war. »Wir nennen sie Waldtraut. Gefällt sie euch?« Vorsichtig traten die Geschwister nacheinander an die Wiege, um schüchtern einen Blick hineinzuwerfen.

»Sie ist süß«, stellte Alfried fest.

»Wir müssen alle gut auf sie aufpassen, denn sie ist in wirren Zeiten geboren«, beendete Bertha die Visite. Nun war es an der Zeit, ins Bett zu gehen.

Am nächsten Tag kam eine Abordnung des Direktoriums aus Essen, nicht, um zum Nachwuchs zu gratulieren, sondern um Gustav schreckliche Neuigkeiten aus dem Unternehmen zu überbringen. Weil die friedliche Stimmung im Schloss nicht gestört werden sollte, traf man sich in einer Gaststätte im nächsten Ort. Nur Alfried durfte mit anhören, wie es um Krupp stand; sein Vater hatte ihn eingeladen, ihn an diesem Spätnachmittag auf die Jagd zu begleiten.

»Die Lage ist katastrophal«, eröffnete der eine der beiden Herren das Krisengespräch. »Wir können nicht einmal mehr die Löhne auszahlen! Wir haben keine Arbeit für die Leute. Allein die über vierzigtausend Kriegsheimkehrer. Wir wissen nicht, wo wir sie einsetzen sollen!«

»Wir haben den Leuten garantiert, dass sie nach dem Krieg ihre Stellen zurückbekommen«, machte Gustav seinen Standpunkt klar. Seitdem er sich mit der Familie in dieser wildromantischen Einöde aufhielt, waren das Unternehmen und seine Probleme immer weiter von ihm abgerückt, obwohl er täglich Kontakt hielt. Weder erlebte er mit, wie die Kriegsheimkehrer durch die Stadt zogen, noch konnte er sich aus der Ferne die Werke vorstellen, in denen Zehntausende seiner Arbeiter herumsaßen, weil es nichts für sie zu tun gab. Aus jetziger Sicht war es wohl ein Fehler gewesen, sich so eng an den Kaiser und seine Rüstungspläne zu binden. Aber auf diese Weise hatten sie während des Krieges die Rüstungsproduktion verfünffachen können und gutes Geld damit verdient. Seit jedoch der Versailler Vertrag die Rüstungsproduktion in Deutschland unterbunden hatte, fehlten Krupp alternative Produkte, die erst entwickelt werden mussten. Und die Zeit bis dahin galt es irgendwie zu überbrücken.

Die Direktoren hatten befürchtet, dass Gustav von seinem Versprechen an die Arbeiter nicht abrücken wollte, deswegen hatten sie zu zweit den Weg auf sich genommen. Nun mischte sich der andere nachdrücklich ein: »Aber wie sollen wir ihre Löhne zahlen? Wir müssen entlassen!«

»Wir entlassen nicht. Jeder Arbeiter, der ohne Arbeit verhungert, ist eine Katastrophe für uns. In ein paar Jahren brauchen wir die Leute.« Gustav Krupp zeigte weder Einsicht noch Verständnis. Es gehörte zu den Grundsätzen der Unternehmensführung, dass Krupp und seine Arbeiter füreinander da waren.

Der Direktor klappte seine Unterlagen zu und steckte sie in die Aktentasche zurück. »Wenn es Krupp dann noch gibt«, meinte er.

Gustav Krupp schaute den Mann streng an, aber der hielt dem Blick stand. Es gab keine Alternative, das Unternehmen war nur mit massiven Entlassungen zu retten. Hilflos stand Gustav auf, um einige Schritte zu gehen. Er wusste nicht, ob er Bertha und seiner Schwiegermutter das jemals verständlich machen könnte. »Wie viele?«, presste er hervor.

»Das kommt darauf an …« Der Direktor wollte seine Unterlagen erneut herausholen, um die erforderlichen Maßnahmen für die einzelnen Betriebsteile benennen zu können. »Das kommt darauf an. In manchen Werkstätten …«

Mit einer barschen Handbewegung machte Gustav Krupp deutlich, dass er nicht mit solchem Kleinkram belästigt werden wollte, wenn er sich zu einem notwendigen Kahlschlag bereit erklärte. Er wiederholte nur scharf seine Frage: »Wie viele?«

»Etwa hunderttausend«, sagte derjenige, der längere Zeit geschwiegen hatte, mit brechender Stimme.

»Nun … wir müssen den Blick wohl auf das Große und Ganze richten.« Gustav hatte Mühe, seine Zweifel beiseitezuschieben. Konnte Krupp, konnte das Werk, konnte Essen einen solchen Schritt überleben?

Nach diesem Gespräch fiel es Vater und Sohn besonders leicht, im Wald nicht miteinander zu sprechen. Geführt von einem Jäger, der das Hagengebirge kannte wie seine Westentasche, stiegen sie einige Meter hoch. Als sie die hohen Bäume hinter sich gelassen hatten, deutete der Jäger auf eine Gämse, die nicht allzu weit entfernt auf einem Felsen stand. Gustav nahm langsam sein Jagdgewehr von der Schulter und entsicherte es. Aufmerksam und neugierig ließ Alfried keinen Blick von ihm. Das Tier gab ein gutes Ziel ab, dachte Gustav. Der Junge, der bisher nur auf dem Schießstand geübt hatte, könnte es mit etwas Glück erlegen. Er reichte die Waffe seinem Sohn. Damit hatte Alfried nicht gerechnet, aber er ahnte, dass dies kein Angebot, sondern ein Auftrag war, den er zu erfüllen hatte, als Krupp. Alfried nahm das Gewehr, brachte es in Anschlag und zögerte nicht lange, den Hahn zu spannen. Der Volltreffer riss die Gämse von den Beinen.

»Gut gemacht, Alfried!«

Als sie wenige Minuten später bei dem erlegten Bock ankamen, der blutend im Gras lag, zweifelte Alfried, ob er darauf wirklich stolz sein wollte.

Obwohl seine Frau erst am Tag zuvor entbunden hatte, konnte Gustav nicht umhin, ihr von dem Gespräch mit seinen Direktoren und den daraus folgenden Konsequenzen zu berichten. Nach einer Pause, die Bertha brauchte, um nachzudenken, fragte sie: »Wie viel?«

»Alles.« Gustav drehte nervös den Jägerhut mit dem Gamsbart in den Händen.

Bertha schaute ihren Mann entsetzt an.

»Es ist nur für eine begrenzte Zeit. Wir verhandeln mit den Russen über einen riesigen Auftrag …«

»Mit Lenin!« Bertha musste sich sehr zurückhalten, um nicht laut zu werden, lediglich die Rücksicht auf ihren schlafenden Säugling hielt sie davon ab. »Mit diesem Verbrecher? Er hat den Industriellen alles gestohlen! Wir fliehen aus Essen vor den kommunistischen Umstürzlern, und du verhandelst mit Lenin?«

»Er wird Eisenbahnstrecken bauen. Tausende von Kilometern. Mit unseren Schienen. Mit unseren Bahnen! Und er wird mit Gold zahlen. Nicht mit Wechseln, nicht mit Geld, sondern mit Gold!«, triumphierte Gustav, der Berthas Skrupel geahnt hatte.

»Das er den Zaren und den Adligen gestohlen hat«, entrüstete sich Bertha.

»Krupp ist am Ende. Das Unternehmen steht kurz vor dem Bankrott. Willst du, dass wir unsere Arbeiter auf die Straße setzen? Alle?«

Dem wusste Bertha nichts entgegenzusetzen. Es gab keine andere Wahl.

Gustav nahm die Hand seiner Frau, die durch die neuerliche Mutterschaft deutlich an Liebreiz gewonnen hatte, und sagte: »Ich verspreche dir, ich werde Krupp retten! Aber bis das Geschäft mit den Russen steht, muss ich Zeit gewinnen. Dafür brauche ich dein Vermögen. So haben wir es doch schon mehrmals gehalten.«

Die Nachfragen in Essen hatten ergeben, dass die stabilisierten politischen Verhältnisse eine Rückkehr der Familie erlaubten. Bertha hatte sich sehr gut von der Geburt erholt, und langsam zog der Herbst ins Tal. Die Kinder bedauerten den Abschied. Ihr Leben war in Blühnbach weitaus freier und ungebundener verlaufen, und sie hatten mehr Zeit mit den Eltern verbringen können als in der Villa Hügel. Dort waren sie ständig von Hauslehrern, Kindermädchen und Gouvernanten umgeben und konnten Vater und Mutter oft nur während der gemeinsamen Mahlzeiten sehen, bei denen häufig auch noch Gäste zugegen waren, die Aufmerksamkeit beanspruchten.

Als Alfried während der Rückfahrt einmal mit seinen Eltern im Mercedes sitzen durfte, weil Großmutter Margarethe den kalten Luftzug nicht vertrug, der selbst bei geschlossenem Verdeck durch den Fond wehte, stellte er eine Frage, die ihn schon lange beschäftigte. »Vater, ich möchte Sie bitten, ob ich wohl auf das städtische Gymnasium in Essen gehen kann.«

Erstaunt drehte Gustav sich zu seinem Sohn um. »Du hast doch einen hervorragenden Hauslehrer.«

»Es ist ja nicht wegen des Lehrers«, erklärte Alfried, der gegen den Lehrer tatsächlich nicht mehr einzuwenden hatte als jeder Pubertierende gegen die Erwachsenen, mit denen er tagtäglich zu tun hatte.

»Das will ich meinen, du wirst schwerlich einen besseren finden«, stellte Gustav klar, der den Lehrer persönlich ausgesucht hatte und dessen Bemühungen um Alfrieds umfassenden Unterricht er auch finanziell entsprechend honorierte.

Bertha, die ahnte, welche Beweggründe Alfrieds Begehren hatte, mischte sich ein, bevor Vater und Sohn sich allzu schnell einig wurden. »Hast du vergessen, worüber wir Woche für Woche sprechen? Du solltest froh sein, dass du schneller als alle anderen lernen kannst. Dass du nicht auf irgendwelche Dummköpfe aus der letzten Bank Rücksicht nehmen musst. Im Gymnasium bestimmen die Langsamsten die Geschwindigkeit, im Leben die Schnellsten.«

Alfried nickte ergeben, doch so schnell wollte er nicht aufgeben. »Gewiss, ich müsste wohl Rücksicht nehmen. Aber wäre es nicht andererseits ein Gewinn? Mit den anderen Jungen zusammen …«

Gustav, für den das Thema vorerst erledigt war, unterbrach ihn. »Deine Mutter und ich werden das entscheiden, wenn wir wieder zu Hause sind.«

Aber Bertha beschloss, ihre Sicht der Dinge zu untermauern. »Diese Jungen auf dem Gymnasium sind kaum der richtige Umgang für ihn. Sie werden später in seinen Büros sitzen und müssen seinen Befehlen gehorchen.«

»Vielleicht gerade deshalb. Es ist gut, wenn er weiß, wie sie funktionieren.« Gustav versuchte, leiser zu sprechen, so dass Alfried ihn nicht verstehen konnte.

Manchmal merkt man doch, dass er kein geborener Krupp ist, dachte Bertha. Wie konnte er daran zweifeln, dass es ein Oben und ein Unten gab? »Sie werden funktionieren, wenn er ihnen Anweisungen gibt«, flüsterte sie.

Ein fast spöttisches Lächeln huschte kurz über Gustavs Gesicht, er glaubte zu wissen, was seine Frau in diesem Moment nicht ausgesprochen hatte, und fühlte sich desto sicherer in seinen Argumenten. »Nein, diese Zeiten sind vorbei. Er wird sich ihren Respekt selber verschaffen müssen, er muss lernen, sich durchzusetzen.«

8

1957

»Wer war eben hier?« Verwirrt fuhr Bertha Krupp aus den schweren Träumen hoch, die sie plagten. So vieles, was sie in ihrem Leben beiseitegeschoben hatte, bedrängte sie nun. Geschehnisse, die in ihrer Erinnerung scheinbar keinen Platz mehr gehabt hatten, traten ihr aus verborgen geglaubten Tiefen vor Augen, wie gerade erst am Tag zuvor.

Anna machten die durchwachten Nächte langsam zu schaffen. Sie hatte sich eine Decke besorgt und es sich mit einem Buch auf dem Sofa, das zwischen den beiden hohen Fenstern stand, gemütlich gemacht. Dabei war sie schnell eingenickt. Aufgeschreckt rieb sie sich nun die Augen, schaute sich verschlafen im Raum um und sagte sichtlich irritiert: »Niemand, Frau von Bohlen.«

»Lügen Sie mich nicht an!«, entgegnete Bertha scharf.

»Nur Ihr Sohn war hier, am frühen Abend.«

»Alfried war hier, und Sie haben mich nicht geweckt?«, fragte Bertha entrüstet.

»Es war Ihr Sohn Harald«, erwiderte Anna. »Sie haben ihn wegschicken lassen.«

»Seien Sie nicht albern, Harald ist in Sibirien!« Bertha überlegte, wer noch hier gewesen sein könnte. »Ich weiß, Ihr Verlobter war hier! Sie bringen heimlich Ihren Verlobten hier ins Haus! Sie nutzen Ihre Vertrauensstellung aus.« Sie redete sich mehr und mehr in Rage.

Anna wusste nicht, wie sie sich gegen diese Verdächtigungen verteidigen sollte. Sie stand auf und ging zögernd zu Bertha ans Bett. »Nein, ich …«

»Sie sind entlassen«, fuhr Bertha sie an. »Gehen Sie, berichten Sie Ihren Eltern, dass Sie nicht mehr für Krupp arbeiten, Sie dummes Ding! Und ich habe Ihnen vertraut.«

»Aber … ich würde doch niemals …«, stieß Anna unter Tränen hervor.

»Sie haben eine halbe Stunde, um die Villa zu verlassen. Eines der anderen Mädchen soll kommen.«

»Es … Frau von Bohlen, es gibt keine anderen Mädchen …«, erklärte Anna ihr.

Bertha lachte schrill auf über diese beispiellose Frechheit und befahl: »Gehen Sie mir aus den Augen!«

Da es sinnlos schien, ihr erneut zu widersprechen, fügte Anna sich und verließ den Raum, hatte aber nicht die Kraft, sofort ihre Sachen zu packen und die Villa zu verlassen. Vielleicht war es auch das Gefühl, noch gebraucht zu werden, das sie vor Berthas Tür verharren ließ. Plötzlich vernahm sie ein gedämpftes Poltern. Voller Sorge betrat sie das Zimmer und sah Bertha Krupp zwischen Bett und Sessel neben einem umgefallenen Stuhl auf dem Boden liegen. »Frau von Bohlen!«, rief sie besorgt.

Bertha machte eine Bewegung, als wollte sie eine lästige Fliege verscheuchen. Sie schob sich näher zum Sessel hin und zog sich erfolgreich an dem schweren Möbelstück hoch, drehte sich ein wenig, so dass sie sich im Spiegelschränkchen betrachten konnte. Eine alte Frau mit zotteligem grauem Haar, bleichem Gesicht, blau umrandeten Augen, geröteten

Pupillen und einer Haut wie aus weißem Reispapier. Sie setzte zu einem langen Monolog an, für den sie kein Publikum brauchte: »Ich hatte alles. Ich war eine Königin. Mit meinen Waffen wurden mehr Schlachten geschlagen als mit denen von irgendjemand anderem in der Geschichte … Der deutsche Kaiser hatte eigene Räumlichkeiten in meinem Haus. Bei mir waren mehr Könige, Kaiser, Präsidenten, Kanzler, Minister und Generäle zu Gast als bei jedem anderen Menschen, der nicht selber von Geburt ein König war. Gesetze wurden erlassen, nur damit der Name meiner Väter bestehen bleibt! Krupp. Und jetzt?« Sie betrachtete erneut ihr Spiegelbild. Tränen liefen ihr übers Gesicht. Sie versuchte, sich vom Sessel zu erheben, aber ihre Beine wollten ihr nicht gehorchen. »Anna«, stieß sie hervor, »bitte helfen Sie mir.«

Gerade hatte Alfried das Badezimmer betreten, um sich für die Nacht fertigzumachen, als es kurz läutete. Harald musste wohl etwas vergessen haben. Tatsächlich stand der Bruder vor der Tür.

»Ich hoffe, du warst noch nicht im Bett. Mir ist noch etwas eingefallen, was ich dich unbedingt fragen wollte: Warum waren wir eigentlich diesen langen Sommer, ich glaube, es war 1920, und auch sonst immer in Blühnbach so glücklich? Diese Tage sind für mich heute noch der Inbegriff einer glücklichen Kindheit, einer glücklichen Familie.«

Alfried legte den Arm auf Haralds Schulter und schob ihn freundlich Richtung Wohnzimmer. »Weil Blühnbach eine andere Welt war. Eine Welt ohne Krupp. Krupp war zu schwer, um die Berge hinaufzukommen. Zu schwer, zu massiv, zu starr … Ich habe mir immer vorgestellt: Nur wir Menschen kommen dort hinauf. Aller Ballast musste unten bleiben, alles Beschwerliche. Sogar unsere Essener Kleidung blieb zurück! Wir schlüpften in unsere Trachten und waren andere Menschen, auch unsere Eltern.«

»Aber das beweist doch, dass wir miteinander auskommen konnten. Das alles ganz anders hätte kommen können«, gab Harald zu bedenken, dem der mangelnde Zusammenhalt unter den Geschwistern schon lange ein Ärgernis war.

»Du könntest recht haben, in einer Welt ohne Krupp …« Er öffnete ein neues Päckchen Zigaretten. »Doch die Wahrheit ist, meine Welt war Krupp, mein ganzes Leben ist nicht ohne diese fünf Buchstaben, ohne diese drei Ringe zu denken.« Alfried holte eine Karaffe mit Wasser aus der Küche, stellte zwei Gläser dazu und schenkte sich noch einen Whiskey ein. »Nach dem langen Sommer hatte ich auf meinen dringenden Wunsch hin die Erlaubnis bekommen, aufs Gymnasium zu gehen, mit anderen Kindern, statt weiter alleine von einem Hauslehrer unterrichtet zu werden, und ich durfte Fußball spielen. Natürlich konnte ich es viel schlechter als die anderen Jungs, die auf der Straße herumdribbelten, seitdem sie laufen konnten. Aber immerhin durfte ich mit ihnen kicken, natürlich wussten sie, wer ich war. Und ich habe gemerkt, dass sie es wissen, wenn ich öfter nach einem Foul am Boden lag als alle anderen. Aber ich habe mich reingehängt. Und einmal kam ein Pass, den ich verwandeln konnte, mit letzter Kraft und einer sehr tiefen Grätsche. Nach dem Torjubel rief plötzlich einer: ›Seht euch den Krupp an!‹ Alle, die hinter mir standen, bogen sich vor Lachen. Meine Hose war hinten weit aufgerissen, ich stand praktisch in Unterwäsche da. Nur einer lachte nicht: Thomas. ›Komm mit mir nach Hause‹, schlug er vor, ›wir bitten meine Mutter, die Hose zu flicken.‹ Als er hinter mir auf dem Gepäckträger saß, konnte er meine Unterhose genauer betrachten und stellte erstaunt fest, dass sie aus Seide war. Dieser Moment war mir noch peinlicher als alles vorher. Seine Mutter besserte verwundert, aber bereitwillig meine Hose aus und lud mich zum Abendessen ein. Natürlich mussten wir warten, bis sein Vater nach Hause kam, der mich erstaunt ansah, als würde er mich kennen, ohne sich genau erinnern zu können. Ich wusste jedenfalls sofort, wann und wo ich ihn gesehen hatte. Er war der Anführer der Rotarmisten gewesen, die uns damals bei der Flucht aus Essen an einer Straßensperre aufgehalten hatten. Mir wurde recht unbehaglich zumute, auch weil mir davor graute, mit der gesamten Familie aus einem Topf zu essen. Peinliches Schweigen, während wir alle um den einfachen Holztisch saßen. Nachdem ich mich dann verabschiedet hatte, erhielt Thomas von seinem Vater eine heftige Ohrfeige, weil er einen Krupp mit ins Haus gebracht hatte!«

»Wollen Sie Kinder?« Bertha Krupp hatte ihren Verdacht gegen Anna und den Rausschmiss vergessen, oder tat zumindest so. Sie schätzte mittlerweile die zurückhaltende Art des Mädchens. Die Zeiten hatten sich geändert, seit damals, als der Kaiser ins Exil gegangen war. Es war zunehmend schwierig geworden, gutes, treues Personal zu bekommen. Und Anna schien wirklich an ihr zu hängen.

»Natürlich! Am liebsten fünf Stück!« Anna musste lachen bei dieser Vorstellung. Bisher war sie noch nicht einmal verheiratet, aber immerhin verlobt, mit dem Freund ihres Bruders.

»Nur fünf? Ich habe sieben großgezogen!« Voller Mutterstolz zeigte Bertha auf einen Stapel wertvoll gebundener Alben, die auf einem gedrechselten Beistelltischchen lagen. »Holen Sie das oberste! Wir schauen es uns gemeinsam an.«

Anna setzte sich auf die Bettkante und schlug das Album so auf, dass Bertha und sie es zusammen betrachten konnten. Die meisten Fotografien wirkten sehr gestellt: Bertha mit ihrem Mann und zwei Kindern, die Kinder alleine oder zusammen mit denen von Berthas Schwester Barbara. Gelegentliche Porträtaufnahmen, die für sich selbst sprachen, wechselten ab mit thematisch gruppierten Bildern, die Bertha mit handschriftlichen Erläuterungen versehen hatte.

»Sie waren immer so brav! So gut!« Bertha geriet ins Schwärmen, als sie ihre adrett gekleidete Kinderschar betrachtete. »Wenn ich mit den Kindern ausgefahren bin, wenn sie die Gäste begrüßt haben. Vor allem, wenn der Kaiser kam, dann waren sie so stolz. Niemals ist eines der Kinder aus der Reihe getanzt.«

Kein Wunder, dachte Anna bei sich, keines der Kinder wirkte auf den Bildern wirklich lebendig. Sie nahmen brav die Posen ein, die ihnen vorgeschrieben waren. Sie bemitleidete die Kinder von Bertha Krupp, weil sie ihr so gegängelt vorkamen. »Haben Ihnen die Kinder nie leidgetan?«

»Leidgetan? Die Kinder?« Bertha verstand nicht, was es für eine einfache Frau wie Anna am Leben der Kinder auszusetzen gab.

Anna befürchtete, wieder zu weit gegangen zu sein. »Entschuldigen Sie!«, bat sie deshalb.

»Was meinen Sie?«, hakte Bertha nach. In diesem Moment war sie bei klarem Verstand und in bester Laune.

»Ich meine, na ja, all die Pflichten, vor allem Alfried …«

Anna versuchte, passende Worte für ihre Gefühle zu finden, ohne etwas zu sagen, was Bertha aufregen könnte.

»Ich habe den Kindern alles gegeben! Alles, was ich hatte! Ich habe ihnen mein Leben zu Füßen gelegt. Kein Mensch auf dieser Welt hat von seinen Eltern je mehr bekommen als Alfried.« Bertha sah keinen Grund, ihn zu bemitleiden. »Und gehört nicht zu jedem Geschenk auch Verantwortung? Die Pflicht? Ist das nicht selbstverständlich?«

»Gewiss«, stimmte Anna ihr zu, die spürte, dass ihre Welt und die Welt auf dem Hügel wenig miteinander zu tun hatten.

»Wir waren glücklich! Alfried war glücklich! Das ist die Wahrheit. Das kann er nicht leugnen ...« Erschöpft von den Erinnerungen sank Bertha wieder tief in ihr Kissen und schloss die Augen.

»Wissen Sie Anna, an wen ich so häufig denken muss wie schon lange nicht mehr in meinem Leben?« Bertha wartete die Antwort nicht erst ab, während sie, wie so oft in den letzten Tagen, die Perlenhaarspange in der Hand hielt. »An meine Mutter Margarethe Krupp. Sie hatte eine unglaubliche Kraft. Sie hatte die Kraft, Krupp zu etwas außerordentlich Großem zu machen. Sie hatte die Kraft, eine Fabrik in eine Idee zu verwandeln. Und schließlich hatte sie sogar die Kraft, in Frieden zu sterben.« Sie öffnete die Hand, in der die Spange lag, und streckte sie Anna entgegen, die wieder neben ihrem Bett auf dem Schreibtischstuhl saß. »Die Spange ist ihr aus dem Haar gefallen, als man sie in die Anstalt gebracht hat. Würden Sie mir die Spange anlegen?«

Anna erhob sich leise, um diesem Moment nicht den Zauber zu nehmen. Sie holte die Bürste aus der Schublade des

Nachtschränkchens und begann mit gleichmäßigen Strichen Berthas Haare zu bürsten, um ihr dann eine komplizierte Frisur zu flechten, die von der Spange gehalten wurde.

»Aus der Anstalt ist sie wie verwandelt zurückgekommen. Durchdrungen von dem Willen, mehr zu sein als ein Mensch. Sie hat Krupp zu etwas gemacht, was größer ist als die Menschen und die Fabriken und die Produkte. Zu einer Idee. Mich, sie, jeden einzelnen Kruppianer. All die Hunderttausend. Aber schließlich konnte sie nicht mehr kämpfen. Jetzt war es an uns, an mir …« Bertha besah sich in dem Spiegel, den Anna ihr auf einen Wink hin gereicht hatte. Hatte sie den Auftrag ihrer Mutter zufriedenstellend ausgeführt, war sie würdig, diese Spange zu tragen? Dieser Zweifel war Bertha immer geblieben. Sie schob ihn beiseite, so gut es ging. »Wissen Sie, Anna, sie hatte die Kraft, mich zu lieben und es mir nicht zu zeigen.« Bevor sie fortfuhr, seufzte sie tief. »Können Sie ermessen, was es für eine Mutter bedeutet, so hart zu sein?«

Bilder von Alfried schossen ihr durch den Kopf, wie er immer und immer wieder zur Strafe in den dunklen Raum zwischen zwei Türen eingesperrt wurde. Doch dann besann sich Bertha, dass sie von ihrer Mutter hatte erzählen wollen. »Ihr Begräbnis sprengte alle Vorstellungen. Das ganze Ruhrgebiet war auf den Beinen. Es gab niemanden, der nicht Abschied nehmen wollte von ihr. Niemanden, der nicht einen letzten Blick auf ihren Sarg warf. Niemanden, der nicht später sagen konnte: Ich war dabei, ich war Teil von etwas Großem, von etwas ganz Großem … In diesem Bett ist sie gestorben, im Bett der Hausherrin, im Zimmer der Hausherrin, wo auch ich sterben werde. Als letzte Krupp. Alfried hat ja nun keine Frau, die meine Stelle einnehmen könnte.«

9

1932

»Saubere Landung, Herr Alfried«, lobte ein bayerischer Mechaniker über das laute Knattern des Propellers hinweg. Der Student mit dem exklusiven Hobby, dessen Sportflugzeug er regelmäßig wartete, bevorzugte es, mit dem Vornamen angesprochen zu werden. Dem Mechaniker sollte es recht sein. Er musste nur darauf achten, nicht gleich in das vertraute »Du« zu verfallen, mit dem hier in der Gegend fast jeder bedacht wurde.

»Das Seitenruder müssen wir neu einstellen! Und die Trimmung hat zu viel Spiel. Ich denke, wir sollten die Züge anders führen. Aber leider habe ich jetzt keine Zeit mehr, Sie dabei zu unterstützen, meine Vorlesungen warten.«

»Ich versuche mein Bestes!«, gab der Mann mit breitem Grinsen zurück.

»Natürlich, aber ich weiß nicht, ob ich morgen kommen kann, um die neuen Einstellungen auszuprobieren.« Winkend spurtete Alfried zu seinem Sportwagen und fuhr zur Technischen Universität.

»Krupp, Krupp! Warte doch mal!« Ein Kommilitone drängte sich an den anderen Studenten vorbei zu Alfried, der gerade dabei war, den Hörsaal zu verlassen.

Lustlos wartete Alfried, bis Franz neben ihm stand, einer der wenigen Münchner, die er während seines Studiums hier kennengelernt hatte. »Bitte Bohlen, sei so nett, ich heiße Bohlen.«

»Na gut, dann eben von Bohlen und Halbach, ich weiß«, frotzelte Franz. »Aber Krupp kommt mir einfach leichter über die Lippen!« Er ignorierte Alfrieds abwehrende Reaktion. »Was ist mit heute Abend? Kommst du?«

Alfried schaute ihn fragend an.

»Zum Fest. Ich gebe heute Abend ein Kostümfest.« Franz fasste Alfried, dem das sichtlich unangenehm war, bei den Schultern. »Geh, sei nicht immer so stählern. Ich erwarte dich im Kostüm, wenn du weißt, was das ist!« Geschäftig verschwand Franz, um weitere Vorbereitungen für den Abend zu treffen.

Natürlich wusste Alfried, was ein Kostüm ist, aber die Frage hatte dennoch ihre Berechtigung. Weder konnte Alfried sich vorstellen, den ganzen Abend in einem Eisbärenfell herumzutapsen, noch etwa in der spärlichen Bekleidung eines Südseeinsulaners das Tanzbein zu schwingen. Deshalb entschied er sich für den Smoking, der einen Mann von Welt in fast jeder Abendgesellschaft angemessen kleidete. Natürlich würde er sich damit von den anderen abheben, aber es lag ihm auch nicht, sich mit ihnen gemeinzumachen. Sosehr er auch als Jugendlicher versucht hatte, sich in Gruppen aufgehoben zu fühlen, mittlerweile wusste er, dass er allein besser zurechtkam. Eine schwarze Augenklappe als Verkleidung sollte reichen.

Alfried erschien pünktlich, das heißt zu einem Zeitpunkt, als die Stimmung noch keinesfalls am Siedepunkt angelangt war. Ein Scheich quetschte das Akkordeon, und ein Indianer schlug die Gitarre dazu. Mit einem Glas Bier in der Hand, das Alfried sich an einem Tisch mit Getränken eingeschenkt hatte, beobachtete er die liebevoll Kostümierten. Er hatte von der Tradition dieser Kostümfeste in München gehört. Weltberühmte Künstler jeder Richtung, wie etwa der Maler Franz von Lenbach, hatten sich für die Ausrichtung solcher Veranstaltungen begeistert, bei denen selbst das Königshaus zugegen gewesen war.

»Guten Abend, Alfried!« Franz war von hinten an ihn herangetreten und klopfte ihm freundschaftlich auf die Schulter. »Ich dachte, du kommst im Kostüm!«

Alfried drehte sich um, wies vielsagend auf die Augenklappe und sagte: »Servus, Franz.«

»Oh, nichts für ungut.« Franz lachte und deutete auf die Prinzessin, die er untergehakt hatte. »Darf ich euch bekannt machen? Das ist Alfried. Wir studieren zusammen. Und das ist Vera, wir kennen uns von, äh … ist eigentlich egal.« Er hatte gerade einen anderen Gast entdeckt, den er begrüßen musste. »Ihr entschuldigt mich!«

»Hallo, Alfried!«, sagte die Prinzessin.

»Hallo, Vera, darf ich Ihnen etwas zu trinken anbieten?« Alfried fand die elegante junge Dame ziemlich attraktiv. Außerdem stand der Tisch mit den Getränken unmittelbar neben ihnen.

»Ein Glas Bowle würde ich mir gefallen lassen«, antwortete die Prinzessin zurückhaltend.

Alfried trank schnell sein Bier aus und schenkte sich ebenfalls Bowle ein, um besser anstoßen zu können. »Auf diesen Abend!«, prostete er Vera zu.

»Auf diesen Abend!«, erwiderte sie und musterte ihn von oben bis unten. »Du bist wohl kein Münchner?«

»Ich komme aus Essen.«

»Essen. Das ist irgendwo in Norddeutschland?«

»Nun ja, von hier aus betrachtet ...« Alfried war das eigenartige Verhältnis der Bayern zum Rest des Deutschen Reichs bereits bekannt.

»Also, das Einzige, was ich bisher von Essen kannte, ist Krupp«, erklärte Vera, und er hatte auch nicht den Eindruck, als würde sie mehr von Essen kennenlernen wollen. »Was studierst du denn?«, erkundigte sie sich stattdessen.

»Eisenhüttenkunde.«

»Klingt ja spannend, und dafür kommst du ausgerechnet nach München.«

Ehe Alfried etwas antworten konnte, bewegte sich ein Matrose mit ausladenden Schritten auf die beiden zu. »Vera, komm tanzen!«, rief er, und an Alfried gewandt: »Du entschuldigst.«

Vera schenkte Alfried noch ein Lächeln, dann ließ sie sich auf die Tanzfläche ziehen. Doch ehe er trübsinnigen Gedanken nachhängen konnte, weil der Matrose und Vera sich ziemlich ausgelassen vergnügten, schwofte Franz mit einer Katzenfrau im Arm an ihm vorbei und flachste: »Na, Krupp, heute mal als Stimmungskanone?«

Wenig später trafen sich Vera und die Katzenfrau im Badezimmer, um die Schminke aufzufrischen und den Sitz des Kostüms zu überprüfen.

»Na, wie ist der Krupp?«, fragte die Katzenfrau.

»Krupp?«

»Na, du hast dich doch mit ihm unterhalten. Dem mit der Augenklappe!«

Völlig überrascht starrte Vera die Katzenfrau an, die sich gerade die Schnurrhaare neu aufmalte. »Der?«

»Ist doch ganz niedlich, was? Franz sagt, er ist der reichste Erbe Deutschlands.«

»Dann werde ich ihn mir noch mal genauer ansehen«, kündigte Vera an, als sie das Badezimmer verließ.

»Was macht ihr Frauen eigentlich immer zu mehreren da drin?«, scherzte einer der Gäste, die bereits vor der Tür warteten.

»Wir teilen die Beute auf«, fauchte die Katzenfrau und schlug mit der Hand nach ihm wie nach einer Maus.

Franz hatte sich zu Alfried gesellt und machte Pläne für die kommende Jagdsaison. »Ich sag dir, dort müssen wir mal jagen! Du glaubst nicht, wie schön es da ist. Und eine einmalige Hütte zum Übernachten.«

Vera hatte nach Alfried Ausschau gehalten und steuerte nun direkt auf die beiden zu.

»Ah, Vera, habe ich euch schon miteinander bekannt gemacht?«, fragte Franz, der schon einiges intus hatte.

»Ja«, erwiderte Alfried ungerührt.

»Ja, wir hatten bereits das Vergnügen«, meinte Vera. »Aber wir haben noch nicht miteinander getanzt. Du entschuldigst bitte!« Sie zog Alfried auf die Tanzfläche und überraschend schnell eng an sich. Nach und nach dirigierte sie ihn auf den Flur hinaus in Franz' Schlafzimmer.

»Wo willst du hin?«, wehrte sich Alfried. »Das ist das Schlafzimmer.«

»Ich weiß«, gurrte Vera. »Hier können wir zwei ein bisschen ungestörter … tanzen.« Sie schmiegte sich noch enger an ihn und begann, ihren Körper aufreizend an seinem zu reiben.

»Vera, ich …« Obwohl er den Avancen kaum widerstehen konnte, versuchte Alfried, sich ihrer Umarmung zu entziehen.

»Psst!« Sie verschloss seinen Mund mit einem festen leidenschaftlichen Kuss, während sie sich langsam weiter im Kreis drehten. Gleichzeitig begann sie, sich die Bluse aufzuknöpfen.

»Vera ... ich glaube, wir sollten lieber ...«, stammelte Alfried.

Verführerisch entledigte sich Vera ihres Büstenhalters und drängte ihm ihre Brüste entgegen. »Schau mich an«, raunte sie. »Dann weißt du, was wir sollten.« Sie griff hinter sich, um die Tür zu schließen, und schob Alfried zum Bett, auf dem die Mäntel der Gäste abgelegt waren.

Das Ganze hatte durchaus einen Reiz für Alfried, aber er zögerte, nicht zuletzt, weil er einen Ruf zu verlieren hatte. Er wäre nicht der erste Krupp gewesen, der wegen sexueller Eskapaden Probleme bekommen hätte.

Vorsichtig nahm Vera seine langen, schmalen Hände, legte sie auf ihre Brüste und stöhnte verzückt: »Ach, Alfried, Alfried Krupp ...«

Schlagartig verstand Alfried, wie es zu dieser Situation gekommen war: Vera war dabei, sich einen Milliardär zu angeln. Unvermittelt zog er seine Hände zurück und hatte das Bedürfnis, sie irgendwo abzuwischen. »Wer hat dir gesagt, dass ich Krupp heiße?««

Vera versuchte, verwirrt zu wirken. Sie ahnte, dass sie einen unverzeihlichen Fehler begangen hatte. »Na, Franz natürlich, er hat uns vorgestellt.«

Alfried bemühte sich, sich genau an den Moment zu erinnern, doch irgendetwas sagte ihm, dass Franz den Namen Krupp dabei nicht erwähnt hatte.

»Was hast du? Ist doch egal.« Mit einem kehligen Lachen, das aus der Verzweiflung geboren war, versuchte Vera, die erotische Stimmung wiederherzustellen.

Fritz Krupp (Fritz Karl) leitet die Geschicke der Firma mit Sachverstand und Umsicht.

Noch spielen seine Töchter Barbara (Marie Zielcke, r.) und Bertha (Valerie Koch, l.) ausgelassen im Park vor der Villa Hügel. Doch mit dem Tod des Vaters 1902 findet ihre unbeschwerte Jugend ein jähes Ende.

Für Berthas Mutter Margarethe (Barbara Auer) gehören Pflichtbewusstsein und Selbstdisziplin zu den obersten Lebensmaximen.

Barbaras Verehrer Tilo (Stephan Luca) spaziert mit den Mädchen durch die Parkanlagen der Villa Hügel.

Bertha mit ihrem Vater.

Während einer Führung durch die Kruppwerke präsentiert Fritz das Herzstück des Konzerns: den Schmiede-Dampfhammer, der als eine Art Weltwunder gilt.

Bertha reitet durch das Essener Fabrikgelände. Sie möchte sich die Kruppwerke, die sie einmal erben wird, aus der Nähe ansehen.

Fritz ist hocherfreut: Soeben hat er einen Auftrag aus Japan erhalten.

Kaiser Wilhelm (Michael Schenk, 2. v. r.) ist ein häufiger und gerngesehener Gast auf Villa Hügel.

Nach dem Tod von Fritz Krupp wird seine älteste Tochter Bertha Eigentümerin der Firma. Die Alleinerbin gilt als die »beste Partie Europas«.

Die Leitung des Unternehmens übernimmt ihr Ehemann, der preußische Diplomat Gustav von Bohlen und Halbach (Heino Ferch).

Ihr ältester Sohn Alfried (Theo Trebs) wäre gerne wie die anderen Jungs in seinem Alter. Doch immer wieder macht ihm seine Mutter Bertha klar, welch große Verantwortung auf seinen Schultern lastet.

Selbst in den Ferien auf der Sommerresidenz Schloss Blühnbach schwört Bertha ihren Sohn unerbittlich auf seine bevorstehende Position als Erbe des riesigen Stahlimperiums ein.

In Blühnbach hofft die Famile, den politischen und wirtschaftlichen Turbulenzen in Deutschland für eine Weile den Rücken kehren zu können.

Nur selten können Alfried und seine jüngeren Brüder mit dem Chauffeur der Familie (Peter Jarnuczak, r.) unbeschwerte Stunden im Grünen genießen.

Zu Anfang der 30er Jahre versucht Fritz Thyssen (Johann Adam Oest, r.) Gustav (Thomas Thieme als älterer Gustav, l.) davon zu überzeugen, Adolf Hitler zu unterstützen.

Wenige Jahre später läuft Krupps Waffenproduktion für die Nazis auf Hochtouren, und der Führer kommt zu Besuch auf Villa Hügel.

Alfried studiert derweil in München und lernt dort die junge Anneliese (Mavie Hörbiger) kennen.

Fernab von den Zwängen des Kruppschen Vermächtnisses genießt er romantische Stunden mit seiner großen Liebe.

Die beiden heiraten, doch glücklich werden sie nicht, denn Anneliese hat mit der Ablehnung ihrer Schwiegermutter zu kämpfen.

Auch sein strenger Vater drängt Alfried zur Scheidung, in die er schließlich einwilligt.

Berthas jüngere Schwester Barbara (Sunnyi Melles als ältere Barbara) durchlebt in den Kriegsjahren eine schwere Zeit. Man wirft ihr und ihrem Mann Tilo vor, den Widerstand zu unterstützen.

Schwerer Moment des Abschieds: Bertha Krupp (Iris Berben als ältere Bertha) am Sarg ihres verstorbenen Ehemanns Gustav.

Nach dem Zweiten Weltkrieg hat Alfried von Bohlen und Halbach (Benjamin Sadler) nur ein Ziel: das zerschlagene Krupp-Imperium wieder aufzubauen.

Der Familienrat tagt: Alfried hat nicht nur seine Mutter, sondern auch seine Geschwister Irmgard (Dorothea Förtsch), Berthold (Johannes Allmayer) und Waldtraut (Karoline Schuch) gegen sich.

Alfrieds Entscheidung, Berthold Beitz (Horst-Günter Marx) zum Generalbevollmächtigten der Krupp-Werke zu ernennen, stößt bei seiner Familie auf erbitterte Kritik.

Alfrieds Mutter Bertha.

Berthold und Waldtraut.

Alfried besucht seinen Sohn Arndt (Nikolai Kinski, l.) im Internat. Nach jahrelanger Funkstille fällt die Annäherung zwischen Vater und Sohn schwer.

Bei einer Bergwanderung diskutieren Alfried und sein Generalbevollmächtigter Beitz (Horst-Günter Marx, l.) die Zukunft der Firma. Alfried entscheidet, das Unternehmen Krupp in eine Stiftung umzuwandeln.

Doch für Alfried war die Verführung beendet. »Als du meinen Namen noch nicht kanntest, warst du ...«, er warf einen kurzen Blick auf ihre weichen weißen Brüste, »noch nicht so freundlich.«

»Aber Alfried, was denkst du von mir?«, gab Vera die Schmollende, um ihn nicht ganz zu verlieren, während sie sich mit den Armen bedeckte.

»Tut mir leid, Vera.« Alfried richtete seinen Smoking, öffnete die Tür und ließ Vera einfach im Schlafzimmer stehen. »Übrigens heiße ich nicht Krupp, sondern Bohlen.« Dann zog er sorgsam die Tür hinter sich zu.

Vera hob verletzt ihren BH auf und schleuderte ihn wütend gegen die Wand.

»Welche Überraschung, die Herren Krupp geben uns die Ehre!« Fritz Thyssen trat an die mondäne Sitzgruppe heran, in der Gustav Krupp, sein Schwager Tilo und sein Sohn Claus gemütlich Zigarren rauchten und Cognac tranken.

»Fritz Thyssen, guten Abend.« Gustav stand auf, um ihm die Hand zu geben, dann stellte er Tilo Wilmowsky und seinen Sohn vor.

»Willkommen im Industriellenclub!« Es war deutlich zu spüren, dass die Konkurrenten einander nicht besonders schätzten. Aber Thyssen hatte ein Anliegen vorzubringen, deswegen rückte er einen weiteren Sessel an das Rauchtischchen. »Ich hatte gehofft, Sie im Januar hier begrüßen zu dürfen. Adolf Hitler hat damals eine sehr aufwühlende Rede gehalten.«

»Sie hatten Herrn Hitler hier?«, unterbrach der knapp zweiundzwanzigjährige Claus ihn interessiert.

»Leider hat Ihr Vater meine Einladung ignoriert«, kommentierte Thyssen achselzuckend.

Gustav hielt sich zurück. Ihm behagte die Euphorie nicht, die Hitler selbst unter seinen Söhnen auslöste. Aber er zog es, wie immer in politischen Dingen, vor, sich bedeckt zu halten.

»Entschuldigen Sie meinen Schwager«, meinte Tilo lächelnd. »Ich fürchte, wir nehmen ihm nicht genug Arbeit ab ...«

»Herr Krupp, wir müssen Hitler unterstützen. Wir brauchen den Mann! Gerade wir.« Fritz Thyssen warf sich in Pose.

Gustav streifte vorsichtig seine Asche ab. »Schön, warten wir, ob er's schafft.«

»Abwarten? Die Radikalen, die warten nicht ab, die Kommunisten, die Sozis. Wir müssen etwas tun! Hindenburg ist doch gescheitert, mit seinen ›Baronen‹, mit seinen ... mit seinen satten ›vons‹.« Fritz Thyssen schaute abwartend in die Runde, dann fügte er schnell hinzu: »Anwesende natürlich ausgenommen ... Lassen Sie uns Hitler unterstützen. Jede einzelne Mark wird doppelt und dreifach wieder hereinkommen!«

Während Tilo den Eindruck eines gespannten Zuhörers vermittelte, beschäftigte Gustav sich weiterhin intensiv mit seiner Zigarre, die nicht richtig zu ziehen schien.

»Was ist? Sind Sie dabei?«, hakte Thyssen nach.

Gustav legte die Zigarre beiseite. »Herr Thyssen, Sie wissen doch, auf dem Hügel wird nicht politisiert. Und dieser Grundsatz von Krupp gilt auch, wenn ich in Düsseldorf bin.« Er zündete ein Streichholz an und versuchte, die Zigarre erneut zum Glühen zu bringen.

»Aber ich politisiere.« Thyssen bestellte sich bei dem Ober, der gerade abwartend neben ihm stand, einen Weinbrand. »Es geht um unsere Zukunft!«, begann er dann erneut. »Deutschland kann es sich nicht leisten, länger in Entscheidungslosigkeit und Mutlosigkeit zu erstarren. Hitler ist der Motor, der wieder Bewegung in die Wirtschaft bringt!«

Angespannt rutschte Claus in seinem Sessel nach vorn. »Herr Thyssen hat recht, Vater. Hitler begeistert die Menschen. Sie sind wieder bereit anzupacken.«

»Nur weil Hitler die Menschen begeistert, hat er noch lange nicht recht«, mischte sich Tilo Wilmowsky ein.

»Doch! Genau das!«, wies Thyssen diesen Einwand ab und wandte sich dann wieder Gustav Krupp zu. »Hören Sie auf Ihren Sohn. Alleine durch Begeisterung kann Hitler uns retten, Deutschland aus seiner Lähmung befreien.« Er nahm den Weinbrand von dem silbernen Tablett, auf dem er serviert worden war, und trank ihn in einem Zug aus. »Erlauben Sie mir, dass ich Ihnen Hitler vorstelle. Ich bin sicher, der Mann wird auch Sie begeistern!«

Gelassen blies Gustav den Rauch seiner Zigarre über den Tisch, schwieg jedoch.

Thyssen gab sich nicht geschlagen. Die Gelegenheit, Krupp seine Meinung zu sagen, bot sich nicht allzu häufig, und er hatte vor, sie auszunutzen. »Sie können nicht immer abwarten, wer die Macht hat, bevor Sie sich entscheiden! Nicht in diesen Zeiten!«

»Herr Thyssen«, Gustav Krupp nahm die Zigarre wie einen Füllfederhalter und unterstrich damit seine Worte, »was geht mich Berlin an? Wir machen unsere eigenen Arbeitsgesetze. Unsere eigenen Sozialgesetze. Und, solange jeder Staatsgast auf dem Hügel seine Aufwartung macht, auch unsere eigene Außenpolitik.« Er drückte die halbgerauchte Zigarre aus.

»Mit dieser Haltung werden Sie bald untergehen«, drohte Thyssen, als hätte er den Untergang Krupps in der Hand.

»Im Moment«, fügte Tilo von Wilmowsky an, dem diese Auseinandersetzung Unbehagen bereitete, »sieht es eher so aus, als würde Berlin untergehen.«

»Meine Herren …«, meinte Fritz Thyssen verärgert, verbeugte sich kurz vor Tilo und Claus und suchte sich andere Gesellschaft.

Vor dem Haupteingang der Technischen Universität hatten sich Angehörige des nationalsozialistischen Studentenbundes postiert, um mit Flugblättern und Parolen für Adolf Hitler und seine Partei zu werben. »Schluss mit der kommunistischen Aggression! Hitler ist unsere letzte Hoffnung! Wir schaffen das neue Deutschland! Wählt Liste 1!«

Alfried versuchte, unbehelligt das Gebäude zu verlassen, aber ihm wurden unnachgiebig die Flugblätter entgegengestreckt. Zwar sympathisierte er mit der NSDAP. Aber das war noch lange kein Grund, sich Druckerzeugnisse aufdrängen zu lassen, die ihn nicht interessierten. Er beschleunigte ärgerlich seinen Schritt und stieß prompt mit Vera zusammen, der er seit jenem abrupten Abschied nicht mehr begegnet war.

»Alfried!«, begrüßte Vera ihn überrascht.

»Oh, grüß Gott, Vera.« Er verharrte, nicht zuletzt, weil es der Anstand gebot.

»Du bist neulich sehr plötzlich verschwunden«, versuchte Vera ein Gespräch anzufangen.

»Ja.«

»Tut mir leid, ich wollte nicht … na ja, du weißt schon.« Vera befürchtete, rot zu werden, bei dem Gedanken an jenen unseligen Abend.

»Schon gut«, beruhigte Alfried sie, der überlegte, wie er sich schnellstmöglich aus dem Staub machen konnte, ohne Franz zu kompromittieren, der Vera zu schätzen schien.

»Franz hat mir erzählt, du hast ein Flugzeug und fliegst viel. Könntest du mich mal mitnehmen?«

Innerlich schüttelte es Alfried bei diesem Gedanken, und er versuchte unauffällig abzuwiegeln: »Das würde dich nur langweilen. Im Moment baue ich die Maschine um, deswegen bin ich auch in Eile. Vielleicht später einmal.«

»Ich muss rein.« Vera deutete auf das Universitätsgebäude. »Bis dann also.« Sie reichte ihm zum Abschied die Hand.

Alfried ergriff sie wie etwas Fremdes und wusste nicht, wozu.

10

1935

»Haltung bitte, Fräulein Waldtraut! Schultern zurück!« Unnachgiebig kommandierte der Reitlehrer Berthas zweitjüngste Tochter auf dem Reitplatz der Villa Hügel. Er hielt den schwarzen Hannoveraner-Wallach am kurzen Zügel, um die Piaffe zu üben, bei der das Pferd die Beine wie im Trab bewegen sollte, ohne sich von der Stelle zu rühren. Bertha, die ein paar Schritte entfernt stand, hatte den edlen Rappen erst wenige Wochen zuvor für ihre Tochter erworben.

»Kann ich nicht einfach durchs Gelände reiten? Diese Dressur ist sterbenslangweilig«, flehte Waldtraut.

»Es ist nur langweilig, weil du es noch nicht richtig kannst, Waldtraut!« Weil sie an diesem wunderschönen Sommertag keine Lust auf Diskussionen mit ihrer Tochter hatte, spazierte sie zurück zu ihrem Sitzplatz auf der großen Wiese neben dem Haus. Auf dem Tisch warteten ein Kännchen mit heißem Kaffee, eine Karaffe mit eisgekühlter Limonade und ein Teller mit unterschiedlichen Gebäckstücken. Vom Haus her näherte sich Gustav, der eine lederne Unterschriftenmappe unter den Arm geklemmt hatte.

»Schön, dass du einen Kaffee mit mir nimmst«, begrüßte Bertha ihren Ehemann, der bald das fünfundsechzigste Lebensjahr erreichen würde.

»Ich brauche lediglich ein paar Unterschriften von dir«, enttäuschte Gustav sie. Er schlug die Mappe auf und legte seiner Frau die Unterlagen vor. »Obwohl, ein Tässchen könnte ich schon trinken, während du die Papiere durchsiehst.« Er schenkte zwei Tassen voll und setzte sich neben Bertha, die ihn fragend ansah. »Es ist wieder einmal notwendig, Mittel aus deinem Privatvermögen nach Kiel zu transferieren.«

Bertha unterschrieb die Papiere, ohne zu zögern. In all den Jahren hatte sie an Gustavs Geschäftspolitik wenig auszusetzen gehabt. Sie vertraute ihm blind und unterschrieb alles, was er ihr vorlegte.

»So kann es nicht weitergehen, Bertha. Die Germania-Werft ist das Sorgenkind des Konzerns. Wir können sie nicht ständig aus deinem Privatvermögen retten. Ich will endlich Rüstungsaufträge von Hitler.«

Bertha schüttelte missbilligend den Kopf. »Als ich nach dem Krieg die brachliegenden Essener Werke mit meinem Geld gerettet habe, hast du es auch ohne Herrn Hitler wieder erwirtschaftet.« Sie blickte ihn voller Stolz an und lächelte leicht.

»Bertha, bitte, es muss sein! Und es lässt sich nicht länger hinausschieben«, widersprach Gustav. »Ich will Hitler endlich in mein Haus bitten. Immerhin ist er der vom deutschen Volk gewählte Reichskanzler!«

»Ich habe diesen Menschen nicht gewählt!«, erwiderte Bertha mit einem verächtlichen Ton in der Stimme.

»Im Moment ist die Situation günstig. Ich könnte Hitler unter Druck setzen. Aber dafür will ich ihn hier als Gast im Haus haben. Hier bei mir zu Hause! Bei *uns* zu Hause!«

»Wozu? Ich denke, Herr Hitler darf gar nicht rüsten?«

»Das lass nur meine Sorge sein!« Gustav war etwas verärgert wegen dieser leidigen Diskussion. Er hatte auch nicht vorgehabt, seiner Frau genau zu erklären, was er plante.

Bertha legte die Hand auf die unterzeichneten Schriftstücke und schaute ihn herausfordernd an. Geheimnisse, die mit diesem Emporkömmling aus Braunau zu tun hatten, duldete sie unter keinen Umständen.

Es war einer der Momente, in denen er sich kaum besser fühlte als ein beliebiger Angestellter der Krupp-Werke. Gustav atmete tief ein. »Es muss ja nicht offiziell sein. Jedenfalls noch nicht … Man hat uns ein System vorgeschlagen, mit dem man … nun, mit dem man die Rüstungsaufträge am Reichstag vorbei finanzieren könnte.«

»Illegal?«, hakte Bertha streng nach.

»Das ist nicht unsere Angelegenheit.«

Bertha gab sich damit zufrieden, sie sortierte alle Unterlagen ein und überreichte Gustav die Mappe. »Der Mann ist ein Prolet. So jemand kommt mir nicht ins Haus, niemals!«, machte sie ihren Standpunkt klar und schaute über die Wiese, wo gerade ihre Tochter Waldtraut Richtung Wald galoppierte, während der Reitlehrer, ständig rufend, in gehörigem Abstand hinterherritt. »Mein Blut«, sagte sie versonnen und mehr zu sich selbst.

Ein knappes Jahr später kletterte Alfried nach einem Rundflug über den Chiemsee gerade aus seinem Sportflugzeug, als eine attraktive, junge blonde Frau ihm über das Vorfeld entgegenkam.

»Ich bin Anneliese Bahr. Wir können gleich loslegen«, begrüßte sie ihn freundlich.

»Womit genau … loslegen?« Alfried sah sie voller Zweifel an. Sie musste ihn wohl verwechseln.

»Sind Sie nicht der neue Fluglehrer?«

»Tut mir leid, der Fluglehrer ist krank«, klärte Alfried sie auf.

Enttäuscht verabschiedete Anneliese sich und kehrte zu ihrem Wagen zurück.

»Wenn Sie wollen, können Sie mit mir fliegen!«, rief Alfried ihr nach.

Anneliese drehte sich um und lächelte ihn fröhlich an.

»Ich bin Alfried!« Er reichte ihr die Hand zur Begrüßung.

»Alfried …?«

»Ja, einfach nur Alfried. Kommen Sie?« Er öffnete das Cockpit und ließ sie einsteigen.

Nach dem Flug zu den Bergen besuchten sie den beliebten Münchner Biergarten »Arzberger Keller« und überlegten dann, wie sie den weiteren Abend verbringen konnten. Gut gelaunt und ziellos durchstreiften sie die Straßen der Maxvorstadt mit ihren seit den Vorkriegsjahren legendären Cafés und Kneipen. Bis Alfried die Ankündigung einer Swing-Band las, die am Abend spielen sollte, nur wenige Häuserblocks entfernt.

»Kommen Sie, Alfried, wir gehen tanzen!«, ermunterte Anneliese ihn, nahm ihn bei der Hand und zog ihn mit sich.

»Nein, ich kann nicht sehr gut …«

»Das werden wir an Ort und Stelle überprüfen.« Anneliese lockte ihn die Treppen hinunter in die versteckte Kellerbar. Die Musiker hatten bereits angefangen, und die ersten Pärchen tanzten in der rauchigen Luft. Alfried ließ Champagner an das runde Tischchen bringen, das sie ergattert hatten. Die Musik hielt Anneliese nicht lange auf ihrem Stuhl. »Kommen Sie, ich bin auch mit Ihnen geflogen …« Alfried überließ sich ihrer Umarmung, ihrer Führung und wurde zusehends lockerer. Die Zeit verging wie im Flug. Als die Musiker längst aufgehört hatten zu spielen, rannten die beiden die Treppe hinauf in die Morgendämmerung und schlenderten durch die menschenleere Stadt.

»Es ist ein herrliches Gefühl! Wenn der Wind in die Segel greift und die ganze Mannschaft zusammenarbeitet wie ein Mann, dann fliegt das Boot nur so übers Wasser. Und der Wind peitscht einem die Gischt ins Gesicht.«

Bewundernd schaut Anneliese Alfried an, sie erfreute sich an seiner fast kindlichen Begeisterung. »Es muss wunderschön sein!«

»Und es gibt nichts auf der Welt als diese Boote auf dem Meer«, schwärmte Alfried weiter.

Anneliese wurde langsam neugierig. »Also, jetzt aber raus mit der Sprache. Was war das für eine Regatta, diesen Sommer, bei der Sie mitgesegelt sind.«

»Die Olympischen Spiele«, erklärte Alfried, als hätte es keine Bedeutung, hoffte aber, mit diesem Umstand Eindruck bei seiner Begleiterin zu machen.

»Nein!«

»Doch!«

»Und, wie ist es ausgegangen?«

»Wir haben mit der Germania III Bronze gewonnen, in der Acht-Meter-Klasse, mussten uns leider den Italienern und den Norwegern geschlagen geben.«

»Eine Bronzemedaille! Ich spaziere hier mit einem leibhaftigen olympischen Medaillengewinner durch München.« Annelieses Hand drängte sich in seine. Es waren nur noch wenige hundert Meter bis zu ihrer Wohnung. »Ich danke Ihnen für diesen wunderschönen Tag und Abend!« Sie hauchte ihm einen Kuss auf die Wange. »Sehen wir uns wieder?«

»Ich hoffe doch! Das Vergnügen war ganz auf meiner Seite.« Alfried stand noch da, als sie schon längst im Haus verschwunden war.

Beide konnten sie das nächste Wochenende kaum erwarten. Sie nutzten den wunderschönen Spätsommersonntag für einen Ausflug in die Berge. Anneliese hatte einen Proviantkorb zusammengestellt, Alfried für Getränke gesorgt. Ein stiller, von schroffen Bergen umgebener See bot das passende Ambiente für ein romantisches Picknick.

»Komm, wir gehen schwimmen!«, forderte Anneliese ihn auf.

»Schwimmen?« Damit hatte Alfried nicht gerechnet. »Ich habe keine Badesachen dabei ...«, wand er sich.

»Aber das macht doch nichts. Hast du hier jemanden gesehen?« Anneliese lachte ihn auffordernd an. Während Alfried noch an einer Ausrede herumstammelte, begann Anneliese, ihre rotkarierte Bluse auszuziehen. »Wir sind doch vernünftige, erwachsene Leute! Was soll schon passieren?«

Als sie sich weiterer Kleidungsstücke entledigte, konnte Alfried kaum anders, als sich ebenfalls auszuziehen. Fasziniert konnte er gleichzeitig seine Blicke nicht von ihr lassen. Nicht, weil sie die erste nackte Frau war, die er in seinem Leben sah, sondern weil Alfried noch nie eine gesehen hatte, die sich mit solcher Natürlichkeit bewegte, ohne Scham, aber auch ohne Affektiertheit, als sei es das Natürlichste auf der Welt. Diese Unverstelltheit machte Anneliese noch viel reizvoller für ihn, steigerte sein Begehren.

»Ich gehe schon mal voraus«, kündigte Anneliese an, »sonst wirst du ja niemals fertig.« Sie ahnte, was in Alfried vorging, und hielt es für das Beste, sich vorerst seinen Blicken zu entziehen und ihm gleichzeitig die Gelegenheit zu geben, unbeobachtet zu bleiben. Ungerührt stieg sie in das klare, kühle Nass und hoffte, Alfried damit anzuspornen. Mit kräftigen Zügen schwamm sie hinaus auf den See. Ihr Plan war aufgegangen: Bald hörte sie Alfried hinter sich prusten. Mit seinem eleganten schnellen Kraul-Stil hatte er sie bald eingeholt. Während sie nebeneinanderher auf dem Rücken schwammen, genossen sie das atemberaubende Panorama.

»Ich glaube, diese Temperaturen halte ich nicht lange aus«, erklärte Anneliese, aber statt an Alfried vorbei zum Ufer zu schwimmen, steuerte sie direkt auf ihn zu. Er konnte an dieser Stelle gerade noch stehen und empfing sie mit offenen Armen. Anneliese drückte sich an ihn, umarmte und küsste ihn leidenschaftlich.

»Es hat lange gedauert, bis du dein Studium abgeschlossen hast«, stellte Gustav fest, der an seinem Schreibtisch saß. Alfried hatte sich während dieser Jahre kaum in Essen blicken lassen, zu Weihnachten natürlich und anderen festlichen Anlässen. Gelegentlich hatte er ein paar Tage in Blühnbach verbracht, wenn die Familie dort zur Sommerfrische weilte, manchmal hatten ihn die größeren Geschwister in München besucht. Sein ältester Sohn, der ihm nun gegenüberstand, um sein erfolgreiches Examen zu präsentieren, war Gustav fremd geworden. Aber vermutlich gehörte dieses Gefühl zu einer natürlichen Entwicklung.

»Ja …« Alfried sah keine Notwendigkeit, auf den leisen Vorwurf einzugehen. Er hatte schon zu viel Zeit seines Lebens in Essen verbracht, und er würde dies wohl den Rest seines Arbeitslebens tun, deshalb hatte er sich seine ausgedehnte Studienzeit verdient.

»Ich hatte gehofft, ich könnte früher mit dir rechnen«, fügte Gustav Krupp griesgrämig hinzu.

»Du kannst jetzt mit mir rechnen.« In Alfrieds Stimme lag kein Trotz. Er war ruhiger und selbstsicherer geworden, gerade in den letzten Wochen mit Anneliese.

»Du wirst nach Berlin gehen. Wir haben dort ein Konstruktionsbüro eingerichtet«, erklärte Gustav.

»Warum in Berlin?«

»Das Büro liegt in unmittelbarer Nähe zum Reichskriegsministerium.«

»Verstehe.«

»Wir entwickeln ein Kettenfahrzeug. Die Konstrukteure haben Schwierigkeiten. Aber das Projekt ist überaus wichtig.«

»Dein ›landwirtschaftlicher Ackerbauschlepper‹. Was ist daran so wichtig?«

»Er heißt jetzt Panzer vier«, beseitigte Gustav die Zweifel seines Sohnes.

Alfried verließ das absichtlich kühl temperierte Büro seines Vaters wie jeder andere Besucher gerne. Er fragte sich, ob auch er solche Marotten entwickeln würde – als Firmenchef. Sein Urgroßvater Alfred hatte den Geruch von Dung in sein Arbeitszimmer leiten lassen, weil er das für gesund hielt. Vermutlich hatte auch er keine Probleme mit der Aufenthaltsdauer der Leute, die ihn sprechen wollten. Alfried beschloss, seine Mutter aufzusuchen. Zögerlich klopfte er an die Tür ihres Zimmers. Ein Dienstmädchen servierte gerade Kaffee und eilte sofort los, um auch für Alfried ein Gedeck zu holen. Wie üblich standen Milch und Zucker auf dem Tisch, wovon sich niemand nahm, auch Alfried hatte sich mittlerweile daran gewöhnt, den Kaffee schwarz zu trinken.

»Du bist jetzt seit zwei Wochen hier und hast noch gar nichts aus München erzählt«, begann Bertha das Gespräch mit ihrem Sohn.

»Es hat noch niemand gefragt.«

»Gibt es etwas, was du mir erzählen möchtest?«

Schlagartig war es mit Alfrieds Gelassenheit vorbei. Konnte seine Mutter etwas wissen? Oder war es nur, weil er sich ertappt fühlte? Er beschloss, offensiv zu sein, um auf jeden Fall einen Schritt voraus zu sein. »Mutter, ich werde heiraten!«, erklärte er.

Bertha musterte ihn skeptisch und schwieg.

Nach dem Abendessen suchten Gustav und Alfried wie gewöhnlich die Bibliothek auf, um dort eine Zigarre zu rauchen. Doch diesmal wurden sie von Bertha begleitet.

»Unmöglich!«, eröffnete Gustav das Gespräch und hielt es in gewissem Sinn damit auch für beendet.

»Vielleicht möchtet ihr erst einmal wissen, wen ich heiraten will?« Alfried hatte keine Lust, sich wie ein kleiner Junge vorführen zu lassen.

»Anneliese Bahr, Hamburger Kaufmannstochter, geschieden.« Bertha betonte das letzte Wort besonders stark.

Verblüfft schaute Alfried seine Mutter an. »Ihr habt euch also informiert?«

Gustav holte wortlos eine Mappe aus dem Sekretär, aus ihr quollen Zeitungen mit eindeutigen Schlagzeilen heraus: »Alfried Krupps Herz gebrochen«, »Romanze im Hause Krupp«, »Der reichste Erbe Deutschlands vergeben?«

»Was glaubst du, Alfried«, meinte Bertha ernst, »deine Frau wird Pflichten haben. Frau Bahr wird diese Pflichten nicht erfüllen können.«

»Das kann ich wohl besser beurteilen!« Alfried versuchte, ruhig zu bleiben, obwohl ihm die ganze Szene, in der er gerade mitspielte, abgeschmackt vorkam.

»Weil du natürlich über eine so reiche Erfahrung in diesen Angelegenheiten verfügst.« Bertha konnte sich ihren bissigen Tonfall nicht verkneifen.

»Weil ich Anneliese kenne. Lernt sie doch auch erst einmal kennen!«

»Das ist wohl kaum notwendig.«

Die Ignoranz seiner Mutter rief Alfrieds Zorn hervor. »Mutter, ich entscheide selbst, wen ich heirate!«, erwiderte er. »Wir leben nicht mehr im neunzehnten Jahrhundert!«

»Dann sind wir eben die Einzigen, die im neunzehnten Jahrhundert leben. Jedenfalls erfüllen wir unsere Pflicht gegenüber den Menschen, die uns anvertraut sind!«

Anneliese holte Alfried aus seinem Berliner Büro ab. Wie üblich hatte nicht nur er Überstunden gemacht, ein Teil seiner Mitarbeiter brütete noch über den Konstruktionszeichnungen für das neue Kettenfahrzeug. Bester Laune ging das Paar in ein Cabaret, um dort mit Freunden ausgelassen zu feiern. Die Champagnerkorken knallten, während auf der Bühne ein hinreißendes Ballett seine ungewöhnliche Show präsentierte. Erst am Ende der Vorstellung wurde das Geheimnis gelüftet: Die Damen zogen ihre Perücken vom Kopf, rissen sich die Kleider vom Leib. Die gesamte Compagnie bestand aus Männern. Das Publikum spendete stürmischen Applaus, woraufhin sich die Tänzer vergnügt unter das Publikum mischten. Dabei landete einer von ihnen auf Alfrieds Schoß und warf sich in verführerische Posen, fuhr ihm mit den Fingern durchs Haar, nestelte an seinen Hemdknöpfen.

Der Krupp-Erbe fand diesen Auftritt übertrieben, doch weil Anneliese so viel Spaß daran zu haben schien, ließ er den Transvestiten gewähren. Bis das grelle Leuchten eines Lichtblitzes ihn aufschreckte. Ein Fotograf hatte die anzügliche Szene dokumentiert.

Wenige Tage später kam Bertha, die ihren Mann gelegentlich auf seinen Geschäftsreisen nach Berlin begleitete, auf der Suche nach ihrem Sohn ins Konstruktionsbüro gestürmt. »Lassen Sie mich mit meinem Sohn allein«, komplimentierte sie die anderen Anwesenden hinaus. Als der letzte Ingenieur die Tür hinter sich zugezogen hatte, holte sie ein Foto aus ihrer Handtasche und präsentierte es ihrem Sohn. Es zeigte Alfried im Cabaret. »Erklär dich!«, forderte sie mit schneidender Stimme.

Er hatte das Gefühl, dazu keine Stellung nehmen zu müssen, schon gar nicht, wenn seine Mutter sich so aufspielte, als hätte sie einen Achtjährigen vor sich. Dennoch verfehlte ihr Auftritt nicht seine Wirkung. Alfried fiel in die schuldbewusste Haltung seiner Kindheit zurück.

»Ein junger Mann sitzt in Damenwäsche auf deinem Schoß!«

»Es war eine völlig harmlose Situation«, versuchte Alfried zu erklären. »Ein Spaß!«

»Du musst dir den Respekt von hunderttausend Arbeitern und Angestellten erwerben! Wie willst du das schaffen? Mit deiner Vorstellung von Spaß?« Bertha hatte genug gesagt, sie wollte sich ihre Laune nicht noch mehr verderben lassen, indem sie sich den Rechtfertigungsversuchen ihres Sohnes aussetzte. Nach ihrem Abgang schloss sie leise die Tür. Wenigstens sie wollte mit ihrem Verhalten keinen Anlass geben für gehässige Verleumdungen.

Enttäuscht über sich selbst blieb Alfried zurück. Er konnte seiner Mutter aus dem Weg gehen, so viel er wollte, irgendwann erreichte sie ihn, mischte sich wieder in sein Leben ein, und er wusste wieder nicht, wie er gegen sie bestehen konnte. Er musste sich dem Kampf stellen.

11

1937

Alfried half Anneliese beim Aussteigen aus dem eleganten Maybach SW 38. Nicht nur das lange weiße Brautkleid mit der Schleppe machte es Anneliese beschwerlich, auch ihr gerundeter Schwangerschaftsbauch. Auf dem Kiesweg zur Kapelle blieb sie plötzlich stehen und drückte fest Alfrieds Arm. Er drehte sich zu ihr und küsste sie liebevoll, aber das war es nicht, was Anneliese beabsichtigt hatte.

»Alfried, du musst das nicht tun!«

»Anneliese, es ist auch mein Kind!«

Sie hatten wirklich lange genug darüber gesprochen. Keinesfalls wollte er, dass es irgendwo auf der Welt Kinder gab, deren Vater er war und die nicht seinen Namen trugen. Außerdem liebte er Anneliese, und die Vorhaltungen seiner Eltern würden wohl kaum noch schlimmer werden können, als sie es bereits waren.

»Natürlich. Ich meine nur, ich will nicht, dass du mich wegen des Kindes heiratest.«

»Ich weiß, Anneliese. Aber ich will, dass du meine Frau wirst!«

»Bist du dir da ganz sicher?«

Alfried lächelte sie an wie sonst nur in ganz besonderen Momenten und küsste sie noch hingebungsvoller.

»Komm jetzt«, forderte er sie auf, »sonst heiratet der Pfarrer ohne uns.«

Vor der kleinen Kapelle am Wannsee standen ein paar Freunde aus Berlin, kein einziges Mitglied der Familie. Aus München war nur Franz in Begleitung von Vera gekommen, die nach dem Gottesdienst prompt den Brautstrauß fing und sich danach bei ihrem Tanz mit Alfried dessen zukünftige Freundschaft erbat, trotz ihres missglückten Kennenlernens.

Immer wilder spielte der Akkordeonspieler auf, einer der Freunde aus Berlin, und die kleine Gruppe tanzte immer ausgelassener. Dann wurde das Essen ausgepackt, ein edles Picknick mit Champagner und Kaviar, Pasteten und Terrinen, exotischen Früchten und pikanten Salaten. Die meisten der kleinen Gruppe saßen, lagen oder lümmelten gemütlich auf ausgebreiteten Teppichen und bequemen Kissen und genossen das Essen sowie den wunderbaren Tag. So leger und ungezwungen, wie sich dieses Fest anfühlte, würde das zukünftige Leben der Familie Alfried von Bohlen und Halbach wohl nicht mehr sein.

Über der Villa Hügel knatterte die Hakenkreuzfahne im Wind. Während der fünfzehnjährige Eckbert, jüngstes und letztes Kind von Gustav und Bertha, sich daran begeisterte, kritisierte seine Schwester Waldtraut, dass ihr die Krupp-Fahnen weitaus besser gefielen. Bertha wurde immer missmutiger, je näher die Stunde rückte, zu der Hitler mit seinem Gefolge auf dem Hügel erwartet wurde – und ihre Abneigung, ihn zu empfangen, verstärkte sich erneut. Nicht einmal Gustav zuliebe mochte sie sich dazu bereit erklären. Sie empfahl ihm, ihre Abwesenheit mit Migräne zu entschuldigen, und zog sich auf ihr Zimmer zurück, um Korrespondenz zu erledigen. Doch irgendwie machte es sie nervös, den ungelittenen Gast in ihrem Haus zu wissen. Ruhelos wanderte sie durch die langen Flure der Villa. Immer wieder vernahm sie Fetzen der schneidend markanten Stimme des Führers. Sie musste sich sehr beherrschen, nicht hinunterzulaufen und die ganze Bagage aus ihrem Haus zu werfen. Bertha fand ihre innere Ruhe erst wieder, als sie das Poltern der Stiefel hörte und bald darauf die Fahrzeugkolonne den Vorplatz verließ.

Die Hakenkreuzfahnen hingen noch, als Alfried und Anneliese im Maybach langsam durch den Park der Villa Hügel fuhren. Nicht ohne Stolz auf die familiären Besitztümer, die er seiner Frau zu Füßen legen wollte, wies Alfried auf das Gebäude, das sich mächtig zwischen den Bäumen hervordrängte, und rief: »Willkommen zu Hause.«

»Das soll ein Zuhause sein.« Anneliese runzelte nachdenklich die Stirn.

In seiner Freude, mit der geliebten Frau nach Hause zu kommen, war Alfried ihre Skepsis nicht aufgefallen. »Wie findest du es?«, fragte er gut gelaunt.

»So gigantisch hatte ich es mir nicht vorgestellt!«, bekannte Anneliese und zweifelte, ob es wirklich die richtige Entscheidung gewesen war, zukünftig hier zu leben.

Zu ihrer Begrüßung kam nur der Majordomus herbeigeeilt, der den Empfang möglichst freundlich zu gestalten versuchte. »Herr Alfried! Ich gratuliere Ihnen recht herzlich!« Dann begrüßte er Anneliese persönlich, die den Umgang mit einem ganzen Hofstaat an Personal nicht gewohnt war. »Frau Krupp hat mich gebeten, Ihnen die Zimmer im Kleinen Haus zurechtzumachen.«

»Im Kleinen Haus?«, wiederholte Alfried befremdet.

Der Majordomus führte sie hinein und ordnete zwei Dienern an, das Gepäck aus dem Wagen zu holen.

Anneliese fühlte sich wie in einem Museum, inmitten all der Kunstgegenstände, alten Möbel und dem exklusiven Nippes.

»Das ist also das Kleine Haus«, versicherte sie sich.

Alfried, dem der Empfang und die Unterbringung sehr peinlich waren, bestätigte: »Ja. Tut mir leid, Anneliese. Wahrscheinlich dachte meine Mutter, wir würden hier … na ja …«

Damit hatte Anneliese keine Probleme, denn sie mochte sich eine Steigerung dessen, was sie hier vorfand, nicht vorstellen müssen. »Lass gut sein, Alfried. Mir ist es am liebsten so, hier sind wir wenigstens für uns.« Sie lächelte ihn an und nahm seine Hand, um sie auf ihren Bauch zu legen. Alfried sollte spüren, was in der nächsten Zeit wirklich von Bedeutung war und ihrer beider Aufmerksamkeit beanspruchen würde.

Nachdem er Anneliese das Wichtigste gezeigt hatte, beschloss er, zu seiner Mutter hinüber ins Haupthaus zu gehen. Fast hatte Alfried vergessen, wie lang die Wege auf dem Hügel sein konnten: vom Kleinen Haus durch die langgezogene Bildergalerie hinüber ins Große Haus und dort durch die Halle und über den langen Gang, bis er endlich an die Tür seiner Mutter gelangte, vor der er wie immer zögerte.

»Hattest du eine gute Reise?«, begrüßte ihn Bertha unterkühlt.

»Danke, Mutter, wir hatten eine sehr angenehme Reise. Vielen Dank, dass du für Anneliese und mich Zimmer hast vorbereiten lassen. Das war sehr aufmerksam von dir.«

Alfrieds Worte und der bemüht höfliche Tonfall passten nicht recht zu seinem sonstigen Auftreten.

»Ich nehme an, du wirst sowieso bald wieder in Berlin sein?«, mutmaßte Bertha, die sich mit dem Gedanken nicht anfreunden konnte, mit ihrer Schwiegertochter im selben Gebäude zu wohnen, sei es auch noch so groß.

»Meine Frau und ich, wir haben uns noch nicht entschieden, wo wir zunächst leben«, erklärte Alfried, um zu betonen, dass er sich dabei nicht von den Wünschen seiner Mutter abhängig zu machen gedachte.

Bertha vernahm den Affront und erklärte sich für nicht zuständig. »Nun, ich denke, dein Vater wird dir seine Pläne zu gegebener Zeit mitteilen.«

Das Bedürfnis Alfrieds, um den heißen Brei herumzureden, sank, je länger er in diesem Zimmer stand. »Mutter, ist es zu viel verlangt, dass du meiner Frau einen würdigen Empfang bereitest?«

Man konnte sich kaum eine größere Herablassung vorstellen, als Bertha sie in diesem Moment in ihre Stimme und ihren Gesichtsausdruck legte. »Alfried, du bist ein junger Mann. Du musst nicht irgendeine Frau, mit der du eine vorübergehende Beziehung eingehst, gleich heiraten!«

»Sie ist keine vorübergehende Beziehung«, widersprach Alfried dieser Unterstellung. »Anneliese ist schwanger.«

Bertha versuchte, sich ihre Überraschung nicht anmerken zu lassen, und setzte zu einer neuen Attacke an. »Dein Bruder Claus leitet inzwischen unser Werk in Wien …«

Alfried konnte nicht glauben, dass die Auseinandersetzung mit seiner Mutter mittlerweile auf diesem Niveau angelangt war.

»… und er leistet hervorragende Arbeit!«

»Was möchtest du damit ausdrücken?«

»Andere sind nicht damit beschäftigt, ihre Zukunft zu zerstören ...«, ließ Bertha sich drohend vernehmen.

»Mutter! Du hast mich dazu erzogen, Entscheidungen zu treffen!«, versuchte Alfried ihr seine Loyalität zu versichern.

»Ich habe dich dazu erzogen, die richtigen Entscheidungen zu treffen«, entgegnete Bertha.

Diese Meinungsverschiedenheit verschärfte noch den schwelenden Konflikt zwischen Mutter und Sohn. Sie lebten auf dem Hügel nebeneinanderher, als stünden ihre Häuser auf verschiedenen Planeten.

Einige Tage später trat Anneliese morgens auf die Terrasse hinaus und ließ sich von der Sonne begrüßen, die den Marmorboden angenehm erwärmte. Das Zwitschern der Vögel und der leise Wind in den Bäumen bestärkten sie in ihrem Entschluss, das Frühstück, das sie gewöhnlich zusammen mit ihrem Mann und ihrem Schwiegervater einnahm, dort servieren zu lassen. »Bitte decken Sie das Frühstück hier draußen«, forderte sie den Majordomus auf.

Der wiegte bedächtig den Kopf. »Die Herrschaften haben noch nie auf der Terrasse gegessen ...«

»Dann fangen wir eben jetzt damit an! Frische Luft hat noch niemandem geschadet. Worauf warten Sie noch. Ich möchte, dass alles schön aussieht, wenn die anderen kommen!«

Der Majordomus gab seine Anweisungen an mehrere Mädchen weiter, die flugs den Gartentisch in eine elegante, einladende Frühstückstafel verwandelten. Währenddessen pflückte Anneliese eine voll aufgeblühte Rose, um damit den Platz ihres Mannes zu dekorieren.

»Hier bist du!«, rief Alfried überrascht, als er durch die Terrassentür nach draußen trat.

»Alfried! Guten Morgen! Ist das nicht ein herrlicher Tag? Ich habe hier draußen decken lassen!«

Nicht weniger irritiert als der Majordomus, zögerte Alfried, sich an die Tafel zu setzen.

»Freust du dich denn nicht? Schau dich nur um, man möchte die ganze Welt umarmen!«, versuchte Anneliese, ihren Gatten zu überzeugen, mit dem sie schon so oft im Freien, sogar auf dem Boden sitzend, gegessen hatte.

»Anneliese, ich glaube nicht, dass das eine gute Idee ist«, meldete Alfried vorsichtig Bedenken an. Weder konnte er sich seinen Vater an diesem Tisch vorstellen, noch hatte er selbst auf dem Hügel jemals etwas anderes als den Nachmittagskaffee außerhalb geschlossener Räume eingenommen.

Enttäuscht setzte Anneliese sich an ihren Platz.

»Was ist hier los?«, polterte Gustav, als er den gedeckten Tisch auf der Terrasse sah.

»Frau Anneliese von Bohlen hat uns gebeten, das Frühstück draußen zu servieren«, erklärte der Majordomus.

Kurz und bündig kanzelte Gustav diese Idee seiner Schwiegertochter ab. »Unsinn!«

»Drinnen ist natürlich ebenfalls gedeckt.« Der Majordomus gab beflissen zu erkennen, dass auch er wenig von der Sache hielt.

Anneliese ließ sich jedoch nicht so leicht unterkriegen und verkündete überschwänglich: »Also, ich genieße den Morgen hier draußen.«

Hin und her gerissen beschloss Alfried, sich zu Anneliese zu gesellen. Gleichwohl wäre es ihm lieber gewesen, nicht vor diese Wahl gestellt zu sein, nicht wegen einer solchen

Lappalie. Zudem erlaubte ihm sein Terminplan unter keinen Umständen, sich wirklich gemütlich niederzulassen. Er trank eine Tasse schwarzen Kaffee, küsste Anneliese zum Abschied und machte sich dann auf, um mit seinem Vater in die Firma zu fahren.

So hatte auch dieser schöne Tag für Anneliese nicht besonders gut begonnen. Sie verspürte keine Lust, sich all den verknöcherten Ritualen in ihrem neuen Heim anzupassen, in dem ihre Schwiegermutter wohnte, die es beständig vermied, mit ihr zusammenzutreffen. Andererseits drohte ihr unkonventionelles Verhalten gelegentlich auch Alfried zu verärgern, der zum Leben in der Villa keine Distanz hatte, zu sehr war er darin verwurzelt. Da es sie langweilte, ständig zu lesen, beschloss Anneliese, neugierig umherzustreifen, wirklich zu tun hatte sie bei all dem Personal ja nichts. Doch auch dieser Umstand verunsicherte sie. Sonst schien jeder, dem sie begegnete, eine Aufgabe zu erledigen, eine Pflicht zu erfüllen, nur sie selbst lebte müßig in den Tag hinein. So versuchte sie dem geschäftigen Personal aus dem Weg zu gehen und möglichst unauffällig zu bleiben, um niemanden bei seinen Verrichtungen zu stören. Vielleicht konnte ein kleiner Spaziergang durch den Park Abhilfe schaffen. Dort würde sich niemand darüber aufregen, wenn sie gemessenen Schrittes oder fröhlich ausschreitend, wie sie gerade gelaunt war, die herrliche Anlage genoss.

Eben an diesem Tag schien auch Bertha einem morgendlichen Spaziergang nicht abgeneigt. Sie war gerade am unteren Ende der Wiese aus dem Wald gekommen und hatte sogleich einen Diener herbeigerufen, der, nachdem er eine kurze Anweisung entgegengenommen hatte, direkt auf Anneliese zusteuerte.

Der Diener verbeugte sich höflich und teilte dann unbeteiligt mit, was ihm aufgetragen worden war. »Frau von Bohlen und Halbach bittet darum: Solange sie im Park ist, möchten Sie bitte außerhalb ihrer Sichtweite bleiben.«

Anneliese gelang nur ein kurzes Nicken. Die Dreistigkeit dieser Aufforderung machte sie sprachlos. Sie schaute zu Bertha, die aber so weit entfernt stand, dass ihr Gesichtsausdruck nicht auszumachen war. Nach einem kurzen Blickwechsel drehte sich die Schwiegermutter stolz um und verschwand in dem feucht-kühlen Rhododendrontal. Anneliese hatte die Lust an weiteren Erkundungen verloren und kehrte in ihr Zimmer zurück, wo eines der Mädchen ihr eine Nachricht von Alfried überbrachte: »Wir empfangen heute Abend eine italienische Delegation zum formellen Diner. Ich wünsche mir deine Teilnahme daran.«

Bereits am frühen Nachmittag begann Anneliese, sich für den Abend vorzubereiten. Sie ließ sich die Haare richten, überlegte, welches Kleid und welche Accessoires zu diesem Anlass passen würden.

Plötzlich stand Alfried im Abendanzug in der Tür ihres Zimmers und schloss seinen Manschettenknopf. »Anneliese, bist du so weit?«, fragte er. »Die italienische Delegation trifft bald ein.«

Völlig verunsichert betrachtete sie zuerst ihn, dann sich. Ihre wohlüberlegte Auswahl schien ihr von einem Moment auf den anderen völlig unpassend zu sein. So schnell es ging, streifte sie ihre Robe ab und ließ sich ein anderes Kleid bringen. Dazu fehlten dann aber die Schuhe, und auch der Unterrock passte nicht. Außerdem sollte ihr das Mädchen helfen, die Knöpfe zu schließen. Anneliese begann hysterisch zu werden, vor allem, als Alfried sie erneut daran erinnerte, dass die Delegation jeden Moment in der Halle Platz nehmen würde. Er erinnerte sich aus seiner Jugend und Kindheit noch zu genau, welch ein Frevel es in diesem Haus war, zu spät zu kommen. Er begann noch nervöser zu werden als Anneliese.

»Von mir aus ohne Schmuck! Wir müssen!«, drängte Alfried vehement.

Anneliese ignorierte diesen Hinweis, doch die Kette, ein Stück des Familienschmucks, das sie gerade anlegen wollte, fiel ihr zu Boden. Beim Blick auf ihre Füße stellte sie fest, dass sie noch immer nicht die richtigen Schuhe anhatte. Das Dienstmädchen rannte los, aber Anneliese beschloss, sicherheitshalber selbst mitzugehen.

Als sie endlich fertig war und Alfried gewinnend anlächelte, waren dessen Emotionen völlig eingefroren. Ihr verspäteter Auftritt war ein unverzeihlicher Fauxpas. Missmutig eilten beide der großen Halle entgegen. Vor ihnen schwangen die Türen auf, und die Blicke aller Anwesenden ruhten auf ihnen. Nur Gustav Krupp, der eben in der Mitte seiner Tischrede angelangt war, wunderte sich, wieso ihm keiner mehr Aufmerksamkeit schenkte, während er weitersprach: »… eine besondere Phase in den Beziehungen unserer Länder. Deshalb bin ich stolz, heute sagen zu können, dass im Hause Krupp …« Ein Diener wies Alfried und Anneliese die beiden freien Plätze zu. Weil die wohlerzogenen Gäste höflich zu ihrer Begrüßung aufstanden, wuchs die Unruhe umso mehr. Nun unterbrach Gustav seine Rede zornig, die Lippen fest zusammengepresst.

Ein kurzer Blick Alfrieds zu Bertha machte ihm klar, dass sie kaum wütender hätte sein können. Gerade hatte Gustav seine Rede wieder aufgenommen, als Anneliese, völlig durcheinander, ihr gefülltes Weinglas umstieß. Das Klirren machte sie erneut zum peinlichen Mittelpunkt des festlichen Abends. Schleunigst kamen Bedienstete herbeigeeilt, die versuchten, Tisch und Kleidung umgehend in den ursprünglichen Zustand zu versetzen. Ein zweites Mal wollte sich Gustav nicht aus dem Konzept bringen lassen von seiner ungeratenen Schwiegertochter. Zu diesem Urteil war auch er mittlerweile gekommen, obwohl er, selbst ein angeheirateter Krupp, der Fremden eine kleine Chance hatte geben wollen. »Deshalb bin ich stolz, heute sagen zu können, dass im Hause Krupp nach besten Kräften und in guter alter Tradition diese gemeinsame Zukunft in eherne Formen gegossen wird. Ich erhebe also mein Glas auf einen langen und glücklichen gemeinsamen Weg.« Gustav hob sein Glas für einen Toast, als ein Diener bemerkte, dass Anneliese noch keinen frischen Wein eingeschenkt bekommen hatte. Mit der Flasche in der Hand huschte er zu ihrem Platz. Doch auf ein herrisches Kopfschütteln von Bertha Krupp hin unterließ er es, ihr Glas zu füllen. Während alle anderen ihre Gläser erhoben, um sich zuzuprosten und zu trinken, saß Anneliese nur da. Vor Scham wäre sie am liebsten in den Boden versunken. Doch trotz dieses Affronts hielt sie sich während des gesamten zeremoniellen Essens tapfer, parlierte geistreich mit den italienischen Gästen und gewann sie mit ihrer offenen herzlichen Art. Erst in ihrem Schlafzimmer brach Anneliese völlig zusammen.

Unbeholfen saß Alfried neben ihr und wusste nicht, wie er ihr Beistand leisten sollte. »Anneliese, beruhige dich doch!«, stammelte er. »Du wirst dich daran gewöhnen.«

Anneliese schüttelte es noch mehr, als sie seine Worte vernahm. Sie würde sich nicht daran gewöhnen, nicht an diese überall herrschende Steifheit, nicht an das ganze Zeremoniell ihres Schwiegervaters und unter keinen Umständen an diese geringschätzige Behandlung durch ihre Schwiegermutter.

»Es ist doch alles halb so schlimm. Du entschuldigst dich morgen einfach und ...«, versuchte Alfried beschwichtigend einzulenken, während er ihr zaghaft den Rücken streichelte.

»Lass mich allein!«, schrie Anneliese unvermittelt auf. Sie stieß seine Hand weg, riss sich den Familienschmuck vom Hals und warf ihn in die Ecke.

»Anneliese!« Alfried gab sich alle Mühe, sie zur Vernunft zu bringen.

Doch sie wollte nur noch ihre Ruhe. Bevor sie anfing, Alfried zu hassen, sollte er jetzt besser gehen. »Lass mich allein!«, bat sie ihn deshalb.

Einige Monate später waren Anneliese und Alfried die glücklichsten Menschen. Zumindest für einen kurzen Moment. Anneliese hatte einen Sohn geboren, Mutter und Kind erfreuten sich bester Gesundheit. In frisch bezogenem Bett thronten die beiden nebeneinander, der Säugling in ein reichbesticktes Gewand gehüllt, das auch einem Prinzen alle Ehre gemacht hätte.

Entschieden klopfte es an der Tür, und Bertha betrat das Schlafzimmer – in dem dunkelsten Kleid, das sie besaß. Sie machte ihre Aufwartung nicht, um irgendeiner Konvention zu genügen. Ihr Auftritt ähnelte eher dem der dreizehnten Fee in Dornröschen. Sie sprach weder ein aufmunterndes Wort, noch ließ sie sich davon beeindrucken, dass mit der Geburt eines Jungen die Erbfolge gesichert war. Selbst der Anblick des Neugeborenen tat ihrer Verachtung keinen Abbruch.

Alfried ignorierte ihre Haltung vorgeblich und teilte freudig mit: »Er ist gesund und gut bei Kräften!«

Berthas eisernes Schweigen dauerte an.

»Wir werden ihn Arndt nennen, nach dem ersten bedeutenden Krupp«, erklärte Alfried, während er versuchte, seiner Mutter den Enkel auf den Arm zu legen.

»Nenn ihn, wie du willst«, fauchte Bertha hasserfüllt und ließ ihren Sohn mit Arndt auf dem Arm stehen. Die Schwiegertochter würdigte sie dabei keines Blickes, und ungerührt, wie sie gekommen war, verließ sie den Raum.

»Meine Herren, ich habe Sie hergebeten, um Sie von meinem Entschluss in Kenntnis zu setzen: Ab heute ist mein ältester Sohn Alfried von Bohlen und Halbach Leiter der Geschäftsbereiche Bergbau, Kriegsmaterialverkauf und Artilleriekonstruktion. Mit Stolz stelle ich fest, dass nunmehr wieder ein Krupp der Rüstungsproduktion vorsteht.«

Die anwesenden Aufsichtsräte, Direktoren und Abteilungsleiter erhoben sich, um Alfried mit einem herzlichen Applaus willkommen zu heißen. Er musste viele Hände schütteln. Alle Anwesenden wollten ihm zu seiner neuen Position gratulieren. Nur Gustav Krupp schien sich nicht so recht über die Ernennung zu freuen, die er selbst gerade verkündet hatte. Als die kleine Zeremonie ihrem Ende entgegenging, stellte er sich neben Alfried und flüsterte: »Das ist ein Angebot. Du weißt, was ich von dir erwarte!«

12

1940

In seiner Wehrmachtsuniform verließ Harald Krupp die Villa im Morgengrauen. Seinen Feldsack hatte er locker über die Schultern gehängt, dann stieg er in den bereitstehenden Wagen und fuhr zum Sammelpunkt, wo er zusammen mit anderen Soldaten in einem Lkw Richtung Front gebracht wurde, um den Raub- und Vernichtungskrieg in ganz Europa fortzusetzen.

Über der Villa Hügel flatterten die Hakenkreuzfahnen mittlerweile regelmäßig, wenn der Führer seinen Besuch abstattete. Selbst Bertha hatte mittlerweile die Vorteile einer erfolgreichen Geschäftsbeziehung mit dem einst Ungelittenen erkannt und stand zusammen mit ihrem Mann zum Empfang bereit. Hitler ließ sich nicht lumpen und verlieh Gustav das Goldene Parteiabzeichen, das er mit Stolz trug.

Wie schnell sich die Verhältnisse umkehren konnten, wurde an Fritz Thyssen, der sich über ein Jahrzehnt lang finanziell und persönlich vehement für die Machtübernahme eingesetzt hatte, deutlich. Thyssens Stellungnahme gegen die Judenverfolgung und sein Engagement gegen den Krieg waren ihm zum Verhängnis geworden. Unmittelbar nach dem Überfall 1939 auf Polen konnte er sich vorerst in die Schweiz absetzen. Auf Druck der Gestapo verhafteten die Franzosen ihn Ende 1941 in Cannes und lieferten ihn nach Deutschland aus, wo er und seine Frau bis 1945 im Konzentrationslager Sachsenhausen waren. Thyssens skeptischer Kontrahent Gustav Krupp jedoch wurde mit Ehrungen bedacht. Die Waffenschmiede Krupp erfreute sich weiter der besonderen Wertschätzung des Führers. Das hatte sich bereits abgezeichnet, als Hitler 1937 mit Mussolini bei dessen erstem Staatsbesuch in Deutschland die Krupp-Werke besichtigt hatte.

Das Leben in der Villa Hügel hatte sich vergleichsweise wenig geändert. Bertha bekriegte noch immer ihre Schwiegertochter, als gäbe es in diesen Zeiten nichts Wichtigeres. Als Alfried eines Abends das Kleine Haus betrat, hörte er Annelieses Schreien schon von weitem. Er beschleunigte seinen Schritt und betrat ihr Zimmer, ohne sich die Mühe zu machen anzuklopfen. Gelassen stand der Majordomus neben der Tür, während Anneliese einer Furie gleich durch den Raum schoss, sich mal theatralisch aufs Bett warf, dann wieder den Bediensteten zum Opfer ihres Zorns machte.

»Mir ist es gleich, was sie sagt! Ich lasse mich nicht länger so behandeln! Gehen Sie zu ihr, sagen Sie ihr das! Ich kann nicht mehr. Ich habe genauso ein Recht, hier zu sein, wie sie! Sagen Sie ihr das!« In ihrer Rage hatte Anneliese nicht bemerkt, dass Alfried ins Zimmer gekommen war. Er versuchte, sie zu beruhigen, aber wie so oft in den letzten Jahren gossen seine hilflosen Versuche, sie zu trösten, nur noch mehr Öl in das Feuer. Wenn sie etwas von ihm brauchte, dann war es bedingungslose Unterstützung gegen das unbarmherzige Regime seiner Mutter.

Bald nach Alfrieds Erscheinen zog der Majordomus sich

zurück, die Anwesenheit des Ehemanns machte die seine überflüssig. Sein Gesichtsausdruck verriet nichts von dem, was gerade vorgefallen war. Keine Missbilligung, keine Kritik, nicht einmal den Hauch von Mitleid.

»Was ist geschehen?«, fragte Alfried, nachdem er sich neben seine Frau gesetzt hatte.

Anneliese fuhr auf, schaffte Abstand zwischen sich und ihm. »Was geschehen ist?«, fauchte sie. »Frag doch sie!«

»Du bist meine Frau, ich frage dich«, erwiderte Alfried und hob die Augenbrauen.

»Sie hat mir ausrichten lassen, dass ich beim Empfang nicht benötigt werde. Sie will mich nicht sehen.« Immer wieder drohte Annelieses Stimme sich vor lauter Hysterie zu überschlagen. Was sie seit mehr als zwei Jahren hier erleben musste, raubte ihr die Haltung. Von einer erwachsenen Frau, die fest im Leben gestanden hatte, entwickelte sie sich mehr und mehr zurück zu einem kraft- und willenlosen Wesen. Lange konnte sie dieses Dasein nicht mehr ertragen.

Wie üblich bemühte sich Alfried, seine Frau zu beschwichtigen, wider besseres Wissen. »Aber Anneliese, so meint sie es doch gar nicht …«

»Wie gut, dass du immer so genau weißt, was sie meint«, unterbrach Anneliese ihn.

Alfried quälte es, immer zwischen seiner Mutter und seiner Frau vermitteln zu müssen. Die Liebe litt darunter, das wurde ihm täglich mehr bewusst. »Sie will doch nur das Beste für uns alle. Sie will dich eben vor diesen Strapazen schonen. Als Mutter eines kleinen Jungen bist du auch nicht so belastbar, hast so viel Mühe mit ihm.«

»Ach ja?« Anneliese lachte verzweifelt auf. »Dann sag mir doch mal, wo Arndt ist?«

Plötzlich beunruhigt, schaute Alfried sich nach dem Kleinen um, konnte ihn jedoch nirgends entdecken.

»Vielleicht ist es dir noch nicht aufgefallen, aber er ist fast nie hier. Strapazen! Das Kind nimmt sie mir ja auch weg! Sie hat für das Kindermädchen einen exakten Zeitplan erstellt, jede Kleinigkeit geregelt.« Anneliese musterte Alfried, um sicherzustellen, dass er alles registrierte, was sie ihm gerade vorwarf. »Sogar, was er zu essen hat!«

»Bitte, du musst ihr das nachsehen«, bat Alfried. »Die Erziehung der Kinder lag meiner Mutter eben schon immer besonders am Herzen.«

Langsam begann Anneliese, an ihrem Mann zu zweifeln. Wie konnte er sich so kritiklos auf die Seite dieser Megäre schlagen? »Du meinst die Isolierung? Im Gegensatz zu ihren eigenen Kindern ist ihr Arndts Förderung doch völlig egal. Sie hat ja noch nicht einmal ein richtiges Kindermädchen angestellt! Ein dummes Ding gibt auf ihn acht, das zu faul ist, um mit ihm wirklich zu spielen. Hauptsache, er ist unsichtbar und von mir getrennt.«

Alfried fiel es schwer, sich seine Mutter als so kaltherzig vorzustellen, wie Anneliese sie beschrieb, obwohl er selbst lange genug darunter gelitten hatte. Nun wollte er es nicht mehr wahrhaben, wollte geliebt gewesen sein von ihr. Wie könnte er sonst sein Erbe antreten – und ein Krupp werden? Doch wenn es sich tatsächlich so verhielt, wie Anneliese es schilderte, musste er etwas unternehmen.

Anneliese näherte sich ihrem Mann zitternd und verzweifelt, sie schmiegte sich in seine Arme und hauchte: »Bitte, Alfried!«

Er zog sie fest an sich, teils, um sie zu trösten, teils, um sie zu spüren. »Ich werde mich darum kümmern!«, versprach er, auch wenn er sich dessen nicht ganz sicher war. Nachdem sie eine Weile so eng zusammengestanden hatten, löste er sich von ihr, um sich für den Abend umzukleiden.

Anneliese blieb allein zurück, setzte sich auf das kleine Biedermeiersofa, schob die schweren Gardinen zur Seite und beobachtete, wie sich in der Halle die Gäste versammelten. Als die Gesellschaft die mit Champagner gefüllten Gläser erhob, holte sie einen silbernen Flachmann aus der Tasche ihres Morgenmantels, öffnete ihn und nahm einen kräftigen Schluck. »Auf uns Krupps!«

Länger als geplant war Alfried auf Geschäftsreise gewesen. Noch mit der Aktentasche in der Hand eilte er zu Anneliese, um sich bei ihr dafür zu entschuldigen. »Anneliese, ich bin wieder da!«, rief er. Keine Antwort. Er lief in ein Zimmer nach dem anderen, konnte sie jedoch nirgends entdecken. »Ist meine Frau nicht hier?«, wandte er sich an den Diener.

»Es tut mir leid, Herr Alfried, ich habe sie nicht gesehen. Aber ich glaube nicht, dass sie fortgefahren ist.«

Besorgt überlegte Alfried, was vorgefallen sein könnte, ob erneut eine Auseinandersetzung zwischen seiner Mutter und seiner Frau …

»Soll ich mich erkundigen?«, unterbrach der Diener seine Überlegungen. Auf Alfrieds Zustimmung hin holte er den Majordomus, dem ebenfalls nichts von einer Abwesenheit Annelieses bekannt war.

Zu dritt machten sie sich erneut auf die Suche, klopften an jede Tür, suchten in jedem Winkel des Hauses. Schließlich fand Alfried sie in einem engen dunklen Verbindungsgang zwischen seinem und ihrem Ankleidezimmer, an einem Ort, der ihn an die Strafen seiner Kinderzeit erinnerte:

eingesperrt in der Dunkelheit zwischen zwei Türen. Anneliese befand sich in einem äußerst desolaten Zustand. Unfrisiert und nachlässig bekleidet, kauerte sie am Boden, ein halbgefülltes Glas in der Hand. Neben ihr stand eine fast leere Flasche mit Gin oder irgendeinem anderen farblosen Schnaps. Sie hielt den Blick gesenkt, wiegte ihren Kopf gleichmäßig hin und her.

Seine Frau so zu sehen machte Alfried gleichermaßen handlungsunfähig wie zornig. Dass ein Mitglied seiner Familie jemals in einen solchen Zustand geraten könnte, überstieg sein Vorstellungsvermögen.

»Psst … verrat mich nicht! Ich mache mich unsichtbar …«, lallte Anneliese, als sie bemerkte, dass Alfried ihr Versteck entdeckt hatte. Unvermittelt brach sie in Tränen aus. Es irritierte sie, dass Alfried reglos in der halbgeöffneten Tür stand, ohne sich um sie zu bemühen. Mit letzter Kraft hob sie das Glas und schleuderte es an die Wand.

Mittlerweile hatten sich die Dienstboten eingefunden und betrachteten die Szene mit gebotener Zurückhaltung. Alfried beschloss, ihnen das weitere Schicksal seiner Frau anzuvertrauen. »Bringen Sie meine Gattin zu Bett«, ordnete er kühl an und entfernte sich.

Ein Dienstmädchen half Anneliese auf die unsicheren Beine, auch der Majordomus kam zu Hilfe.

»Welch ein Glück«, rief Anneliese ihrem Mann nach. »Hier gibt es für alles ein Dienstmädchen!«

Etwa fünf Jahre waren vergangen, seit Bertha, Gustav und Alfried das letzte Mal in der Bibliothek zusammengesessen hatten. Fünf Jahre, in denen sich die Befürchtungen der Eltern hinsichtlich Annelieses Eignungen als Alfrieds Ehefrau ihrer Ansicht nach reichlich bewahrheitet hatten. Vor allem an Gustav war die Zeit nicht spurlos vorübergegangen: Er ging nur noch auf seinen Stock gestützt, das Gesicht war faltig geworden, die Stimme hatte ihre Festigkeit verloren. Seine siebzig Jahre waren ihm deutlich anzumerken. Und auch er selbst spürte, dass es an der Zeit war, die Zügel zu übergeben. Doch vorher galt es, noch etwas anderes zu regeln, deswegen waren sie zusammengekommen.

»Du weißt, weshalb ich dich hergebeten habe?«, fragte Bertha ihren Ältesten. »Die Ehe mit Anneliese Bahr ist nicht länger akzeptabel. Die Ehefrau eines Krupp hat Verpflichtungen und Verantwortung. Nicht nur der Familie gegenüber, sondern allen Kruppianern, die sich felsenfest auf sie verlassen. Frau Bahr hat in dieser Hinsicht von Anfang an enttäuscht.«

Erbost erhob Alfried sich aus seinem Sessel, blieb aber ruhig. »Nein, Mutter. Nicht von Anfang an. Erst seit du sie unter Druck gesetzt hast.« Er warf seiner Mutter einen bösen Blick zu.

»Eben«, triumphierte Bertha kaltschnäuzig, »sie hält Druck nicht aus!«

»Niemand hält unmenschlichem Druck stand«, verteidigte Alfried weiterhin seine Frau.

Gerne hätte Gustav zwischen seiner Gattin und seinem Sohn vermittelt, aber mittlerweile war auch er zu der Überzeugung gelangt, dass die Verbindung von Anneliese und Alfried dessen Karriere im Weg stand, nicht nur, weil seine Frau Bertha von Anfang an vehement dagegen opponiert hatte. »Ich bin dir entgegengekommen und habe dich zum Abteilungsleiter ernannt«, begann er zögernd, bevor er entschieden fortfuhr: »Aber unter diesen Umständen kann ich dich nicht für eine zentralere Position vorsehen. Ich werde demnächst damit beginnen, einen neuen und größeren Vorstand zusammenzustellen, um für die Zeit nach dem Krieg vorbereitet zu sein. Ich muss wissen, ob ich dabei auf dich zählen kann.«

»Selbstverständlich kannst du auf mich zählen«, erwiderte Alfried.

»Alfried, das war nicht, was wir von dir hören wollten«, versuchte Bertha ihren Sohn zur Vernunft zu bringen. »Es geht hier um eine grundsätzliche Entscheidung!«

»Claus hat, wie du weißt, in Wien gute Arbeit geleistet.« Gustav machte deutlich, dass er auch über andere Optionen verfügte, in denen Alfried keine bedeutende Rolle zukam.

»Vater! Genug!« In diesem scharfen Ton hatte Alfried noch niemals mit seinen Eltern gesprochen, aber als erwachsener Mann musste er sich diese Erpressung nicht bieten lassen. Sie hatten ihn, und nur ihn, als späteren Erben des Unternehmens aufwachsen lassen. Seine gesamte Kindheit und Jugend hatte er unter dieser Alleinstellung leiden müssen. Wenn dieses Versprechen keinen Bestand haben sollte, war es keinesfalls sein Fehlverhalten, sondern ihre Entscheidung. »Wenn du willst, dass ich dein Nachfolger werde, dann werde ich das. Wenn du willst, dass Claus es macht, dann lass es Claus machen. Aber hört auf mit diesem Druck!«

Mit diesem heftigen Ausbruch hatten die Eltern nicht gerechnet, sie warteten ab.

Alfried war noch lange nicht fertig, er wandte sich zuerst seiner Mutter, dann seinem Vater herausfordernd und feindselig zu, als er erklärte: »Glaubst du, Krupp ist alles? Glaubst du, ich könnte ohne Krupp nicht leben? Von mir aus soll

Krupp untergehen. Von mir aus soll Claus mitsamt allem Stahl und aller Kohle und allen Waffen in die Hölle fahren.« Heftig atmend stürmte er aus der Bibliothek.

Erschüttert, aber ohne sichtbare Regung zog Gustav die logische Konsequenz aus Alfrieds heftigem Auftritt. »Also Claus!«

Schweigend schaute Bertha ihrem Ältesten nach, für sie war dieses Kapitel noch nicht beendet. Sie würde allein das Gespräch mit ihrem Sohn suchen, sie hatte noch immer gewusst, wie mit ihm umzugehen war.

Am folgenden Nachmittag beobachtete sie in den Pferdeställen, wie der Pferdetrainer einen jungen Hengst durch die Wasserbahn schwimmen ließ.

»So, das war's für heute«, sagte der Trainer und tätschelte dem Hengst lobend den Hals, als der die Treppen aus dem Becken heraufkletterte.

»Noch eine Bahn«, forderte Bertha ihn auf, von den kräftigen Bewegungen des Pferdes beeindruckt.

»Wir sollten ihn nicht überanstrengen«, gab der Trainer zu bedenken.

»Sehen Sie denn nicht, dass er noch eine Bahn schafft?«, beharrte Bertha. »Schauen Sie ihm in die Augen! Er kann mehr als die anderen! Noch eine Bahn.«

Während der Trainer das Pferd wieder zum Einstieg führte, kam Alfried zum Trainingsplatz. Er würdigte seine Mutter keines Blickes. Die Wut vom Vorabend war noch nicht verraucht.

Bertha ignorierte sein Verhalten und sprach ihn an, als sei nichts gewesen. »Ich danke dir, dass du gekommen bist. Du weißt, dieser ganze Streit ist unter unserer Würde.«

Schweigend schloss Alfried sich Bertha an, die von den

Stallungen an der Orangerie vorbei in den Park schlenderte. Er wartete ab, was sie ihm eröffnen wollte.

»Lassen wir also diese Gebärden. Ich will dir nichts sagen als die Wahrheit. Und du weißt, dass es die Wahrheit ist: Als romantischer Liebhaber, als Lebemensch, als spontaner Jüngling bist du untauglich. Bei allem Respekt: eine Witzfigur!«

Überrascht schaute Alfried seine Mutter an, damit hatte er nicht gerechnet. Obwohl er ihr gerne widersprochen hätte – im Ganzen gesehen, hatte sie recht.

»In dieser Rolle wirst du immer nur zweitklassig sein, Provinztheater. Du kannst dich natürlich damit weiter herumquälen, wenn du das willst. Aber ausfüllen wirst du diese Rolle nie.«

»Menschen wachsen ...«, wandte Alfried ein, der immerhin den Eindruck hatte, während seiner Studienzeit und später in Berlin an gesellschaftlicher Gewandtheit gewonnen zu haben, auch an Lockerheit.

Bertha blieb stehen, ihre Stimme wurde leise und eindringlich. »Alfried, du musst nicht wachsen! Es gibt etwas, darin bist du vollkommen: als Krupp! Da kennst du keine Unsicherheit. Du gehst mit Hunderttausenden von Menschen ebenso souverän um wie mit Millionen von Mark. Wäre es nötig, dann würdest du dich bis zum Letzten aufopfern. Keiner deiner Brüder könnte je so weit gehen wie du. Durch und durch. Deine Haut ist Krupp, dein Fleisch ist Krupp, deine Knochen sind Krupp. Du bist Krupp, Alfried. Krupp!« Um ihren Worten bessere Wirkung zu verleihen, machte Bertha eine kleine Pause und spazierte langsam weiter. Als Alfried wieder auf ihrer Höhe war, fuhr sie fort: »Hör in dich hinein, Alfried. Hör ehrlich in dich hinein, bis ins

Innerste. Niemand kann dir etwas aufzwingen. Sei, was du bist.«

Betroffen schaute Alfried sie an. Seiner Mutter war es tatsächlich gelungen, seine innersten Gedanken und Gefühle aufzurütteln. Aber er zögerte noch, welche Schlüsse er daraus ziehen wollte.

Wie es Bertha schien, hatte sie den ersten Teil ihres Plans erfolgreich umgesetzt. Nun galt es, auch den zweiten in Angriff zu nehmen, um vollendete Tatsachen zu schaffen. Bei den Remisen trennte sie sich von Alfried, der sich noch ins Werk chauffieren ließ, und wandte sich zum Kleinen Haus, als sein Wagen außer Sichtweite war.

Anneliese hatte ihr blondes Haar nach hinten gebunden, um sich besser schminken zu können. Präzise zog sie ihre Lippen nach, tuschte sich sorgfältig die Wimpern, fuhr dezent die Augenbrauen nach. Zum Ausgehen bereit, erhob sie sich, zog ihren Mantel an und nahm die Handtasche unter den Arm.

In diesem Moment klopfte es, und Bertha stand in der Tür. »Ich habe mit Ihnen zu reden«, herrschte sie Anneliese an.

Befremdet wies diese zum Sofa, stöckelte selbst hinüber und setzte sich.

Ohne Umschweife brachte Bertha, die stehen geblieben war, ihr Anliegen vor. »Ich möchte Ihnen den Schritt erleichtern, der ohnehin getan werden muss.«

Dass Berthas unvermittelter Besuch sicherlich keinem angenehmen Anlass diente, hatte Anneliese gleich vermutet. Noch hatte sie jedoch keine genaue Vorstellung davon, was sie in den nächsten Augenblicken erwartete.

»Allen Beteiligten ist ja klar, dass diese heimliche Heirat eine Dummheit war.«

Diese dreiste Aussage brachte Anneliese schnell an die Grenze ihrer Selbstsicherheit. Sie musste sich um eine feste Stimme bemühen, als sie fragte: »Allen Beteiligten? Soweit ich das sehe, sind an dieser Heirat nur zwei beteiligt: Alfried und ich.«

»Sehen Sie? Sie begreifen nichts. Sie verstehen nicht einmal, was Sie getan haben. Sie haben ja keine Vorstellung, wer Alfried überhaupt ist!«

Natürlich wusste Anneliese, warum sie in die Ehe eingewilligt hatte. »Alfried ist ein liebenswerter Mann, der …«

»Ich biete Ihnen Geld an!«

Fassungslos starrte Anneliese ihre Schwiegermutter an und stammelte: »Sie wollen mich kaufen?«

»Selbstverständlich nicht. Aber immerhin sind mit dieser kindischen Heirat gewisse Verpflichtungen entstanden. Wir Krupps stehen zu unserer Verantwortung. Ich gebe Ihnen eine Million Reichsmark, wenn Sie meinen Sohn verlassen. Um das Kind werde ich mich kümmern.«

Bertha hoffte, sich klar und deutlich genug ausgedrückt zu haben. Sie war sich nach diesem Gespräch umso sicherer, dass Anneliese eine ungeeignete Gattin für ihren Sohn war. Gemessen an Annelieses Naivität war der Umstand, dass sie vor der Ehe mit Alfried schon einmal verheiratet gewesen war, ein eher nachrangiges Problem.

Leise schlich sich Anneliese in das Zimmer, in dem seinerzeit der Kaiser genächtigt hatte. Die meisten Möbel waren seitdem zum Schutz mit weißen Leintüchern zugedeckt worden. Nur das Bett und einen Sessel hatte Alfried aufgedeckt. Selbstvergessen hielt er eines der Laken noch in der Hand, während er auf dem Bett saß und zu Boden starrte.

»Der Diener hat mir gesagt, dass du hier oben bist …«, begann Anneliese zögernd.

Alfried reagierte nicht.

»Was hat deine Mutter zu dir gesagt?«, fragte Anneliese, zog den abgedeckten Sessel näher zum Bett und setzte sich Alfried gegenüber. »Alfried, seit Tagen schweigst du jetzt. Du darfst nicht auf sie hören. Lass dich nicht verrückt machen! Was hat sie gesagt?« Seit Berthas unverschämtem Auftritt hatte Anneliese ihren Mann kaum mehr zu Gesicht bekommen, geschweige denn gesprochen. Und je länger dieses Schweigen anhielt, desto größer war die Gefahr, dass Berthas Einflüsterungen die Übermacht gewannen.

Langsam straffte Alfried sich und schaute an Anneliese vorbei in den dunklen Park hinaus. »Hat nichts mit dir zu tun«, begann er leise. »Es ist eine Sache zwischen Mutter und mir. Ich muss eine Entscheidung treffen: ob ich ein Krupp sein will, nichts als ein Krupp. Mit allen Konsequenzen.«

Anneliese verstand nicht, was das bedeuten sollte: ein Krupp sein. Dass Alfried möglicherweise dereinst der reichste Mann des Landes sein konnte, beeindruckte sie nicht. Sie hatte bereits eine gescheiterte Ehe hinter sich und wusste, dass finanzielle Sicherheit zwar ein angenehmer Begleiter im Leben, aber kein verlässlicher Garant für eine Beziehung war. Ihr war anderes wichtig, sie wollte in der Familie als seine Frau anerkannt werden. »Alfried, hast du ihr gesagt, dass sie mich endlich akzeptieren muss?«

»Darum geht es doch nicht, Anneliese. Es geht nicht darum, was jemand denkt. Es geht darum, was jemand ist«, philosophierte Alfried vor sich hin. Er war aufgestanden und zum Fenster gegangen, angezogen von dem Dunkel, das er mit seinen Blicken zu durchdringen suchte. »Anneliese, ich möchte momentan lieber allein sein.«

Sie stand langsam auf, nicht um das Zimmer zu verlassen, sondern um sich Alfried körperlich zu nähern. Er sollte sie spüren können. Sie trat hinter ihn, umarmte ihn und legte den Kopf an seine Schulter. »Alfried, bitte«, hauchte sie. »Liebst du mich?«

Vorsichtig und ohne ihrer Umarmung zu entgleiten, drehte Alfried sich um. Zärtlich strich er ihr übers Gesicht und umarmte sie in einer verzweifelt hilflosen Geste, bei der ungewiss blieb, wer wem mehr Halt gab.

»Ich will bei dir bleiben«, kündigte Anneliese an, doch dazu wollte Alfried nichts sagen. Zu sehr arbeitete es in ihm. Seine Zweifel an der Ehe mit Anneliese wuchsen beständig, nicht weil er sie nicht mehr liebte, sondern weil sie keine Krupp war und in der Tat auch niemals sein würde.

In der nächsten Zeit ging Alfried seiner Gattin aus dem Weg. Eine Mischung aus Feigheit und Ratlosigkeit hielt ihn davon ab, Stellung zu beziehen. Er hatte die unreflektierte Hoffnung, dass diese unmögliche Situation sich ohne sein Zutun bereinigen würde. Und hatte damit Erfolg: Eines Morgens ließ Anneliese ihm mitteilen, dass sie im Begriff sei, den Hügel und damit Essen zu verlassen. Umgehend machte sich Alfried auf den Weg zum Kleinen Haus. Ein mit Koffern vollbepackter Wagen stand abfahrbereit davor. Anneliese setzte gerade Arndt auf die Rückbank.

»Anneliese, ich …«

»Sag nichts, Alfried. Du brauchst nichts zu sagen.« Sofort stiegen Anneliese Tränen in die Augen. Sie hatte eingesehen, dass sie gegenüber Krupp immer den Kürzeren ziehen würde. Aber an ihrer Liebe zu Alfried hatte sich nichts geändert. Wenn es möglich wäre, hätte sie sich ein anderes Leben gewünscht, in dem Alfried nur ein durchschnittlicher Ingenieur war, der seine Entscheidungen selbst treffen konnte.

Bertha stand in der Tür und überwachte die Abreise. Ihr Sohn sollte sich seine Sentimentalitäten sparen. Jede Minute, die Anneliese noch hier verbrachte, war verlorene Zeit.

Lange sah Alfried dem Wagen nach, dann zog er sich, vorbei an seiner Mutter, die er absichtlich nicht beachtete, ins Haus zurück.

Am Abend stand für Alfried eine Besprechung über die Entwicklung des schweren Geschützes »Dora« an, eines der Lieblingsprojekte Hitlers.

»Es funktioniert nicht«, eröffnete einer der an dem Projekt beteiligten Ingenieure das Gespräch. »Bei dieser Größe ist der Aufwand unsinnig hoch, den Druck und die Hitze abzufangen.«

»Wir testen gerade ein zweilagiges Seelenrohr«, berichtete sein Kollege.

»Wie stark ist die Treibladung?«, erkundigte sich Alfried.

»Eintausendachthundert Kilogramm«, erläuterte Erich Müller, der Leiter des Projekts.

Die Ingenieure bezweifelten die Realisierbarkeit der Planungsvorgaben. »Bei allem Respekt, aber wie soll das Rohr dem standhalten? Möglicherweise sogar eintausendneunhundert Kilogramm! Kaliber achtzig! Das macht wahrlich keinen Sinn, Herr Krupp!«

Erich Müller gestikulierte ratlos. »Hitler persönlich verlangt es!«

»Sie haben bisher hervorragende Arbeit geleistet, lassen Sie uns darüber sprechen, wie wir bei der Realisierbarkeit dieser Anforderungen weiterkommen können. Es hat die Firma Krupp groß gemacht, an das Unmögliche zu glauben und es in die Tat umzusetzen. Das wollen wir beibehalten.«

»Das Problem ist tatsächlich das Seelenrohr«, führte Müller aus. »Es nutzt schon weit vor der projektierten Standzeit von hundert Schuss viel zu stark ab.«

»Bis wie viel Schuss ist die Trefferlage gut?«, hakte Alfried nach.

»Fünfzehn Schuss, mehr nicht.«

Alfried nickte und fasste seine bisherigen Erkenntnisse zusammen. »Wir brauchen also fünf Transportzüge, vier Aufbauzüge, eine dreigleisige Aufbaustrecke, eine zweigleisige Schießstellung. Bauen dann ein Geschoss auf acht fünfachsigen Drehgestellen auf, das über eine eigene Stromversorgung verfügt, schaffen das Nitroglyzerin mit Kühlwagen an die Front, um dann fünfzehn Schuss abzugeben?«

Müller konnte sich nach dieser absurden Aufzählung ein Lächeln nicht verkneifen, fasste sich aber, bevor er Alfried Krupp ein überzeugendes Argument entgegenhielt: »Aber ein Volltreffer genügt: Die demoralisierende Wirkung ist durchschlagend.«

»Also schön. Welche Lösungen sind vorstellbar?«

»Wir könnten auf die Züge im Seelenrohr verzichten, dann sinkt der Abnutzungseffekt«, schlug einer der Ingenieure vor.

»Aber wie stabilisieren wir unter diesen Umständen die Flugbahn?«, hielt der andere dagegen.

»Das haben wir doch bereits durchgerechnet«, wehrte

Alfried den Zauderer ab. »Wir benutzen längere Pfeilgeschosse!«

»Bei diesem Kaliber?«, ließ der Ingenieur seinen Zweifel anklingen.

»Unterkalibrig, mit Treibspiegel«, schlug sein Kollege daraufhin vor.

»Ich sehe, Sie haben Ideen! Machen Sie Experimente! Wir werden uns nicht nachsagen lassen, nicht alles versucht zu haben! Guten Abend.« Alfried stand auf, um zu gehen. Ihm war es schwergefallen, sich auf das Thema zu konzentrieren. Seine Gedanken waren immer wieder zu Anneliese und Arndt abgeschweift, die sich irgendwo auf dem Weg von Essen nach Berlin befanden, damit er seine Rolle als Krupp ungestört spielen konnte.

Solange die zukünftige Unternehmensführung der Krupp-Werke nicht eindeutig geregelt war, hatte Gustav seine altersbedingte Schwäche zu verheimlichen versucht. Nun, nachdem Alfried in die Scheidung von Anneliese eingewilligt hatte, ließ sein Elan spürbar nach. Immer deutlicher trat seine Vergesslichkeit zutage. Immer öfter konnte er sich nur mit Mühe konzentrieren, saß einfach in der Sonne auf der Terrasse und schaute ins Leere. Auch als die schreckliche Nachricht von Claus überbracht wurde.

Der zweitälteste Sohn hatte in Wien erfolgreich die Wiedereingliederung der Berndorfer Metallwarenfabrik in den Krupp-Konzern vollzogen. Das Unternehmen war 1843 von Alfred Krupp und einem Kompagnon gegründet worden, um die Donaumonarchie mit maschinell hergestelltem Besteck zu beliefern. Später hatte Alfreds Bruder Hermann dessen technische Leitung übernommen, war sogar Mitinhaber geworden. Ein geschickter Schachzug Alfreds, der seine Macht am Essener Stammsitz nicht gerne geteilt hatte. Nachdem der Wiener Zweig der Familie Krupp nicht mehr existierte, hatte Gustav die Metallwarenfabrik für Claus erworben.

In einem Telegramm wurde Alfried der Tod seines Bruders Claus mitgeteilt. Dessen Jagdflugzeug war bei einem Probeflug wegen eines Motorschadens abgestürzt.

Bereits kurz vor Beginn des Krieges hatte Gustav gefürchtet, dass der militärische Konflikt dem Unternehmen letztendlich mehr Schaden als Nutzen bringen würde. Um ihn zu verhindern, hatte er persönlich in zwei Briefen an einflussreiche Ansprechpartner in England und Amerika vor Hitlers Angriffsplänen gewarnt, von denen er durch seine engen Kontakte zur Reichskanzlei vorzeitig erfahren hatte. Nun raubte ihm der Krieg bereits im ersten Jahr einen Sohn. Der Kummer über den Tod seines Sohnes erschütterte ihn so sehr, dass sich sein Gesundheitszustand deutlich verschlechterte. Auch Bertha, die sich immer über das Schicksal erhaben fühlte, litt schwer an diesem Schlag.

13

1957

»Begleiten Sie mich in den Park? Ich brauche ein bisschen frische Luft!«

Anna bezweifelte, dass sie Bertha Krupp diesen Wunsch abschlagen konnte, obwohl ihr der Gedanke nicht sonderlich behagte, abends allein mit der kranken alten Dame im Park spazieren zu gehen. Doch sie half ihr in den gefütterten Mantel und legte ihr einen wärmenden Schal um die Schultern, um die Kühle des Herbstabends erträglicher zu machen, dann zog sie sich selbst an.

»Alfried war verheiratet, zweimal sogar«, spann Bertha ihren Faden weiter. »Aber keine hatte das Format für ihn. Er hätte das nicht tun sollen. Plötzlich tauchte er mit dieser Anneliese auf. Sie hatten heimlich geheiratet und wollten nun in der Villa wohnen. Damals hat sich eine Schlinge um meinen Hals gelegt und sich immer fester zugezogen. Ich bekam keine Luft mehr. Sie erstickte mich, diese Frau.« Bertha hakte sich bei Anna ein, die Erinnerung an diese Geschichte ließ sie noch heute schwer atmen. »Sie raubte mir die Luft, in meinen schweren Stunden, in meinen schlaflosen Nächten … Ich hatte mit allem gerechnet, aber nicht, dass eine solche Person aus dem Nichts auftaucht und alles zerstört. Diese Frau, an die er sich wegwarf! Sie zog Alfried immer tiefer zu sich herab. Machte ihn zu etwas Kleinem, etwas Unwürdigem. Ich weiß nicht, ob Sie das verstehen, Anna. Noch haben Sie keine Kinder. Aber man hat Pläne mit ihnen, möchte sie auf ein Leben vorbereiten, Schaden von ihnen abwenden. Immer, auch wenn sie glauben, erwachsen zu sein. Sehen Sie das Haus dort unten, den Lichtschein? Das ist sein Wohnzimmer, dort sitzt er und hört Musik. Jetzt liebt er die Schallplatten.«

Entschieden schlug Bertha einen anderen Weg ein. Sie wollte diesem scheußlichen kleinen Haus nicht noch näher kommen. Nie hatte sie gebilligt, dass er, nachdem die Engländer die Villa verlassen hatten, nicht wieder dort einziehen wollte, dort residieren, wie es sich für einen Krupp gehörte. Ja, von den Geschäften verstand er etwas, vom Leben nicht. »Damals zog er sich zurück, mit dieser Frau, seinem Jungen. Er verweigerte sich aller Vernunft, allem Ehrgeiz. Er hat nicht einmal mehr mit mir gesprochen. Ein Alptraum! Vor meinen Augen machte sie alles zunichte. Jeden Augenblick seines Lebens hatte ich Alfried stark gemacht für seine Aufgabe! Wenn ich ihn retten wollte, musste sie weg.«

»Ich habe Lust auf einen Kaffee«, erklärte Alfried und erhob sich, um in die Küche zu gehen. »Wer weiß, wie lange wir hier noch beieinandersitzen.«

Gut zehn Minuten später kehrte er mit einem Tablett zurück. »Das Service hat mir Arndt aus Marrakesch mitgebracht. Er ist oft mit seinen Freunden dort.« Alfried goss Harald und sich eine sehr dunkle dampfende Flüssigkeit in die kleinen Tassen. »Wenn du möchtest, kannst du natürlich die Villa auch nutzen. Übrigens hat der Sultan sie mir geschenkt. Und sie steht viel zu oft leer.«

»Marrakesch«, meinte Harald nachdenklich, während er zwei Löffel Zucker in seinen Kaffee rührte. »Ich bin ja froh, wenn ich mich hier zurechtfinde.« Harald schüttelte den Kopf. »Manchmal frage ich mich, wie ihr euch zurechtfinden konntet, mit all den Ruinen, wo zuvor eine Stadt war, eine Fabrik? Und wie man sich fühlt, wenn von einem Tag auf den anderen nichts mehr von dem gelten soll, was man zwölf Jahre oder länger geglaubt hat. Aber ich musste auch mit den Toten leben, die um mich herum ihr Leben ließen, Kameraden, Gegner, muss es immer noch. Hast du jemals dieses riesige Geschütz aufgebaut gesehen, das ihr konstruiert habt? Bei Sewastopol haben sie es eingesetzt. Ich war nicht weit davon entfernt in einem Unterstand. Beeindruckend. Die meisten hielten sich die Ohren zu, aber ich wollte es hören, es sehen. Erinnerte mich an euch, an die Villa, die Heimat. Das Geschoss flog über mich hinweg. Ich beobachtete es mit dem Fernrohr, bis es einschlug. Ein unglaublicher Blitz!« Er hielt kurz inne, um dann fortzufahren: «Wir versuchten, anhand der aufsteigenden Wolke aus Staub und Rauch zu erkennen, wie viel es zerstört hatte. Ein gigantisches unterirdisches Munitionsdepot sollte in die Luft fliegen. Keine Ahnung, ob das gelungen ist. Nur wenig später erfolgte die Antwort. Angekündigt von schrillem Pfeifen prasselten die Granaten nieder. Nicht weit von mir zerriss es einen Kameraden. Bilder, die ich nicht vergessen werde. Und irgendwie haben sie immer mit Krupp zu tun.«

»Krupp hat auch unseren Cousin Kurt getötet«, sinnierte Alfried. »Als er auf der Rückreise von Oxford nach Weimar war, wurde sein Schiff von einem angreifenden deutschen U-Boot versenkt, einem U-Boot von Krupp, das ein Torpedo von Krupp abschoss. Das war einer der Gründe, wieso ich nach dem Krieg keine Waffen mehr herstellen wollte.«

Schweigend saßen die Brüder einander gegenüber, bis Harald ein neues Thema anschlug. Der gesundheitliche Zustand seiner Mutter und der ungelöste Konflikt zwischen Alfried und ihr stimmten ihn bedenklich. »Alfried, sie wird niemals zu dir kommen und auch nicht nachgeben. Sie hat während ihres gesamten Lebens nicht ein einziges Mal nachgegeben.«

»Sie wird Arndt akzeptieren«, entgegnete Alfried, der wenig Lust verspürte, diese persönliche Fehde gerade mit seinem Bruder zu diskutieren.

»Bist du denn sicher«, hakte Harald nach, »dass Arndt überhaupt jemals an der Spitze von Krupp stehen will? Ich meine, hast du mit ihm gesprochen? Was will er?«

»Nein, ich habe nicht mit ihm gesprochen.«

Harald stutzte. »Was hat es für einen Sinn, bei Mutter für ihn zu kämpfen, wenn du nicht einmal weißt, ob er Krupp überhaupt …«

»Es geht nicht um Krupp!«, fuhr Alfried zornig dazwischen. »Einmal, nur ein einziges Mal geht es nicht um Krupp. Es geht um meinen Sohn! Es geht darum, dass er mein Sohn ist. Ich werde nicht zulassen, dass ihn jemand manipuliert, dass ihn jemand prägt, formt und verbiegt. Und vor allem werde ich nicht zulassen, dass sie Arndt beiseiteschiebt. Nicht noch einmal. Ich werde nie wieder zulassen, dass sie mich zwingt, einen Menschen aufzugeben, den ich …« Er brach ab. So starke Gefühle wollte Alfried nicht zulassen – auch war er sich nicht sicher, ob es auf Arndt wirklich zutraf, ob es je auf seine Frau Anneliese zugetroffen hatte, ob er es überhaupt konnte? Lieben.

So nahe hatte Harald sich seinem Bruder seit Kindertagen nicht mehr gefühlt. »Ich habe dich immer für kalt und berechnend gehalten, aber du leidest bis heute darunter, dass du Anneliese aufgegeben hast …«

An jenem Abend hatte Bertha beschlossen, kein Dienstmädchen mehr zu benötigen. Anna hatte sich etwas Freizeit verdient, nach den langen Nächten, die sie an ihrem Bett verbracht hatte. Außerdem fühlte sie sich besser. Sie hielt eine alte Fotografie von Gustav in der Hand: In diesem Herbst hätten sie ihren einundfünfzigsten Hochzeitstag feiern können. Ein leises Geräusch ließ sie zur Tür blicken, die vorsichtig geöffnet wurde. Es war Arndt, der allen Mut zusammengenommen hatte, um einmal allein mit seiner Großmutter zu sprechen.

»Ich habe unter der Tür Licht gesehen …«, begann er vorsichtig.

»Ich wusste nicht, dass du hier schläfst, dachte, du bist drüben, bei deinem Vater«, wunderte sich Bertha.

Arndt schüttelte den Kopf. »Nein, es war mein Wunsch, einmal hier zu übernachten, hier, wo mein Vater, meine Onkel und Tanten aufgewachsen sind.«

Natürlich kam Bertha sofort, wenn sie Arndt sah, mit ihm sprach, die Erinnerung an diese schreckliche Zeit. Ein hübscher junger Mann war er geworden, ihr Enkel. So feine Gesichtszüge und diese großen Augen. Bertha überlegte, wem aus der Familie er ähnlich sah, kam aber zu keinem Ergebnis. Dann fiel ihr trotz der schwachen Beleuchtung auf, dass er geschminkt war, und ihre Bereitschaft, sich mit ihm zu unterhalten, sank schlagartig, auch wenn sie sich zuerst über die Abwechslung eines überraschenden Besuchs gefreut hatte.

»Was willst du?«, fragte sie nun mit einer Stimme, die barscher klang, als sie beabsichtigt hatte.

Verlegen trat Arndt ein Stück näher an ihr Bett. »Wir haben uns noch nicht gesehen, seit ich in Essen bin. Vater hat mir gesagt, du seist krank.«

»Ich habe mich wegen Migräne entschuldigen lassen«, stellte Bertha richtig.

Arndt beobachtete seine Großmutter. Eine mächtige Frau, das spürte er sogar jetzt noch, wo sie gesundheitlich angegriffen im Bett lag. Aber gleichzeitig schien es ihm so, als würde etwas an ihm sie nervös machen. Er beschloss, endlich die Frage zu stellen, die ihn schon lange beschäftigte. »Stimmt es, dass du meiner Mutter eine Million geboten hast, damit sie von hier weggeht?«

»Hat sie dir das erzählt?«

»Natürlich!«

»Das verstehst du nicht«, wehrte Bertha seine Frage ab. »Also, was willst du?«

Arndt baute sich in einer James-Dean-Pose vor ihr auf, schüchtern und herausfordernd zugleich. »Ich möchte dir sagen, dass du dich nicht sorgen musst: Ich werde Essen wieder verlassen. Du brauchst keine Angst vor mir zu haben.«

»Angst? Vor dir? Um mir das zu sagen, bist du gekommen?«

»Ich wollte dich sehen!« Ein gewinnendes Lächeln huschte über Arndts Gesicht.

»Warum?« In Berthas Skepsis mischte sich für einen kurzen Moment Sympathie.

»Weil ich Angst vor dir habe!«

»Angst?«, fragte Bertha betont sachlich nach. »Wie du siehst, bin ich nichts anderes als eine alte Frau.«

Arndt musste an das Märchen von Rotkäppchen denken. Lag in diesem Bett die Großmutter oder der Wolf? Er trat vorsichtig näher und setzte sich dann auf die Bettkante. »Wirst du sterben?«, erkundigte er sich zögernd.

»Was redest du da?«, wies Bertha ihn zornig zurecht.

»Du hattest keine Migräne!« Arndt bewegte langsam den Kopf, als würde er eine Witterung aufnehmen. »Es ist etwas anderes, das spüre ich.«

Bertha starrte ihn erschrocken an. Ihr Enkel wurde ihr langsam unheimlich. Schnell wechselte sie das Thema. »Weiß dein Vater, dass du wieder weggehen willst?«

»Nein!«

»Er wird enttäuscht sein. Er kämpft gerade für dich.«

»Nein. Nicht für mich. Er kämpft für sich. Er kämpft um dich …«

Arndts klare Einschätzung der Dinge erstaunte Bertha.

»Leb wohl, wir werden uns nicht wiedersehen.« So überraschend, wie Arndt gekommen war, so plötzlich verschwand er auch wieder und ließ Bertha betroffen zurück.

14

1943

Irgendwo im Donezbecken landete ein kleines Flugzeug. Es war nicht die erste Reise Alfrieds in die Ostgebiete. Als Wehrwirtschaftsführer war er regelmäßig mit dafür zuständig, Werke, die in eroberten Gebieten Stahl erzeugten und verarbeiteten, zu demontieren und in Deutschland wieder aufzubauen.

»Heil Hitler!«, begrüßte ein Krupp-Mitarbeiter, der im Kübelwagen gekommen war, um ihn abzuholen, seinen Chef. »Möchten Sie zuerst in Ihre Unterkunft?«

»Nein, fahren Sie mich bitte gleich ins Werk!«, ordnete Alfried an.

»Leider waren die Russen schon vor uns da. Sie haben beim Rückzug alles abgebaut und mitgenommen.«

»Sie werden in der Kürze der Zeit doch nicht alles abgebaut haben«, widersprach Alfried.

Da sie sich den Hallen bereits näherten, verzichtete der Mitarbeiter auf eine Richtigstellung. Er parkte den offenen Wagen gleich vor dem rostigen offenstehenden Hallentor.

»Hier ist ja nichts mehr da! Alles weg!«, stieß Alfried überrascht aus.

»Die Rote Armee verfügt eben über hervorragende Pioniere«, merkte der Mitarbeiter ein wenig spöttisch an.

Alfried runzelte sorgenvoll die Stirn. »Speer hat mir ein funktionierendes Stahlwerk versprochen.«

»Tut mir leid. Hier ist nichts mehr zu holen.«

»Holen?« Alfried korrigierte seinen Mitarbeiter. »Ich muss hier eine Industrieproduktion aufbauen! Hier wird deutsche Infrastruktur hochgezogen.«

»Sie wollen hier ein neues Stahlwerk errichten?«

»So sieht es wohl aus.« Alfried inspizierte das löchrige Dach, den teilweise maroden Betonboden. »Wir müssen zuerst die vorhandene Bausubstanz gründlich prüfen.«

»Aber wenn demnächst die Russen hier sind, dann ist alles wieder weg!«

Der Mitarbeiter sprach nur aus, was Alfried selbst bewegte. Aber welche Wahl hatte er schon, der Führer wollte es offensichtlich so. »Das habe ich nicht gehört«, herrschte er seinen Mitarbeiter an. »Das ist Wehrkraftzersetzung!«

»Entschuldigung«, murmelte der Mann kleinlaut. Dann unterbreitete er einen anderen Vorschlag. »Sie könnten vielleicht eins von den Werken hier wieder hinstellen, die wir in Bulgarien abgebaut haben.«

Alfried konnte über diesen ganzen Wahnsinn nur noch den Kopf schütteln.

Drei Tage später wartete eine Limousine am Essener Bahnhof auf Alfried. Tilo von Wilmowsky hatte sich die Zeit genommen, ihn abzuholen, und saß, mit ein paar Unterlagen beschäftigt, im Fond des Wagens. »Wie lief es denn in der Ukraine?«, begrüßte er seinen Neffen.

»Furchtbar! Ich hoffe, sie werden glücklich mit dem, was sie da rausgeschleppt haben.«

Der Wagen passierte eine Kolonne von Zwangsarbeitern,

ausgemergelte, hungrige, bemitleidenswerte Gestalten in für diese Jahreszeit viel zu dünnen, gestreiften Anzügen. Tilo holte tief Luft. Er war nicht zum Vergnügen gekommen, ein Anliegen brannte ihm schon seit längerem auf der Seele. »Alfried, so kann es nicht weitergehen. Diese Menschen arbeiten für uns.«

Alfried starrte weiterhin stur geradeaus.

»Sieh sie dir bitte an!«, forderte Tilo ihn auf. »Du musst etwas unternehmen!«

»Tilo, wir brauchen die Leute! Wie soll ich sonst die Zahlen der Wehrmacht einhalten?«

»Ich weiß, aber wir tragen die Verantwortung für sie. Wir müssen sie anständig versorgen.« Tilo deutete auf die nächste Gruppe, an der die Limousine gerade vorbeifuhr. Es waren Tausende, die mittlerweile in den Werken arbeiteten, um die Produktion den Erfordernissen des Krieges anzupassen und diejenigen zu ersetzen, die an die Front geschickt worden waren.

Alfried zuckte mit den Schultern. »Es gibt genaue Vorschriften, wie sie zu versorgen sind.«

»Na und«, entrüstete sich Tilo. »Krupp hat sich nie darum geschert, wie Berlin mit Arbeitern umgeht. Das da draußen sind Menschen, und sie arbeiten für uns.«

»Ich werde mich darum kümmern«, versprach Alfried.

Als die Limousine die Villa erreicht hatte, beschloss er, gleich nach seinem Vater zu sehen. Tilo hatte von einem neuerlichen Schlaganfall erzählt, den er während Alfrieds Abwesenheit erlitten hatte.

Bertha saß neben Gustav am Bett. Sein Zustand hatte sich sichtbar verschlechtert. »Das wird nicht mehr, Alfried. Seit Claus gefallen ist, geht es bergab. Dann die Angst um Harald und Eckbert an der Front«, klagte sie. »Wird Zeit, dass du dich entscheidest.«

»Vater lebt!«, sagte Alfried.

»Ich weiß, wie schwer die Entscheidung für dich ist: Jeden Tag die Bomben auf die Fabriken, die schrecklichen Meldungen von der Front. In meinen Träumen war der Tag, an dem du alles übernehmen würdest, immer voller Glanz und Größe, Stolz und Glück. Und jetzt … Tut mir leid, Alfried.« Sie streichelte die faltige blasse Hand ihres Mannes, die unter dem Federbett hervorragte. Gustav lag mit offenen Augen reglos im Bett und schien von dem, was um ihn herum geschah, nichts mitzubekommen.

Dann wandte sich Bertha erneut ihrem Ältesten zu. »Du lebst seit siebenunddreißig Jahren auf diesen Moment hin. Bist perfekt vorbereitet und musst nur noch die Größe haben, es anzunehmen.«

Unvermittelt begannen die Sirenen zu heulen: Fliegeralarm. Immer öfter scheuchten sie die Menschen in Keller und Bunker. Die Ballung kriegswichtiger Unternehmen im Ruhrgebiet machte die Region zu einem bevorzugten Angriffsziel. Auch in der Villa Hügel war ein Bunker angelegt worden, in dem Familie und Personal Unterschlupf fanden vor den Bomben der Briten, die nachts angegriffen, oder der Amerikaner, die ihre tödliche Fracht am Tag abwarfen. Bertha und Alfried setzten Gustav in den bereitstehenden Rollstuhl und fuhren ihn bis zur Treppe. Diese wollte Gustav, gestützt von seinem Sohn, alleine meistern, und so ging es nur sehr langsam voran. Die Dienstboten drängten vorbei, suchten sich einen Platz in dem Bunker, den sie vermutlich während der gesamten Nacht nicht mehr verlassen würden. Nachdem Alfried seinen Vater in die Obhut seiner Schwester Waldtraut gegeben hatte, schloss er die Tür des Bunkers von außen. Er ertrug die Menschenmenge nicht, nicht die Gefahr hysterischer Ausbrüche und die eintönigen Gespräche. Zudem hatte er als künftiger Alleininhaber der Krupp-Werke das Gefühl, sich wie ein Kapitän verhalten zu müssen, der als Letzter das sinkende Schiff verließ. Er wollte bewusst miterleben, was geschah, um notfalls handeln zu können. Ein seltsames Gefühl, durch die leeren Flure zu gehen, vorbei an Türen, hinter denen sich niemand befand. Er inspizierte die Küche, ob alle Gasflammen ausgeschaltet worden waren. Dann öffnete er eine Flasche Rotwein und setzte sich hinaus auf die Terrasse, an den Tisch, wo damals Anneliese zur Verwunderung aller den Frühstückstisch hatte decken lassen. Es war nur wenige Jahre her, aber es kam Alfried vor wie ein halbes Leben. Das Dröhnen der schwerbeladenen Bomber kam näher. Lichtkegel, die kilometerweit in den Himmel leuchteten, versuchten die feindlichen Maschinen ausfindig zu machen, um den Fliegerabwehrgeschützen ein Ziel zu bieten. Grelle Leuchtraketen markierten die Gebiete für den nachfolgenden Abwurf der unterschiedlichen Bomben: Sprengbomben, die tiefe Wunden reißen sollten, Brandbomben, um ein verheerendes Feuer zu entfachen, und solche mit Zeitzünder, die erst explodierten, wenn der Angriff vorbei war, um Rettungs- und Löschaktionen zu verhindern. Von weitem betrachtet, bot der Luftkrieg ein faszinierendes Schauspiel aus Blitzen und Feuerschein. Doch Alfried wusste, welchen Schrecken, welche Zerstörung das Licht des nächsten Tages offenbaren würde, es war nicht die erste Angriffswelle, die Essen erreichte.

Eine Hand legte sich auf Alfrieds Schulter. Auch Bertha hatte den Bunker verlassen. Sie stand eine Weile schweigend hinter ihrem Sohn, dann erzählte sie ihm eine Begebenheit, die lange zurücklag: »Als die Franzosen 1923 das Werk besetzt hatten, hat ein Oberst auf unsere Kruppianer schießen lassen. Dein Vater ist sofort – und entgegen allen Ratschlägen – aus dem sicheren Berlin angereist, um sich vor seine Leute zu stellen. Die Franzosen haben ihn stante pede ins Zuchthaus gesteckt. Als ich ihn dort besucht habe, waren seine ersten Worte: ›Nicht wahr, jetzt bin ich ein richtiger Krupp?‹ Das ist die Tragik deines Vaters: Er hat sein Leben lang alles richtig gemacht, doch er ist nie ein echter Krupp geworden. Ich bin ein Krupp, Alfried, und du bist ein Krupp …«

Einige Wochen später ließ Alfried das Direktorium zusammenkommen, um eine wichtige Neuigkeit zu verkünden. Er betrat den Konferenzraum gemeinsam mit seiner Mutter, die sich hinter ihm auf einen Stuhl an der Wand setzte.

»Meine Herren«, begann Alfried, »ich habe mit Bormann gesprochen. Er hat mir zugesagt, dass auf einen persönlichen Erlass des Führers hin die Erbschaftssteuer in unserem Sinne geregelt wird. Somit kann Krupp in meinen Besitz übergehen. Außerdem wünscht der Führer, dass der Alleinerbe den Namen Krupp weiterführt. Ab sofort werde ich also, wie bereits mein Vater, den Namen Krupp von Bohlen und Halbach tragen.«

Die Direktoren standen auf und begrüßten den designierten Alleininhaber mit einem zackigen »Heil Hitler«.

Nach großen Feierlichkeiten war niemandem zumute, zu sehr waren alle damit beschäftigt, die ständig erhöhten Anforderungen an die Rüstungsproduktion zu erfüllen. Während gleichzeitig ein immer größerer Teil der Fertigungsanlagen an Orte verlegt werden musste, die vor den zunehmenden Bombardements Sicherheit boten, und der Einsatz von Fremdarbeitern den Qualifikationsstandard senkte.

Vorbei an halbzerstörten Fabrikgebäuden, die notdürftig gesichert worden waren, und wachsenden Trümmerbergen verließen Alfried und Bertha das Fabrikgelände.

Noch am selben Abend ging der formelle Teil der Unternehmensübergabe im Kreis der Familie und mehrerer Direktoren über die Bühne. Ein Notar und zwei Anwälte hatten die Unterlagen für Alfried und Bertha vorbereitet, die nur noch mehrmals unterzeichnet werden mussten. Nachdem Alfrieds letzte Unterschrift mit einem Löschpapierroller getrocknet worden war, drückten Mutter und Sohn einander die Hände und schauten sich fest in die Augen. Die jahrzehntelange Vorbereitung auf diesen Moment hatte ein würdiges Ende gefunden.

»Viel Glück, Alfried.« Tante Barbara kam als Erste auf den neuen Firmenchef zu und küsste ihn. Auch Tilo, dem Unternehmen seit langem verbunden, gratulierte mit einem herzlich männlichen Händedruck. Während sein Vater Gustav wie ein Statist dabeisaß und niemand so recht zu beurteilen wagte, wie viel von dem, was um ihn herum geschah, er noch mitbekam.

Als alle gegangen waren, setzte Alfried sich mit einem Glas Cognac in der Hand vor den Kamin und betrachtete versonnen das unberechenbare Züngeln der gelben und orangefarbenen Flammen, das Aufflackern der glühenden Scheite, beobachtete das Spiel des Rauchs, der mal hierhin, mal dorthin tanzte.

Tilo von Wilmowsky, der noch einmal aus seinem Zimmer heruntergekommen war, betrat nun den Raum. Wie immer, wenn ein älterer Familienangehöriger sich näherte, stand Alfried höflich auf und bot zuvorkommend einen Platz an.

»Darf ich noch einen Schluck mit dir trinken?«, fragte der Onkel.

»Gerne, was möchtest du? Ich habe mir einen guten Cognac genehmigt.«

»Gerne.« Tilo nahm das Glas entgegen und hielt es in der geöffneten Hand, um den Cognac zu wärmen, dann schwenkte er die goldbraune Flüssigkeit und roch daran. Schließlich hob er das Glas, prostete Alfried zu und nahm einen kleinen Schluck. »Wirklich ein sehr guter Cognac!«

»Vater hat ihn gleich nach dem Angriff auf Frankreich besorgen lassen«, erklärte Alfried.

Damals zeigten die Aktionen der Wehrmacht noch unglaubliche Erfolge, ganz im Gegensatz zu jetzt, wo eine Front nach der anderen zusammenzubrechen drohte. Hitler hatte seinen Armeen offensichtlich zu viel zugemutet.

»Hast du von den Geschwistern Scholl gehört?«, begann Tilo wie beiläufig. »Die Studenten, die an der Universität in München Flugblätter verteilt haben? Sie sind hingerichtet worden.«

»Ich habe darüber gelesen.«

»Es kommen sogar schon Gerüchte auf über Widerstand unter den Wehrmachtsoffizieren …« Tilo beobachtete aufmerksam Alfrieds Reaktion. Ein Gespräch über solche Themen bedurfte großen Vertrauens, und er war sich nicht sicher, wie sein Neffe dazu stand. Er hatte vonseiten Alfrieds bisher kaum Kritik an Hitlers Politik gehört, allenfalls Andeutungen, wenn es um Krupp ging. Als wäre ihm das Gespräch über die Widerständler nicht weiter wichtig, wechselte Tilo zum Thema des Tages. »Heute ist ein großer Tag für dich. Du bist jetzt Alfried Krupp von Bohlen und Halbach, vom Führer persönlich ermächtigt … Ich bewundere deinen Mut, Alfried. Du übernimmst Krupp zu einem Zeitpunkt, wo der Großteil der Werkstätten längst zerstört oder ausgelagert ist. Du wirst wohl keiner von den berühmten Männern sein, die Krupp aufgebaut und groß gemacht haben: Friedrich, Alfred, dein Großvater Fritz, der so früh gestorben ist, dein Vater Gustav. Du wirst der sein, der mit Krupp niedergeht.«

Aufmerksam schaute Alfried seinen Onkel an, den er immer als besonders wohlwollend erlebt hatte. Dass auch er so pessimistisch dachte, stimmte ihn traurig. Er hätte sich mehr Unterstützung erhofft. »Tilo, ich weiß das alles«, erwiderte er mit tonloser Stimme.

»Warum tust du das? Du musst das nicht tun.«

»Doch, ich muss.«

Tilo nickte voller Verständnis. Es gab Momente, in denen er froh war, in diese Familie nur eingeheiratet zu haben.

15

1944

Alfried saß blass im Konferenzraum. Neben ihm stand eine Kanne Kaffee auf dem Tisch, der mit zahlreichen, teils geöffneten Aktenordern bedeckt war. Auf ein paar zusammengeschobenen Stühlen am anderen Ende des Raums lag sein Assistent, notdürftig mit einer Jacke bedeckt, und schlief. Auch Alfried hatte Mühe, die Augen offenzuhalten; dass es an der Tür geklopft hatte, hatte er völlig überhört.

»Man sagt mir, du bist seit zwei Tagen nicht aus diesem Zimmer gekommen?«, fragte Bertha mitfühlend, die eingetreten war, ohne eine Aufforderung abzuwarten.

Alfried versuchte die lähmende Müdigkeit von sich abzuschütteln, aber sein Blick ging noch immer ins Leere. »Zwei Tage …«, wiederholte er, und es blieb unklar, ob er Berthas Aussage lediglich bestätigte oder sich selbst über die Dauer wunderte.

»Alfried, wir sind alle am Ende unserer Kräfte. Aber um dich habe ich Angst. Du stürzt dich in deine Arbeit wie im Fieber. Und dann plötzlich sitzt du in deinem Zimmer …«

»Arbeite ich dir etwa nicht genug?«, unterbrach Alfried sie schroff.

»Verstehst du nicht? Ich habe Angst um dich!«

Verwirrt schaute Alfried seine Mutter an. Diese Worte aus

ihrem Mund. Doch dann begann er zynisch zu lachen und rief aus: »Mutter, dazu ist es jetzt zu spät!«

Wie ein Wahnsinniger kam ihr Alfried in diesem Moment vor, einer, der mit dem Teufel im Bunde war. Die rotgeränderten Augen, die wirren Haare, der irre Blick, das gespenstische Lachen. Bei diesem Anblick stiegen ihr unvermittelt Tränen in die Augen.

»Keine Sorge, Mutter, ich funktioniere. Wir haben nicht genug Material, wir haben nicht genug Maschinen, wir haben nicht genug Leute. Das Einzige, wovon wir genug haben, ist Mangel. Wir hetzen Tag für Tag den von der Wehrmacht geforderten Zahlen hinterher, ohne Chance. Aber mach dir keine Sorgen, ich funktioniere.« Alfried schenkte sich schwarzen Kaffee ein und bot auch seiner Mutter eine Tasse an. »Weißt du, was ich manchmal denke?« Alfried senkte seine Stimme. »Ohne mich hätte sich dieser verfluchte Krieg einfach selbst verschlungen. Aber ich bin ja da. Ich bin es, der ihn immer weiter füttert. Mit Kanonen, mit Panzern, mit Granaten, Tag für Tag.«

»Alfried«, entfuhr es Bertha entsetzt, die diese Worte nicht länger hören wollte. Nicht wissen wollte, wie weit es gekommen war, welch fatale Rolle Krupp im Weltgeschehen spielte.

»Also, mach dir keine Sorgen! Du weißt, dass ich damit leben kann. Du hast mich zu dem gemacht, was ich bin.« Ein bitterer Triumph lag in seinen Augen. »Und jetzt lass mich bitte allein!«

Während Bertha noch überlegte, ob es besser wäre, zu gehen oder zu bleiben, griff Alfried zum nächsten Ordner, um sich weitere Informationen herauszusuchen. Doch da sie nicht wusste, wie sie hätte eingreifen sollen, zog Bertha sich leise zurück.

In bester Laune stiegen Harald und Eckbert aus dem Wagen, mit dem Berthold sie vom Bahnhof abgeholt hatte. Die beiden waren glücklich, endlich wieder einmal zu Hause zu sein. Zur Begrüßung rissen sie sich die Dienstmützen vom Kopf und stürmten ins Esszimmer, um ihre Eltern zu begrüßen.

»Ihr seid gesund?«, fragte Bertha überglücklich, dann teilte sie Gustav, der wie meist im Rollstuhl vor sich hin dämmerte, die frohe Kunde mit: »Harald und Eckbert sind da, sie haben überraschend Fronturlaub bekommen.«

Gustav versuchte, die Information einzuordnen, dann schob sich eine Erinnerung in sein Bewusstsein, und er sagte: »Gut, dann können wir ja pünktlich essen.«

Harald und Eckbert schauten ihre Mutter fragend an, die tapfer lächelte.

»Ich hoffe, sie haben sich die Hände gewaschen!« Die zahlreiche Anwesenheit seiner Kinder versetzte Gustav um Jahrzehnte zurück, in eine Zeit, die so viel unbeschwerter war.

»Kommt, setzt euch neben uns«, riefen die Schwestern Irmgard und Waldtraut. »Wir haben nur auf euch gewartet.«

»Wo bleibt denn Alfried?«, ließ Gustav sich erneut vernehmen. »Der Diener soll die Tür abschließen. Ich bestehe auf Pünktlichkeit!«

Der Bedienstete zögerte.

»Los, schließen Sie ab!«, wiederholte Gustav.

Auf ein kaum merkliches Zeichen von Bertha hin ging der Diener zur Tür und gab vor, sie abzusperren.

»Wie geht es euch? Wie lange könnt ihr bleiben?«, wandte Waldtraut sich an die Brüder.

Zu Gustavs größter Überraschung kam Alfried in diesem

Moment ins Zimmer gestürmt. »Entschuldigung!«, rief er. Er wirkte ziemlich aufgeregt und setzte sich, ohne dass ihm die unerwartete Anwesenheit seiner Brüder aufgefallen wäre. Als Waldtraut ihn darauf aufmerksam machte, warf er ihnen lediglich einen kurzen Blick zu. Er wirkte kaum präsenter als Gustav.

»Was ist los?«, rief Eckbert fröhlich über den Tisch. »Erkennst du mich wegen des Barts nicht mehr?«

Alfried betrachtete kurz jeden, der am Tisch saß, dann entschied er, die entsetzliche Nachricht nicht länger für sich zu behalten, auch wenn der Zeitpunkt möglicherweise etwas unglücklich war. »Die Gestapo hat Onkel Tilo verhaftet und Tante Barbara.«

»Warum? Was ist passiert? Was wirft man ihnen vor?«, wurde Alfried gefragt.

»Man wirft Tilo vor, dass er enge Kontakte zu Carl Goerdeler hatte.«

Als sie den Namen hörte, zuckte Bertha zusammen.

»Wer ist das?«, fragte Irmgard nach.

Harald erzählte, was er während der letzten Tage gelesen, aufgeschnappt und sich zusammengereimt hatte. »Goerdeler hat den Widerstand gegen Hitler mit organisiert. Angeblich war er für die Zeit nach Hitler als Reichskanzler vorgesehen.«

»Nur weil Tilo diesen Goerdeler kannte, oder …?« Waldtraut wagte nicht, ihre Frage zu Ende zu formulieren.

»Wohin hat man sie gebracht?«, erkundigte sich Bertha, deren Pragmatismus nach dem ersten Schreck die Oberhand gewonnen hatte.

Alfried hatte sich nun wieder einigermaßen gefasst. »Man hat mir gesagt, Tante Barbara befände sich im Gefängnis in

Halle und Onkel Tilo im KZ Sachsenhausen. Aber ich konnte diese Angaben noch nicht überprüfen.«

Bertha schaute ihren Mann prüfend an, ob dieser irgendetwas zu diesem Thema zu sagen wusste. Aber Gustav hatte sich wieder in sich selbst zurückgezogen.

»Alfried, du musst zu Hitler gehen und ihre Freilassung fordern!«, verlangte Eckbert.

Dieser gleichermaßen plausibel wie gefährlich klingende Vorschlag ließ alle verstummen.

Harald forderte seinen Bruder Alfried auf, zu diesem Vorschlag Stellung zu beziehen. Wie sein Bruder Eckbert hatte er in seiner Zeit an der Front ein anderes Verhältnis zu gefährlichen Situationen bekommen. Der Tod war zu ihrem täglichen Begleiter geworden. Man konnte einer Aufgabe nicht einfach aus dem Weg gehen, nur weil sie ein gewisses Risiko barg.

»Auf keinen Fall«, widersprach Berthold. »Wir werden nur selbst mit hineingezogen. Wir gefährden alles.«

»Aber Alfrieds Wort hat doch Gewicht. Der Führer ist auf seine Arbeit, auf Krupp angewiesen«, argumentierte Eckbert.

»Das ist ganz klar ein Warnschuss in unsere Richtung«, gab Berthold zu bedenken. »Tilo sitzt immerhin im Krupp-Direktorium.«

»Tilo ist unser Onkel«, hielt Waldtraut dagegen und sprach aus, was alle gleichermaßen beschäftigte.

Alfried spürte die Erwartungen, die auf ihm lagen. Aber dies war kein Moment, in dem man seinen Emotionen folgen durfte. Es galt, die Gefahren einer möglichen Intervention seinerseits und ihre Chancen gegeneinander abzuwägen. Er erinnerte sich an das Gespräch mit seinem Onkel im Kaminzimmer und kam zu dem Schluss, dass Tilo tatsächlich Informationen über den Widerstand gehabt hatte. Damit stieg das Risiko, selbst inhaftiert zu werden, wenn er sich auf die Seite seines Onkels schlug. Unter diesen Umständen gefährdete er auch weitere Mitglieder seiner Familie. Außerdem gab es in seinem Leben vor allem eine vorrangige Aufgabe: die Erhaltung und Fortführung des Unternehmens. Alles andere hatte weniger Bedeutung. In diesem Sinne hatten auch seine Ahnen und Vorgänger gehandelt. Sie hatten ihre Gründe gehabt, die Politik außen vor zu lassen. Tilos Schicksal zeigte deutlich, wie angebracht diese Einstellung war. »Berthold hat recht. Vater hat Goerdeler einmal zum Direktor ernennen wollen. Daraus können sie uns auch einen Strick drehen.«

»Könntest du es nicht wenigstens versuchen?«, regte Harald an. »Hitler braucht uns doch!«

»Das hat Fritz Thyssen auch gedacht«, widersprach Berthold.

»Schluss jetzt, Harald, das geht dich nichts an«, herrschte Bertha ihren Sohn an.

Wütend schaute Harald in die Runde. Er stand hastig auf, nahm seine Kopfbedeckung, die er vor dem Essen auf die Ecke der Stuhllehne gehängt hatte, und verließ erregt das Zimmer.

Bertha und Alfried wechselten vielsagende Blicke. Gustav beschloss, die Tafel aufzuheben. Er setzte sich mühevoll in seinen Rollstuhl und ließ sich aus dem Speisesaal schieben.

Der Digestif am Kamin war Alfried zu einer lieben Gewohnheit geworden. Das ständig wechselnde Bild der Flammen entspannte ihn, und natürlich trug auch der Cognac sein

Teil dazu bei. Harald, dessen Zorn ein wenig verraucht war, gesellte sich zu ihm.

»Wenn du Hitler fürchtest, dann sprich doch wenigstens mal mit Speer«, griff sein Bruder das Tischgespräch wieder auf. »Ihr arbeitet doch ständig zusammen. Es geht doch immerhin um Onkel Tilo und Tante Barbara.«

»Berthold hat leider recht. Man kann nichts tun ...« Aus Alfrieds Worten sprach die pure Resignation.

»Alfried, wenn einer etwas tun kann, dann du in deiner Position«, beharrte Harald.

Alfried lachte nur schicksalsergeben. Gerade in seiner Position bekam er regelmäßig mit, wie wenig das Regime logischen Argumentationen gegenüber aufgeschlossen war. Er zündete sich eine Zigarette an. »Vater hat Goerdeler geholfen, nachdem Hitler sein Veto eingelegt hatte und er ihn nicht mit dem Vorsitz des Direktoriums betrauen durfte. Es gab heimliche Flüge nach Paris, Rom und in die Vereinigten Staaten von Amerika, wo Goerdeler Unterstützung für den Widerstand gesucht hat. Vater hat diese Flüge bezahlt, zusammen mit Robert Bosch.«

Harald konnte diesen Enthüllungen kaum Glauben schenken. »Vater?«, fragte er nach. »Unser Vater, der demonstrativ den Raum verlässt, wenn jemand Hitler kritisiert.«

Alfried schüttelte den Kopf. »Das tat er nur für kurze Zeit, bis 1938, seither hat sich viel verändert ...«

»Also gut, damit ist Vater angreifbar. Aber doch nicht du. Du bist jetzt Krupp!«

»Das hört sich überzeugend an.« Alfried lächelte. »Aber es ist ein kompliziertes System aus Abhängigkeiten. Unsere Produktion ist viel zu teuer. Wir haben zu viele unterschiedliche Modellreihen, die Waffen verschleißen zu schnell, ihre Zielgenauigkeit lässt zu wünschen übrig, und der Panzer ›Tiger‹ verreckt oft sogar schon auf dem Weg zur Front. Hitler weiß das alles sehr genau. Zwischen uns herrscht ein stillschweigendes Abkommen: Er braucht unseren Mythos, und wir werden alles tun, um ihn zu erhalten.«

Damit hatte Harald genug gehört. Es war wohl genauso wie noch unter Kaiser Wilhelm. Krupp und Berlin waren eine Einheit, selbst wenn es Dissonanzen zwischen beiden gab. Wenn es darauf ankam, hielten sie zusammen. Harald stand auf und ließ Alfried allein zurück.

Als die Bombardements auf das Ruhrgebiet immer heftiger wurden und auch die Versorgungslage sich zunehmend schwierig gestaltete, beschloss der Familienrat, von Essen nach Blühnbach umzuziehen. Nur Alfried hielt sich für unabkömmlich. Er verabschiedete sich von seiner Mutter, während Gustav bereits, bequem in Decken eingepackt, im Fond des Mercedes vor sich hin dämmerte.

»Vielleicht sollte ich besser hierbleiben, Alfried?«, schlug Bertha vor.

»Nein, Mutter«, lehnte Alfried ihr Angebot ab. »Bring Vater nach Blühnbach. Ich bin ruhiger, wenn ihr dort seid.«

»Wenn wenigstens einer deiner Brüder noch hier wäre. Ich lasse dich nicht gerne allein.«

»Ich bin nicht allein.« Alfried deutete zum Himmel. »Die Briten besuchen mich ja fast täglich.«

Mit diesem Galgenhumor konnte Bertha wenig anfangen, sie schüttelte den Kopf.

»Entschuldige, Mutter, aber ich werde tatsächlich nicht allein sein: Auch einige Direktoren haben ihre Familien in ungefährdetere Regionen geschickt. Sie werden zu mir in die Villa ziehen.«

Bertha nickte und stieg ein, der Chauffeur ließ den Motor an, noch ein kurzer Abschiedsblick, dann fuhr der Mercedes davon. Alfried ließ ebenfalls seinen Wagen vorfahren, um sich ins Werk bringen zu lassen. Während der ganzen Fahrt schaute er zum Fenster hinaus. Das Elend, das Essen heimgesucht hatte, war ihm noch nie so bewusst gewesen. Nicht eine Straße, in der nicht mindestens ein Haus zerstört war, aus den Ruinen gerettete Möbel standen aufeinandergetürmt, aber gleichsam herrenlos auf den Gehsteigen. Die Fremdarbeiter sahen aus, als würden sie den nächsten Morgen nicht überleben. Aber auch die Essener hatten große Mühe, ihren Alltag zu bewältigen. Dann erblickte er überrascht eine kleine Gruppe schwarzgekleideter Frauen, die an dem gelben Stern als Jüdinnen zu erkennen waren. Er hatte gedacht, die wären mittlerweile alle ... Eine Reihe von Lastkraftwagen, mit Granaten beladen auf dem Weg zur Westfront, schob sich in sein Blickfeld. Als die Fahrzeuge vorüber waren, konnte er die Frauen nirgends mehr entdecken.

16

1945

Aus nahezu allen Himmelsrichtungen rückten die Alliierten auf deutsches Gebiet vor. Nicht nur die Front befand sich in Auflösung, der ganze nationalsozialistische Machtapparat löste sich auf, aber man konnte sich dessen nie wirklich sicher sein.

Für Eckbert und seine versprengte und auf gerade noch fünfzehn Mann reduzierte Kompanie war der Krieg noch nicht zu Ende. Es gab niemanden, der in seinem Bereich bereit gewesen wäre, Hitlers selbstmörderische Durchhaltebefehle einfach zu ignorieren.

Von zwei Seiten robbten Eckbert und seine Kameraden an eine amerikanische Artilleriestellung heran, die sich zwischen den Ruinen eines zerschossenen Gehöfts irgendwo in Italien festgesetzt hatte. Das Geschütz feuerte regelmäßig ohne festes Ziel in die unterschiedlichsten Richtungen. Offensichtlich befürchtete man einen Angriff, ohne genau zu wissen, woher. Eckbert hatte eine schützende Mauer erreicht und hockte sich hin, er zitterte vor Angst. Zu viele seiner Kameraden waren in sinnlosen Kämpfen aufgerieben worden, von Granaten zerfetzt, von Kugeln durchsiebt. Er wartete auf ein Zeichen der anderen Gruppe. Sie schien ohne Verluste herangekommen zu sein. Mit einer Handgranate in der linken Hand versuchte er, geduckt eine Position zu erreichen, von der aus er das Geschütz und die amerikanischen Soldaten sehen konnte. Hinter der nächsten gedeckten Stellung war es so weit. Er entsicherte klickend das Gewehr, zielte und drückte ab. Der Schuss eines Feindes krachte im selben Moment und zerschmetterte ihm den Schädel.

Die Ahnung der letzten zwei Jahre war zur Gewissheit geworden. Es war nur noch eine Frage von Stunden oder Tagen, bis die alliierten Verbände Essen erreicht haben würden. Sie hatten nun keine Eile mehr. Deutschland lag am Boden, wirklich schlagkräftige Einheiten existierten nicht mehr. Selbst funktionsfähiges Gerät konnte oft nicht mehr benutzt werden, weil die Treibstoffvorräte zur Neige gingen. Nun hatte die Sicherheit der eigenen Soldaten endgültigen Vorrang, weswegen jeder Winkel durchkämmt wurde, um jede Waffe zu beschlagnahmen und jeden, der zur Gegenwehr bereit schien, gefangen zu setzen.

Alfried hatte sich in sein Zimmer zurückgezogen. Sich in dieser Phase des Niedergangs noch weiter zu verausgaben, schien ihm sinnloser Aktivismus. Für ihn gab es nichts zu tun, als zu warten. Die Nachrichten von BBC, die er nun regelmäßig hörte, informierten ihn über das Näherrücken der Feinde. Dieses Wort galt für ihn noch immer, auch wenn andere schon die Bezeichnung Befreier verwendeten. Für ihn würde die Befreiung wohl eher das Gegenteil bedeuten, zu nahe war er der einstigen Macht gewesen.

Zwei Direktoren, die sich Sorgen um ihn machten, ließen sich von einem Diener zu ihm führen. Der Hausangestellte hatte ihnen geschildert, dass Alfried Krupp seit mehreren Tagen nahezu reglos in seinem abgedunkelten Zimmer saß.

Zusammengesunken in seinem Sessel, hörte Alfried, was die Direktoren ihm zu berichten hatten.

»Es geht nichts mehr! Nur noch in einigen der ausgelagerten Werkstätten wird vor sich hin gewerkelt. Auch was die Bomber nicht gesprengt haben, steht still. Keine Rohstoffe, keine Transportmöglichkeiten, unsere Gleisanlagen sind zerstört. Und die SS räumt die Lager …«

Erst die letzten Worte waren für Alfried von Bedeutung. Die deutschen Truppen schienen sich also aus dem Gebiet um Essen zurückzuziehen, der Einmarsch würde wohl nicht mehr als zwei Tage auf sich warten lassen. Und mit welcher Akribie sie vorgingen – oder welchem Hass! In dieser Situation die ausgemergelten Insassen der Lager noch an einen anderen Ort zu transportieren, oder schlimmer, sie auf einen Marsch zu schicken. Sicherlich verfügte auch die SS nicht mehr über Treibstoffvorräte, um Gefangene zu befördern. »Es ist also so weit«, stellte Alfried fest. »Bitte sorgen Sie dafür, dass alles so geordnet wie möglich hinterlassen wird.«

»Wenn ich …«, einer der Direktoren näherte sich Alfried und fuhr fast flüsternd fort, »wenn ich mir einen Rat erlauben dürfte. Für Sie selbst wäre es angeraten zu fliehen. Wenn der Feind Essen einnimmt, wird man Sie wohl festnehmen.«

Mit nichts anderem rechnete Alfried. »Fliehen – wohin?«, fragte er geistesabwesend.

Nachdem er die Direktoren verabschiedet hatte, befiel Alfried eine innere Unruhe. Er hatte das Bedürfnis, sich noch einmal in seinem Reich umzusehen, bevor er möglicherweise für längere Zeit keine Gelegenheit dazu hatte, allein, ohne offizielle Begleitung. Sein Diener wunderte sich, wieso Alfried ihn nach möglichst abgetragener Kleidung schickte, so etwas gehörte nicht unbedingt zu den Sachen, die sich in

Alfrieds Besitz befanden. Zur weiteren Tarnung setzte er sich noch eine Schiebermütze auf, die er von seinem Chauffeur geliehen hatte. Dann zog er zu Fuß los, auf der Rückseite des Parks hinaus Richtung Werk, wie er es seit seiner Schulzeit nicht mehr getan hatte.

Tatsächlich stand noch ein Werkschutz vor dem Tor der Krupp-Werke. Wie sinnlos, dachte Alfried, die Ruinen noch zu bewachen, aber in solchen Zeiten suchten die Leute wohl überall nach Dingen, die sie für irgendetwas benötigen könnten. Wer vorausschauend war, sorgte jetzt schon für die Zeit nach dem Krieg vor. Schließlich musste es auch dann irgendwie weitergehen. Alfried gab sich dem Werkschutz zu erkennen, der ihn verblüfft auf das Gelände ließ. Die Bombenangriffe, die natürlich vor allem der Krupp'schen Waffenproduktion gegolten hatten, waren verheerend gewesen: Kaum ein Gebäude, das noch ein Dach hatte, die meisten Glasscheiben waren zersplittert oder geschmolzen. Die notdürftig weggeräumten Trümmerhaufen ließen nur einen Weg in der Breite eines Lkws frei, wo früher problemlos drei Fahrzeuge nebeneinander fahren konnten und links und rechts noch Fußgänger Platz fanden. Und noch immer rauchte es aus den Trümmern. Die Feuerwehr hatte – wohl auch mangels Treibstoff – ihren Dienst aufgegeben oder war nur noch in der Lage, sich um Wichtigeres zu kümmern als eine Fabrik, in der sowieso nichts mehr produziert wurde, egal, wie bedeutend sie einmal gewesen war. Wo ehemals große Hallen gestanden hatten, ragten nur noch von der Hitze des Feuers verbogene Stahlträger in die Luft. An manchen Stellen konnte Alfried bis zu den Ruinen der Altstadt schauen, solche Schneisen hatten die Bomben geschlagen. Sosehr Krupp Essen während der letzten knapp hundert

Jahre gedient hatte, sosehr hatte es ihm während der letzten fünf Jahre geschadet. Die Luftangriffe hatten bereits 1940 begonnen. Und nicht aufgehört, solange noch irgendeine Waffe das Werk verlassen hatte. Unter Alfrieds Sohlen knirschten Glasscherben. Sonst herrschte Grabesstille. Plötzlich bemerkte Alfried zwei Frauen in dunkler Kleidung, die wegbuschten. Irgendwann hatte er sie schon einmal gesehen. Damals hatten sie noch einen gelben Stern getragen, nun war er abgetrennt, aber immer noch schemenhaft als dunklerer Abdruck auf der verwaschenen und verblichenen Kleidung zu erkennen. Die Frauen schienen hier zu wohnen oder sich zumindest sehr gut auszukennen. Möglicherweise hatten sie hier gearbeitet, als man hier noch arbeiten konnte. Neugierig, aber ohne ein bestimmtes Interesse ging Alfried ihnen über die Trümmerberge hinweg hinterher. Sie erstarrten, möglicherweise hatten auch sie ihn erkannt, vielleicht fürchteten sie auch jeden Menschen, der sie ausfindig machte. Er konnte es ihnen nicht verdenken.

Eine Sirene begann zu heulen. Offensichtlich waren noch irgendwo Menschen damit beschäftigt, den Himmel nach Flugzeugen abzusuchen, alliierten Flugzeugen natürlich, denn deutsche hatte er schon seit einigen Tagen nicht mehr gesehen. Als die Formation sich mit brummenden Motoren näherte, verkrochen die Frauen sich in einem schützenden Unterstand. Wen oder was wollte diese Staffel eigentlich noch zerstören?, fragte sich Alfried. Er hatte das Gefühl, genug gesehen zu haben, und machte sich auf den Weg nach Hause.

Etwa zur selben Zeit schleppten sich mehr schlecht als recht Tausende zerlumpter Gestalten durch den Wald nordwestlich des Konzentrationslagers Sachsenhausen. Sie hatten kahlrasierte Schädel und trugen gestreifte Lagerkleidung am Leib, die meisten waren barfuß. Irgendwo in der Mitte des Zuges, dessen Anfang und Ende nicht abzusehen waren, mühte sich Tilo von Wilmowsky, mittlerweile siebenundsechzig Jahre alt, mit schmerzendem Rücken, den Anschluss zu halten. Hunger und Kälte nagten an den Ausgemergelten.

»Es heißt, sie leeren die Lager für die vielen Kriegsgefangenen, die sie jetzt machen«, mutmaßte einer, der sich gleich hinter Tilo hielt.

»Unsinn«, widersprach sein Nebenmann. »Der Feind rückt an. Bald ist es vorbei.«

Am Rande des Wegs lag ein Mann, der vor Schwäche zusammengebrochen war. Vergeblich versuchte er sich aufzurappeln. Tilo scherte aus der Kolonne aus, um ihm zu helfen.

»Weiter!«, schrie ein SS-Mann und kam mit gezogener Pistole auf Tilo zugerannt. Er drückte ihm die Waffe an den Hinterkopf. Die beiden, die hinter Tilo gegangen waren, zogen ihn weg von dem am Boden Liegenden, zurück in die Kolonne. Nur Sekunden später knallte ein Schuss. Von den dreien drehte sich keiner um. Jeder wusste, was geschehen war.

Wenig später kam knatternd ein Kraftrad dem Zug entgegen. Es hielt bei einer Gruppe von Offizieren, die den Marsch am Wegrand stehend überwachten. Mit militärischem Gruß übergab der Fahrer dem Obersturmbannführer ein Schriftstück. Der nahm den Inhalt des Schreibens zur Kenntnis, reichte es dann sicherheitshalber dem neben ihm stehenden Sturmbannführer zum Lesen. Beide sahen sich fassungslos an und machten sich anschließend schulterzuckend an die Ausführung des ihnen überstellten Befehls.

»Halt!«, schrie der Sturmbannführer, und die anderen SS-Männer gaben den Befehl nach vorn und hinten weiter, bis die Kolonne auf ganzer Länge zum Stehen kam. »Rechtsum!« Die Gefangenen standen nun mit dem Rücken zu ihren Bewachern. »Hört gut zu, ihr werdet jetzt in diesen Wald marschieren. Wer stehen bleibt, wird erschossen, wer rennt, wird erschossen, wer sich umdreht, wird ebenfalls erschossen. Los!«

Tilo hoffte, zu den Ersten zu gehören, die es treffen würde. Er konnte den Tod um sich herum nicht länger ertragen. Kurz überlegte er, ob er sich nicht einfach umdrehen sollte, um das schreckliche Warten auf den ersten Schuss zu verkürzen.

»Also«, meinte der Kamerad, der ihn schon zuvor gerettet hatte, »gehen wir noch ein letztes Stück gemeinsam.«

»Los!«, brüllte der Sturmbannführer noch lauter, da noch kaum Bewegung in die Gefangenen gekommen war.

Zögernd begannen die ersten in den Wald zu stolpern, nach und nach leerte sich der Weg. Sie hörten hinter sich Motorengeräusche und leiser werdende Rufe. Nur keinen Schuss.

»Beeren, da sind Beeren.« Hungrig schaute Tilos Begleiter zu ein paar winzigen, noch grünen Früchten vor seinen Füßen.

»Bleib nicht stehen. Geh um Himmels willen weiter!«, forderte Tilo ihn auf und zerrte ihn an der Jacke.

Doch der verharrte, konnte den Blick nicht von den Beeren lösen. Als nichts geschah, drehte er sich vorsichtig um. Der hinter ihnen liegende Weg war menschenleer. Die SS-Leute hatten sich aus dem Staub gemacht.

»Sie sind weg!«

Nun blieben auch andere stehen, um sich umzudrehen. »Sie sind weg! Wir sind frei!«

Tilo setzte sich neben den anderen und steckte sich eine der grünen Früchte in den Mund. Ihm war es egal, wie die Beere schmeckte.

17

1948/1950

»Der Angeklagte Alfried Felix Alwyn Krupp von Bohlen und Halbach möge sich erheben.« Richter Daly wartete, bis der Aufgerufene seiner Anweisung Folge geleistet hatte, dann begann er, das Urteil zu verlesen: »In den Anklagepunkten der aktiven Vorbereitung des Angriffskrieges sowie der gemeinsamen Planung und Verschwörung spricht dieses Gericht Sie frei. Sie werden jedoch für schuldig befunden der Plünderung von Wirtschaftsgütern im besetzten Ausland sowie der Verbrechen gegen die Menschlichkeit durch Beschäftigung von Zwangsarbeitern und Kriegsgefangenen. Aufgrund der Beschuldigungen, deren Sie überführt sind, verurteilt dieses Gericht Sie zu zwölf Jahren Gefängnis und ordnet den Einzug Ihres gesamten Eigentums, sowohl des unbeweglichen als auch des persönlichen, an.«

Der erste Punkt der Anklage war auch deswegen fallengelassen worden, weil amerikanische Rüstungsunternehmer sich für ihn eingesetzt hatten. Es gab die Befürchtung, unter anderen Umständen selbst einmal vor ein internationales Gericht gestellt zu werden, weil man die Waffen für einen verlorenen Krieg bereitgestellt hatte. Zudem hatten einige Kongressabgeordnete zu Alfrieds Gunsten interveniert. Außer Alfried waren auch elf seiner Direktoren im Nürnberger

Prozess angeklagt worden. Lediglich Gustav Krupp konnte aufgrund seines Gesundheitszustands und seiner zunehmenden Unzurechnungsfähigkeit nicht mehr belangt werden. Er starb zwei Jahre später in Blühnbach.

Alfried saß zusammen mit seinen Direktoren die Strafe in Landsberg ab. Die Haftbedingungen waren verhältnismäßig angenehm. Mitinsasse Friedrich von Bülow, der als Abteilungsdirektor unter anderem die Kontakte zwischen Krupp und der SS unterhalten hatte, bezeichnete die Haftzeit gerne als »einen einzigen sonnigen Ferientag«. Da Alfried aus der Haft heraus weder seine Interessen noch die des Unternehmens gut vertreten konnte, versuchten seine Mutter Bertha und sein Bruder Berthold auf ihre Weise mit allen rechtlichen Mitteln, die Beschlagnahme des Vermögens aufheben zu lassen. Während Berthold sich, soweit es ihm erlaubt wurde, mit der Reorganisation und dem Wiederaufbau der Krupp-Werke beschäftigte, pflegte Bertha ihren Mann bis zu dessen Tod und verließ danach Blühnbach.

Auf dem Rückweg nach Essen machte sie Station in Landsberg, um Alfried zu besuchen.

»Ich hätte mir sehr gewünscht, Vater noch einmal zu sehen …«, sagte Alfried und drückte seiner schwarzgekleideten Mutter mitfühlend die Hände.

»Er hat sehr darunter gelitten, dass man dich hier eingesperrt hat. Er wollte die Verantwortung übernehmen.« Die Jahre in Blühnbach und der Tod ihres geliebten Mannes hatten Bertha weicher gemacht. Sie kämpfte mit den Tränen. »Ich wollte dich schon lange besuchen, aber ich konnte ihn nicht allein lassen.«

Alfried wollte wissen, was sich Krupp betreffend ereignet

hatte, obwohl dies nicht unbedingt der richtige Zeitpunkt war, dennoch fragte er vorsichtig: »Wer leitet die Firma?«

»Dein Bruder Berthold kümmert sich um das, was noch übrig geblieben ist. Alles wartet natürlich auf dich.« Bertha seufzte tief, das Leben schien ihr wie eine unerträgliche Last. »Was unser Privatvermögen anbelangt, habe ich gleich nach dem Tod deines Vaters gemeinsam mit unseren Anwälten Verhandlungen über die Rückgabe aufgenommen.«

»Mit welcher Begründung?«, erkundigte sich Alfried interessiert.

»Lass das doch die Anwälte machen«, erwiderte Bertha ausweichend.

»Mutter, ich möchte es wissen.« Irgendwie hatte Alfried das Gefühl, dass der Rest seiner Familie hinter seinem Rücken agierte, und das nicht unbedingt zu seinem Vorteil, ansonsten hätte wohl auch sein Mandat für die juristischen Schritte eingeholt werden müssen.

»Es ist unrecht!«, rief Bertha aus. »Du bist der Einzige, dem das Gericht sein Privatvermögen genommen hat! Der Einzige. Das haben sie nicht einmal bei den Parteigrößen getan! Nicht bei Göring, nicht bei Hess, nicht bei Speer, bei niemandem!«

Trotz dieser nachdrücklichen Argumente blieb Alfried misstrauisch. »Bitte sag Berthold, dass ich ihn und seine wichtigsten Führungskräfte gerne hier empfangen würde, um über den Stand der Dinge Aufklärung zu erhalten.«

Einige Wochen später reiste Berthold tatsächlich mit zwei Direktoren und einem umfangreichen Stapel Ordner und Akten an. »Wir bekommen natürlich kaum Spielraum für Entscheidungen«, erklärte er. »Die Briten haben alle wichtigen Funktionen in der Firma besetzt. Und im Übrigen bin ich mir sicher, dass jede interessante Information direkt an unsere Konkurrenten in England geht. Hier sind die Unterlagen der Rohstoffbeschaffung.« Berthold schob seinem Bruder die Papiere über den Tisch zu.

Ohne einen Blick darauf zu werfen, nahm Alfried sie entgegen. Er betrachtete seinen Bruder skeptisch, versuchte aus seiner Tonlage herauszuhören, ob er die Wahrheit sagte.

»Wie du siehst«, trug Berthold ungerührt weiter vor, »sind die Zahlen nach 1945 noch einmal deutlich zurückgegangen, aber wir hoffen …«

Alfried konnte nicht länger an sich halten. Was Berthold ihm hier auftischte, schien ihm völlig bedeutungslos im Vergleich zu dem, was in Essen tatsächlich gespielt wurde. »Ihr arbeitet daran, die Lex Krupp für ungültig zu erklären«, unterbrach er ihn jäh.

»Was?«

»Ihr arbeitet daran, die Lex Krupp für ungültig zu erklären«, wiederholte Alfried stoisch.

»Das sind doch nur juristische Schritte, die nicht wirklich …«, versuchte Berthold abzuwiegeln.

»Warum erfahre ich es dann aus der Zeitung und nicht von dir?« Alfrieds Stimme wurde schneidend. Dass er hier untätig sitzen musste und keinerlei Kontrolle über die Aktivitäten seiner Familie bezüglich des Unternehmens hatte, machte ihn wütend.

»Alfried, wir kämpfen um das Vermögen«, unternahm Berthold den Versuch, ihn zu beschwichtigen. »Wenn wir es schaffen, dass dieser Erlass von Hitler unwirksam ist, dann bekommen wir alles zurück! Dann konnten sie es dir nicht wegnehmen, weil es dir, juristisch gesehen, nie gehört hat.«

»Juristisch gesehen ...« Alfried ließ sich die Worte auf der Zunge zergehen.

»Es ist nur gerecht. Wir Kinder erben dann zu gleichen Teilen«, erläuterte Berthold selbstbewusst. »Ich meine, dann könnten sie nur deinen Teil konfiszieren.«

Alfried lachte sarkastisch auf. »Den des Kriegsverbrechers in der Familie.«

Peinlich berührt saßen die zwei Direktoren daneben und beobachteten die beiden Brüder, gespannt, wer diesen Machtkampf gewinnen würde.

»Sie haben nun einmal dich verurteilt«, stellte Berthold klar. »Aber ich sage doch, das Ganze ist rein juristisch.«

Für solche Finessen hatte Alfried in seiner Situation keinen Sinn. »Es ist mein Vermögen«, stieß er hervor. »Und es ist meine Firma!«

»Du sitzt hier gefangen. Noch zehn Jahre!«

»Ihr habt mich also abgeschrieben. Wenn ich endgültig weg bin, ist der Weg frei für dich.« Aus Alfrieds Stimme war Bitterkeit zu hören.

Resigniert schüttelte Berthold den Kopf, ihm schien der eingeschlagene Weg weder böswillig noch besitzergreifend, sondern der einzig sinnvolle und erfolgversprechende.

Alfried packte ein paar der Unterlagen zusammen und verabschiedete sich, dann bat er den Wachmann, ihn in seine Zelle zurückzubringen.

Es musste einen anderen Weg geben. Alfried beschloss, mit seinem Rechtsanwalt Otto Kranzbühler über Strategien zu sprechen, die nicht seinen persönlichen Fall zum Thema hatten, sondern die Verurteilten der Nürnberger Prozesse im Allgemeinen. In Deutschland musste die Stimmung zugunsten einer Amnestie beeinflusst werden. Gleichzeitig galt es, an die Verantwortung des amerikanischen Hochkommissars zu appellieren, Deutschland einen Weg zurück in die Normalität zu ebnen, indem Männer wie er in die Freiheit entlassen werden mussten. Schließlich wuchs das Bedürfnis der westlichen Nationen, in Westdeutschland einen zuverlässigen und auch kampfbereiten Verbündeten gegen die Sowjetunion und ihre Vasallenstaaten zu haben. Zudem war der gegen Kriegsende noch vorherrschende Plan, Deutschland zu einer entindustrialisierten Zone zu machen, schon seit mehreren Jahren von der Truman-Doktrin ersetzt worden, die eine wirtschaftliche und militärische Stärkung der westeuropäischen Länder vorsah. Unter diesen Umständen bedeutete es natürlich einen Skandal, wenn wichtige Wirtschaftsführer wie er selbst, aber auch einige andere, zur Tatenlosigkeit verurteilt Strafen absitzen mussten. Strafen, die möglicherweise in juristisch nicht ganz ordnungsgemäßen, von den Siegern diktierten Schuldsprüchen begründet waren. Und tatsächlich verschärfte sich die öffentliche Diskussion in dieser Richtung. Es waren nicht nur die weiterhin unbelehrbaren Anhänger Hitlers, die an den Hochkommissar McCloy appellierten, die in den Nürnberger Prozessen Verurteilten zu amnestieren. Auch die evangelische Kirche erhob ihre Stimme zugunsten der Inhaftierten.

Anfang Februar 1951 war es dann so weit, Alfried wurde aus der Festungshaft entlassen und sollte zudem sein persönliches Vermögen zurückerhalten. Über die Weiterführung seines Unternehmens musste jedoch noch längere Zeit mit der amerikanischen Regierung verhandelt werden.

Berthold ließ es sich nicht nehmen, Alfried in Landsberg abzuholen. Die Fotos, die die anwesenden Reporter machten, zeigten mehr als deutlich den Kontrast zwischen den beiden Brüdern: Berthold, ein schon ganz gut im Futter stehender Protagonist des Wirtschaftswachstums, trug einen stattlichen Mantel mit Pelzbesatz, während Alfried trotz der vergleichsweise angenehmen Haftbedingungen ziemlich ausgemergelt wirkte. Die überraschende Freilassung verlieh ihm neue Energie. Jetzt würde er es allen zeigen und den daniederliegenden Konzern wieder nach vorn bringen.

Der dreizehnjährige Arndt hatte die Freilassung seines Vaters sehnlichst erwartet. Er träumte davon, mit ihm und seiner Mutter Anneliese wieder in einer glücklichen Familie vereint zu sein und in unglaublichem Luxus zu leben. Nur wenige Wochen nach Haftende fuhr Alfried mit seinem silberglänzenden Porsche tatsächlich in Schondorf am Ammersee vor.

Als Arndt der Besuch gemeldet wurde, hüpfte er fröhlich durch die Flure zum Eingang und rief: »Mein Vater holt mich ab und nimmt mich zu sich!«

Seine Mitschüler, die ihn wegen seiner Auftritte mit geschminktem Gesicht und in phantasievoller Verkleidung sowieso schon für verrückt hielten, wollten ihm nicht glauben und fürchteten völlig um seinen Verstand.

»Vater!« Arndt lief auf seinen Vater zu, der, lässig an den auffälligen Sportwagen gelehnt, auf ihn wartete.

»Arndt, wie geht es dir?«

»Ich freue mich so, dass du jetzt frei bist!« Gerne würde er sich von seinem Vater in die Arme nehmen lassen, doch der machte keinerlei Anstalten, ihn so innig zu begrüßen. Aber sein Vater war schließlich nicht die einzige Sensation, auch der Porsche interessierte Arndt. »Ein toller Schlitten! Wie schnell ist der?«

»Einhundertfünfundvierzig.« Nun brach der Ingenieur in Alfried durch, und er fügte ungefragt die weiteren technischen Details hinzu: »Vier-Zylinder-Boxermotor, eintausendzweihundertsechsundachtzig Kubik Hubraum, verchromte Aluminium-Zylinder und das weltweit erste Synchrongetriebe.«

»Darf ich mal mitfahren?« Arndts Augen leuchteten vor Begeisterung.

»Natürlich, deshalb bin ich ja hier!«

»Du nimmst mich also mit!« Arndt glaubte sich der Erfüllung seines größten Wunsches ziemlich nahe.

»Ja.« Alfried befürchtete, dass das, was er ihm jetzt mitteilte, seinen Jungen sehr ernüchtern würde. Aber die Erfahrungen mit seinen Eltern hatten ihn den herzlichen und liebevollen Umgang mit dem eigenen Sohn nicht gelehrt. »Ich bringe dich in ein anderes Internat.«

Arndt konnte seine große Enttäuschung nicht verbergen, erwiderte jedoch: »Mama hat gesagt, dass ich bis zum Abitur hierbleibe!«

»Aber ich halte eine andere Schule für angemessener,« erwiderte sein Vater.

Arndt hatte nicht viel Zeit zum Packen, er konnte nur das Nötigste für die nächsten Tage mitnehmen. Mehr Platz für Gepäck hatte der Porsche sowieso nicht. Um die restlichen Sachen würde sich eine Firma kümmern.

Während der Fahrt kam das Gespräch zwischen Vater und Sohn nicht so recht in Gang. Obwohl beide das Bedürfnis hatten, sich näherzukommen, wussten sie nicht, wie sie es anstellen sollten. Alfried glaubte zu wissen, was seinen Sohn bekümmerte. Er fuhr von der Straße ab auf einen Feldweg und hielt an. »Arndt«, begann er, »ich weiß, du würdest am liebsten nach Hause kommen, aber das geht nicht. Ich möchte nicht, dass du in Essen groß wirst.«

»Aber was ist daran falsch, in deiner Nähe zu sein?«, fragte Arndt in flehentlichem Ton. »Jetzt, wo du endlich wieder draußen bist, aus dem Gefängnis.«

Er konnte es nicht gut begründen, aber Alfried war sicher, das Beste für seinen Sohn zu tun, wenn er ihn von Krupp und von Essen fernhielt. »Schaff dir eine eigene Welt, Arndt«, forderte er ihn auf. »Eine Welt, in der du stark bist.«

Die Verzweiflung über die Unnachgiebigkeit seines Vaters stand Arndt ins Gesicht geschrieben.

»Ich hoffe, du wirst mich eines Tages verstehen«, sagte Alfried und ließ den Motor des Porsche aufheulen.

18

1952

Wie üblich wurde die Vollendung des Rohbaus mit einem Richtfest gefeiert. Freunde, Verwandte und natürlich zahlreiche Handwerker lauschten der traditionellen Ansprache des Zimmermanns, der dem Bauherrn Alfried Krupp und seiner unlängst angetrauten Frau Vera in gereimten Versen gratulierte: »Glück soll sein in diesem Haus. Die Eintracht fliehe nie daraus. Der Storch, der soll hier Stammgast sein. Dem Bauherrn und seiner Frau daneben ein dreifach Hoch, sie sollen leben! Hoch, hoch, hoch!«

»Hoch, hoch, hoch!«, schlossen sich die Gäste an.

Danach betrat Berthold als Abgesandter der Familie das improvisierte Podium. »Es ist vielleicht nicht so groß wie das Haus, in dem du aufgewachsen bist, Alfried, und ich hoffe auch, es lässt sich besser heizen. Jedenfalls wünsche ich euch, dass ihr glücklich seid und stets Frieden, Glück und Gesundheit bei euch zu Hause sind.« Berthold hob sein Glas, alle anderen taten es ihm nach, ließen den Bauherrn und seine Frau noch einmal hochleben und warfen dann ihre Gläser an die unverputzten Backsteinmauern, dass es nur so klirrte.

Zum Schluss ergriff Alfried das Wort. »Ich danke Ihnen und dir, lieber Berthold, für die guten Wünsche. Und nun wünsche ich Ihnen guten Appetit!« Er wies auf das reichhaltige Büfett, das im Bereich des späteren Gartens aufgebaut worden war. Die Gäste applaudierten und strömten dann, fröhlich plaudernd, zu den weißgedeckten Tischen. Alfrieds und Berthas Blicke trafen sich für einen kurzen Moment, der aber reichte, um seine Laune abzukühlen.

Als die meisten Gäste gegangen waren und nur ein paar besonders hartnäckige Handwerker auf einem Holzstapel sitzend zum wiederholten Mal ihr letztes Bier tranken, kamen Alfried und Vera dazu, sich über den Fortschritt beim Bau des neuen Bungalows zu freuen. Sie schenkte noch einmal ihre beiden Gläser voll und schaute ihren Mann hingebungsvoll an. »Wir werden hier schrecklich glücklich sein, nicht wahr!«, sagte sie.

Alfried lächelte versonnen und umarmte seine Frau.

Und plötzlich musste Vera lachen. »Klapperstorch! Hast du das gehört, Alfried?«

Er hatte sich zu diesem Thema noch keine abschließende Meinung gebildet, aber wenn es Vera Freude machte!

»Alfried!«, ließ sich eine Stimme aus dem Hintergrund vernehmen.

Er drehte sich um. »Berthold, du bist ja noch da«, rief er erstaunt aus.

»Kann ich dich sprechen?« Das klang mehr nach einem Befehl als nach einer Frage.

Alfried bat seine Frau, im Wagen auf ihn zu warten, denn er wollte mit seinem Bruder lieber ohne Ohrenzeugen sprechen. Widerwillig trottete Vera davon und verzog beleidigt das Gesicht.

»Wie soll es jetzt weitergehen?«, fragte Berthold herausfordernd.

»Was meinst du?«

Die ungewöhnlich warmherzige Gelassenheit seines Bruders irritierte Berthold. »Na ja … du warst sechs Jahre im Gefängnis, dann bist du ein Jahr lang mit deiner Braut durch die Welt gereist. Und jetzt bist du wieder da.«

»Ja, jetzt bin ich wieder da«, bestätigte Alfried mit freundlichem Nachdruck.

»Und ich war all die Jahre da«, betonte Berthold seine Zuverlässigkeit und sein Engagement.

»Ich danke dir, Berthold. Aber jetzt kann ich die Leitung wieder übernehmen. Nun werde ich Krupp wieder zu dem machen, was es einmal gewesen ist.«

»Alfried, die Zeiten haben sich geändert!«

»So?« Alfried verstand nicht, worauf dieser Einwand abzielte.

»Was ich die letzten Jahre getan habe …« Berthold war es unangenehm, seine Verdienste so konkret formulieren zu müssen. »Ich sehe das nicht so, dass ich nur deinen Stuhl warm gehalten habe. Und jetzt höre ich von dir, du hast große Pläne! Aber wir müssen die Realität akzeptieren. Uns bleibt nichts anderes übrig, als die Bedingungen der Siegermächte zu akzeptieren und Krupp teilweise zu zerschlagen. Wir müssen den Großteil des Betriebs verkaufen. Und den Erlös nutzen wir, um die verbleibenden Werkstätten auszubauen.«

»Nein, Berthold«, hielt Alfried ruhig, aber entschieden dagegen, »Krupp ist die Nummer eins. Etwas anderes akzeptiere ich nicht. Ich werde Krupp zu alter Größe aufbauen.«

Jahrelang hatte Berthold sich mit den Möglichkeiten, Krupp wieder zu einem leistungsfähigen Unternehmen zu machen, beschäftigt, Alfrieds blauäugige Verbohrtheit ließ ihn ärgerlich werden. »Du weißt nicht, wovon du redest! Du darfst die Fabriken ja noch nicht einmal betreten. Zwei

Drittel der Gebäude sind zerbombt, das restliche Drittel demontiert. Und was übrig bleibt, muss zu zwei Dritteln verkauft werden. Du selbst hast die Mehlemer Verträge unterschrieben, die uns dazu zwingen. Und du redest von alter Größe?« Berthold lachte auf. »Das ist nichts als Größenwahn!«

Doch Alfried ließ sich nicht aus der Ruhe bringen. »Immerhin gibt es Verträge zwischen England, Frankreich, den Vereinigten Staaten und mir. Das ist beispiellos in der Geschichte, dass sich drei Regierungen gezwungen sehen, mit einer Privatperson Staatsverträge abzuschließen. Wenn du keine Ahnung davon hast, von welcher Größe ich rede, dann ist für dich an der Spitze von Krupp kein Platz.«

Berthold ging auf den Vorwurf der Inkompetenz nicht ein, denn alles, was Alfried hier formulierte, schien ihm von Überheblichkeit oder Wahnsinn bestimmt zu sein.

»Unsere Sieger können sich genauso wenig wie du die Größenordnungen vorstellen: Sollen sie doch den Verkauf fordern! Vielleicht gibt es viele, die Krupp kaufen wollen, aber es gibt niemanden, der groß genug ist, auch nur Teile von Krupp kaufen zu können!«

Kopfschüttelnd verließ Berthold das Grundstück. Diese Ansichten seines Bruders konnte er einfach nicht teilen.

Was die Lage auf dem Firmengelände betraf, so hatte Berthold nichts Falsches gesagt. Tatsächlich sah es kaum besser aus als vor sieben Jahren. Die Engländer hatten sich nicht damit zufriedengegeben, die Maschinen zu demontieren, sie zerstörten auch die Gebäude. Ein Signalhorn ertönte, das eine Sprengung ankündigte, und wenig später hörte man den dumpfen Knall mehrerer Explosionen. Dann fielen ein paar alte Türme in einer enormen Staubwolke in sich zusammen.

»Und ich habe gedacht, der Krieg ist vorbei«, kommentierte ein alter Kruppianer, der mit der Trümmerbeseitigung auf dem Gelände beschäftigt war.

»Sollen sie doch das Alte abreißen«, sagte Alfried halblaut vor sich hin, gerade so, dass die zusammenstehenden Arbeiter es hören konnten. »Wir fangen neu an.«

Neugierig drehten die Männer sich um und erkannten ihren alten und neuen Chef. Alfried Krupp kam ihnen vor wie eine Erscheinung aus besseren Zeiten, und sie murmelten ehrfürchtig seinen Namen.

Er nützte die Gelegenheit, um für Aufbruchstimmung zu sorgen. »Was meinen Sie, werden wir den Aufbau schaffen?«

»Natürlich! Wir sind doch Kruppianer!«

»Das sind wir«, bestätigte Alfried. »Ja, das sind wir, Kruppianer!« Er zog seinen Hut zum Gruß.

»Was haben Sie über Herrn Beitz in Erfahrung bringen können?«, fragte Alfried seinen jungen Assistenten.

»Er hat während des Krieges für die Royal Dutch Shell in Galizien Ölfelder verwaltet, war dort wohl ziemlich erfolgreich. Aber er konnte auch, wie es scheint, mehreren Hundert Polen und Juden das Leben retten, indem er glaubhaft machte, sie auf den Ölfeldern als Arbeiter zu benötigen.« Der Assistent blätterte in seinen Unterlagen. »Dann haben ihn die Briten quasi sofort zum Organisations- und Personalchef für das Hamburger Aufsichtsamt für Privatversicherungen gemacht.«

»Obwohl er von Versicherungen keine Ahnung hatte?«, fragte Alfried verblüfft nach.

»Ja.« Der Assistent suchte nach einem anderen Zettel. »In einem Interview hat er gesagt: ›Fachwissen kann man sich aneignen, Fachleute anheuern.‹ Jedenfalls war er so erfolgreich, dass er 1948 in die Privatwirtschaft gewechselt ist, als Generaldirektor der Iduna.« Er händigte Alfried die Mappe mit den gesammelten Informationen aus.

Alfrieds Blick blieb an dem Foto von Berthold Beitz hängen, das mit einer Büroklammer an der Mappe befestigt war. Der sechs Jahre Jüngere wirkte sympathisch, selbstbewusst und war offensichtlich sehr durchsetzungsfähig. »Bitte nehmen Sie Kontakt mit ihm auf. Ich werde nach Hamburg fahren, um ihn näher kennenzulernen.«

Zwei Tage später spazierten Alfried und Berthold Beitz an der Binnenalster entlang. Sie wollten sich noch ein wenig die Beine vertreten, bevor sie im Restaurant des Hotel Atlantik zusammen speisen würden.

»Sie werden sich vielleicht wundern, dass ich Sie zum Essen eingeladen habe«, begann Alfried Krupp das Gespräch.

Beitz vermied eine direkte Antwort. »Nun, jedenfalls freue ich mich sehr. Ich nahm an, Sie hatten in Hamburg zu tun.«

»Nein«, erwiderte Alfried, »ich bin Ihretwegen hergekommen.«

Beitz war mehr als überrascht.

»Ich möchte Ihnen einen Vorschlag unterbreiten. Sie und ich, so glaube ich wenigstens, könnten gut zusammenarbeiten.« Alfried blieb stehen, um seinem Angebot die angemessene Ernsthaftigkeit zu verleihen. »Wollen Sie nach Essen kommen und mir helfen, meine Firma wiederaufzubauen?«

»Aber Sie kennen mich ja gar nicht«, entgegnete Beitz nach einer Schrecksekunde.

»Wir werden uns kennenlernen.«

»Sie wissen, dass ich von Stahl keine Ahnung habe?«, gab Beitz zu bedenken.

»Fachwissen kann man sich aneignen«, erklärte Alfried, Beitz zitierend.

»Ich habe im Ruhrgebiet keine Kontakte, keine Beziehungen, keine Unterstützung«, führte Beitz seine Bedenken aus.

Alfried nickte bestätigend und meinte: »Ihnen wird ein rauer Wind entgegenschlagen.«

Offensichtlich hatte sich der Alleininhaber des daniederliegenden Konzerns das Angebot gut überlegt. Und natürlich reizte Beitz die Aufgabe, auch wenn er das Risiko nicht geringschätzte und er gerne in Hamburg lebte.

»Sie brauchen natürlich Bedenkzeit, möchten sich mit Ihrer Frau besprechen.«

Ein Page hielt den beiden Herren die Tür des Restaurants auf. Alfried ließ seinem Gast den Vortritt und bat den Maître de table, sie zu ihren Plätzen zu führen.

Nachdem beide gewählt hatten, sagte Beitz unvermittelt: »Ich brauche keine Bedenkzeit, ich nehme Ihr Angebot an.«

»Das ist sehr angenehm, dann brauchen wir während des Essens nicht über das Geschäft zu sprechen. Zum Wohl!« Alfried hob sein mit Sherry gefülltes Glas und stieß mit seinem zukünftigen Generalbevollmächtigten an.

Berthold Beitz' Arbeitsaufnahme bei Krupp fand in informeller Atmosphäre statt. Alfried bat ihn zu sich in den gerade fertiggestellten Bungalow. Sie saßen auf der Terrasse, tranken Tee und rauchten jede Menge Zigaretten.

Alfried begann Beitz seine Vorstellungen darzulegen: »Erstens: Bei formeller Einhaltung der Mehlemer Verträge werden wir alles tun, damit Krupp Nummer eins bleibt. Ein zweiter Platz ist nicht akzeptabel.«

»Nun«, gab Berthold Beitz zu bedenken, »wir können andere nicht daran hindern zu florieren. Thyssen und der Bochumer Verein haben längst nicht so strikte Auflagen der Siegermächte akzeptieren müssen. Sie dürfen vor allem weiterhin Stahl produzieren.«

»Wir werden Nummer eins! Und wenn Thyssen oder sonst wer uns den Rang abläuft, dann wird es Mittel und Wege geben. Und wenn wir sie notfalls übernehmen.« Alfried wollte mit Entschiedenheit, dass die Entbehrungen seines Lebens einen Sinn gehabt hatten, und dazu waren ihm alle Mittel recht.

»Der Kleinere übernähme also den Größeren?«, meldete Beitz seine Zweifel an.

»Warum nicht, wenn die finanziellen Mittel zur Verfügung stehen?«

Beitz schien sich jedes Wort seines neuen Chefs einzuprägen. Er würde in diesem Arrangement, das ihm weitgehend freie Hand für alle unternehmerischen Entscheidungen gab, nur erfolgreich sein, wenn es ihm gelang, sich in Alfrieds Denkweise einzufühlen.

»Zweitens: Sinn und Zweck von Krupp sind die Kruppianer«, setzte Alfried seine Ausführungen fort. »Für sie tun wir das alles. Diese Menschen vertrauen uns. Ihr Vertrauen werden wir niemals enttäuschen. Niemals!« Das war eine Schlussfolgerung des ausführlichen General-Regulativs seines Urgroßvaters Alfred Krupp, das über Jahrzehnte hinweg die Handlungen und Entscheidungen der Alleininhaber bestimmt hatte. Doch der Urenkel fügte aus den Erfahrungen zweier Kriege eine Neuerung hinzu: »Drittens – und vor allem in diesem Punkt bin ich bedingungslos entschlossen: Nie wieder Waffen!«

Beitz nickte. Ein überaus verständliches Anliegen, doch der Ruf des Unternehmens gründete weltweit seit langem auf der Rüstungsproduktion, in gewisser Weise musste Krupp also doppelt neu gegründet werden.

»Wir werden gemeinsam ausprobieren, wie weit man gehen kann!« Die beiden Männer beschlossen ihren Pakt mit einem festen Händedruck. »Und wissen Sie, was ich tun werde«, fügte Alfried nahezu vergnügt hinzu und deutete auf die Plattenstapel, die von der Terrasse aus in einem der angrenzenden Zimmer zu sehen waren, »ich werde hier Ordnung hineinbringen.«

Für ein verlängertes Wochenende reiste Alfried nach Blühnbach, wo seine Mutter und die Geschwister zur Sommerfrische weilten. Es war eine Art Goodwilltour, um seine jüngste Entscheidung zu erklären, nachdem Berthold ihn mehrmals verärgert angerufen und nicht nur seine Zweifel an der Personalie Beitz deutlich gemacht hatte.

Gleich nach Alfrieds Ankunft versammelte sich der Familienrat im Speisesaal. Bertha und Alfried saßen einander gegenüber am Tisch, Waldtraut hatte ihren Stuhl weit zurückgeschoben, um die Beine bequem übereinanderzuschlagen, Irmgard stand mit verschränkten Armen abwartend am Fenster, und Berthold knetete nervös die Lehne des Stuhls, hinter dem er stand.

»Berthold Beitz also. Der Mann hat nichts mit dem Ruhrgebiet zu tun, nichts mit Kohle, nichts mit Stahl!«, begann Berthold seinen Bruder zu attackieren.

»Die Alliierten zwingen uns doch ohnehin, die Bergwerke und die Stahlhütten zu verkaufen«, wehrte Alfried lakonisch Bertholds Angriff ab.

»Ach, du weißt genau, was ich meine.« Berthold hatte die Lehne losgelassen und ging nun nervös auf und ab. »Krupp hat Tradition, Krupp hat gewachsene Strukturen. Dieser Beitz hat von alldem keine Ahnung.«

»Unsere Traditionen und gewachsenen Strukturen sind genau unser Problem. Ich brauche frischen Wind, neue Produkte, neue Märkte, neue Vertriebswege.«

»Wenn ich richtig verstanden habe, kann er nicht in einem dieser Punkte Erfahrungen vorweisen«, monierte Waldtraut.

Alfried wiegte bedächtig den Kopf, während er seine Mutter nicht aus den Augen ließ. Dem hatte er nichts entgegenzusetzen. »Der Mann ist der Richtige, alles Weitere wird sich finden«, sagte er lediglich und machte damit klar, dass jedes weitere Wort in dieser Angelegenheit verschwendete Energie war.

»Ich verstehe dich nicht, Alfried.« Kopfschüttelnd nahm Berthold den nächstbesten freien Stuhl und setzte sich. Seine Wut schien erloschen und hatte einer tiefen Verzweiflung Platz gemacht.

»Ihr braucht es auch nicht zu verstehen. Ich wollte euch nur in Kenntnis setzen.« Alfried erhob sich.

»Aber muss es unbedingt jemand von außen sein?« Berthold unternahm einen letzten, durchaus verständnisbereiten Versuch. »Du stößt doch all unsere guten Männer vor den Kopf! Unsere eigenen Direktoren.«

»Und was ist mit Berthold? Er kennt doch die Firma wie kein Zweiter«, schlug Waldtraut vor.

»Ich vertraue Herrn Beitz voll und ganz.«

»Heißt das, du vertraust deinem Bruder nicht?«, stellte Waldtraud die entscheidende Frage.

Berthold wartete vergeblich auf Alfrieds Stellungnahme. Das Band zwischen seinem Bruder und ihm war zum Zerreißen gespannt. Aber wenn er Alfried beobachtete, hatte er das Gefühl, dass für ihn ein solches Band überhaupt nicht existierte.

»Bitte vergesst nicht, auch unser Vater hatte weder mit Industrie noch mit Handel etwas zu tun. Er war Diplomat, bevor Mutter ihn zu einem Krupp gemacht hat.« Beinahe trotzig schaute Alfried seine Mutter an, ging aus dem Raum und überließ das misslungene Tribunal sich selbst.

Wieder zu Hause, schloss Alfried sich im Zimmer mit den Schallplatten ein. Er wollte ungestört bleiben, wollte so allein sein, wie er sich meistens fühlte. Er dachte darüber nach, ob er mit Beitz einen Freund eingestellt hatte oder jemanden, auf den er die Last des Unternehmens abwälzen konnte. Im besten Fall wohl beides. Natürlich hatte Waldtraut mit ihrer Frage ins Schwarze getroffen. Er traute seinen Geschwistern nicht besonders viel zu. Bertha hatte ihn nicht zu einem Mannschaftsspieler erzogen, sondern zu einem Einzelkämpfer. Sie waren nicht wie er dahin getrimmt worden, an der Spitze von Krupp zu stehen, und er sah keinen Grund, wieso er das ändern sollte.

Vera versuchte, die Tür zu seinem Zimmer zu öffnen. »Alfried!«, rief sie und rüttelte an der Klinke. »Alfried, wieso antwortest du nicht. Geht das schon wieder los? Mach sofort auf. Hörst du, mach die Tür auf!«

Alfried stand auf, drehte den Schlüssel, setzte sich zurück aufs Sofa und wartete, bis Vera hereinkam.

»Ich ertrage das nicht länger.« Veras Stimme hatte in ihrer

Wut etwas unangenehm Kreischendes. »Ich kann hier nicht leben! Warum reisen wir nicht mehr? Erst reist du mit mir durch die ganze Welt, bist nur für mich da, kaufst mir Geschenke … und hier, nichts mehr. Nichts!«

»Es tut mir leid.« Alfried wusste, dass er zu wenig Zeit für Vera hatte, oft auch zu wenig Energie, obwohl er sie wirklich liebte, seit jenem Briefwechsel, den er während der Festungshaft mit ihr geführt hatte. »Ich verspreche dir …«

»Schon wieder Versprechungen!«, schnitt sie ihm das Wort ab.

»Ich weiß, es ist nicht leicht mit mir …«, versuchte er sie zu beruhigen.

»Nein, ist es auch nicht.« Vera wirkte schon fast versöhnt. Sie setzte sich neben Alfried aufs Sofa. »Ich muss auch einmal an mich denken. Ich kann so nicht leben! In dieser grauenvollen Stadt! All meine Freunde wohnen in München, Salzburg, in Monte Carlo, Paris und New York. Aber hier, wer lebt denn hier?«

»Wer hier lebt? Ich lebe hier.« Alfried schaute sie sehr ernst an.

19

1955

»Das wäre wohl alles für heute. Ich danke Ihnen.« Alfried beendete die Sitzung des Direktoriums im Konferenzraum und packte einige Unterlagen zur späteren Durcharbeitung in seine Aktentasche.

»Was ist eigentlich mit der Schadenersatzangelegenheit?«, fragte einer der Direktoren seinen Kollegen beim Hinausgehen. »Ich habe gelesen, dass dieser amerikanische Anwalt immer ungehaltener wird.«

»Ja, aber das zeigt nur, dass die Sache jeglicher Grundlage entbehrt. Unsere Anwälte sehen das sehr gelassen«, erklärte der Angesprochene.

»Meine Herren, dürfte ich erfahren, von welcher Sache Sie gerade sprechen?«, schaltete Alfried sich ein, der das Gespräch mitbekommen hatte.

»Die Zwangsarbeiterinnen, die in den letzten Kriegstagen von der SS aus den Lagern abtransportiert wurden und schließlich überlebten, haben sich in einer Vereinigung organisiert und fordern nun Schadenersatz von Krupp. Aber keine Sorge, ich habe unsere Anwälte darauf ...«

»Wir werden zahlen«, unterbrach Alfried ihn ruhig und bestimmt. Die beiden Direktoren schauten ihn entsetzt an, während Beitz interessiert abwartete.

»Aber die Forderungen entbehren jeder Grundlage. Wir brauchen nicht ...«

»Wir werden zahlen«, wiederholte Alfried mit Nachdruck.

»Aber Herr von Bohlen, das wäre ein fatales Zeichen, ein Schuldeingeständnis!«

»Das könnte eine Lawine von Forderungen nach sich ziehen, was uns ruinieren würde. Allein diese ersten fünfhundert ...«, gab der andere zu bedenken.

»Diese fünfhundert Frauen haben für uns gearbeitet«, erklärte Alfried.

Der Direktor deutete eine Verbeugung an. »Natürlich!« Die Berufung auf das alte Krupp'sche Regelwerk erstickte jeden Widerspruch im Keim.

»Lassen Sie mir die Unterlagen bitte zukommen«, forderte Beitz ihn auf. »Ich werde mich persönlich darum kümmern!«

Konrad Adenauers intensive und komplizierte Verhandlungen während eines Staatsbesuchs in Moskau hatten bewirkt, dass endlich die letzten knapp zehntausend Kriegsgefangenen nach Deutschland zurückkehren konnten. Sie trafen als sogenannte Spätheimkehrer im Herbst 1955 in mehreren Wellen in den Lagern Friedland und Herleshausen ein. Unter ihnen befand sich auch Harald Krupp. Waldtraut fuhr ins Grenzdurchgangslager, um ihn abzuholen. Vorbei an zahllosen Schildern und Plakaten mit Suchmeldungen kam sie zu den Baracken, in denen die Heimkehrer untergebracht waren. Zehn Jahre nach Kriegsende brachte der Anblick der verwirrten, ausgehungerten und nahezu willenlosen Männer den Krieg zurück ins Bewusstsein. Manche trugen noch ihre völlig zerschlissenen Landseruniformen, andere schäbige Häftlingskleidung. Man hatte Waldtraut die Nummer der Baracke genannt, in der Harald ein Platz zugewiesen worden war. Doch schon auf dem Weg dorthin schaute sie jeden, der ihr entgegenkam, jeden, an dem sie vorüberging, prüfend an. Vor dem genannten Holzhaus hockte ein Mann mit eingefallenen Wangen und dünnen, zitternden Händen, auf dem Kopf eine viel zu große Kappe, den Blick ins Leere gerichtet. Waldtraut war schon weitergegangen, doch irgendetwas an diesem Mann erinnerte sie plötzlich an den Bruder. Sie machte kehrt und hockte sich zu ihm.

»Harald?!«, flüsterte sie.

Er konnte sich nicht mehr erinnern, wann zuletzt eine weibliche Stimme seinen Vornamen gesagt hatte. Und diese Frau, woher wusste sie, dass er Harald hieß? Wenn er sich nicht rührte, würde sie ihn vielleicht ein weiteres Mal ansprechen. Das tat gut.

»Harald!«

Diese Stimme hatte er schon einmal gehört, mehr noch, sie war ihm vertraut gewesen in einer Zeit, an die er sich nur noch in einzelnen Bildern erinnern konnte. Harald betrachtete die Frau genauer.

»Harald, ich bin Waldtraut, deine Schwester!«

Kraftlos hob Harald die rechte Hand, um vorsichtig ihre Wange zu berühren. Er hatte sie für jünger gehalten, seine kleine Schwester. »Waldtraut!?« Es war noch kein wirkliches Wiedererkennen, mehr der Versuch, durch die Wiederholung ihres Namens ein Gefühl der Vertrautheit herzustellen.

Vorsichtig nahm sie seine Hände und drückte sie an ihre Brust. Ihr Bruder war tatsächlich zurückgekommen.

Waldtraut hängte sich den Rucksack mit Haralds Habseligkeiten über die eine Schulter, die andere bot sie ihm als Stütze an. Schritt für Schritt näherten sie sich dem Parkplatz. Der Chauffeur kam ihnen mit einem schwarzen BMW 501 entgegen. Allmählich kehrte Haralds Erinnerung an sein früheres Leben zurück.

An der Auffahrt zur Villa Hügel hatten Bertha, Alfried und Berthold ein kleines Empfangskomitee gebildet. Ein von Efeu umranktes Willkommensschild schmückte die Eingangstür. Waldtraut half Harald aus dem Auto und führte ihn zu seiner Familie, die nicht so recht wusste, wie sie dem lange Vermissten begegnen sollte. Erst Bertha erbarmte sich und brach den Bann. Sie ging auf Harald zu und umarmte ihn wie ein Kind.

Nach einem langen Bad und einem kräftigen Essen, bei dem Harald die Lieblingsgerichte seiner Jugendzeit serviert bekommen hatte, saßen die Brüder noch am Kamin zusammen.

»Wann ist Vater gestorben?«, erkundigte sich Harald.

»Vor fünf Jahren«, sagte Alfried.

»Ich nehme an, hier in Essen, an seinem Schreibtisch.«

»Nein, in Blühnbach. Er wurde mit den Jahren immer schwächer, verfiel regelrecht. Dass Claus und Eckbert gefallen sind, konnte er nicht verwinden.«

»Und seitdem leitest du die Firma …«

Berthold antwortete verbittert an Alfrieds Stelle. »O ja! Und Alfried hat große Pläne, Visionen!«

Irritiert von den höhnischen Worten schaute Harald von einem Bruder zum anderen.

Das Schweigen von Harald und Alfried provozierte Berthold nur noch mehr. »Er wird Krupp wieder zu alter Größe führen! Und wie jeder große Feldherr nimmt er keine Rücksicht auf Verluste, selbst wenn er den ganzen Konzern ruiniert.«

»Berthold, bitte …« Alfried fand den Zeitpunkt für diesen neuerlichen Streit unangemessen.

»Wir dürfen noch nicht einmal fragen, wie er seine Visionen umzusetzen gedenkt.«

Alfried verspürte aber auch wenig Lust, sich vorführen zu lassen. »Du möchtest wissen, wie ich es schaffen will?«

»Falls es nicht zu viel verlangt ist, deine Brüder in deine Pläne einzuweihen«, meinte Harald ironisch.

»Ganz einfach. Wir sind besser als die anderen, wir sind schneller als die anderen, wir sind gründlicher als die anderen, und wir arbeiten härter als die anderen.«

Der Bungalow schien seltsam dunkel für diese Uhrzeit, nur im Zimmer des Butlers brannte noch Licht. Als er hörte, wie Alfried aufschloss, kam er wie üblich sofort zur Tür, um ihm Mantel und Hut abzunehmen. »Guten Tag, Herr von Bohlen.«

»Ist meine Frau zu Hause?«

»Nein, Herr von Bohlen.«

»Hat sie gesagt, wann sie zurückkommt?«

»Ihre Frau hat einen Brief für Sie hinterlassen.« Der Butler händigte ihm eine mehrseitige mit Maschine geschriebene Nachricht aus.

Alfried nahm die Papiere achtlos entgegen und begab sich in das Schallplattenzimmer. Dort suchte er lange nach einer bestimmten Aufnahme von Johann Sebastian Bach. Nachdem er sie gefunden hatte, zog er die Platte behutsam aus der Hülle und legte sie auf den Plattenteller. Dann löschte er das Licht.

Vera hatte ihren Milliardär verlassen. Für sie war das Ganze eine leichte Übung, denn sie war bereits von drei Männern geschieden, und von keinem hatte sie so viel Geld erhalten, wie sie von Alfried bekommen würde. Für ihn ging eine leidlich glückliche Zeit zu Ende. Vera dagegen hatte wohl nur die Weltreise genossen, als sie Alfried nicht mit einem Konzern teilen musste, als sie von einem schönen Ort zum nächsten wechselten, von einer Boutique in die nächste, von einem Bett in das nächste. In Essen hatte sie das gleiche Schicksal ereilt, dem auch Anneliese nicht hatte entgehen können. Angefeindet von Bertha und ignoriert von den Kruppianern, langweilte sie sich in der wenig glamourösen Ruhrmetropole. Verheiratet mit einem Mann, der sein Leben einem Unternehmen gewidmet hatte, das ihn nicht glücklich machte, und der seine Freizeit bevorzugt mit seiner Schallplattensammlung oder in der Dunkelkammer verbrachte.

Mit großen und kleinen Skandalen irritierte Vera von Amerika aus noch bis zum Ende ihres Lebens die geordnete Welt der Unternehmensführung, die jede Schlagzeile fürchtete, die den Ruf des Namens Krupp gefährden konnte.

Seit einigen Monaten besuchte Arndt das elitäre Internat im schweizerischen Zuoz. Der Aufenthalt in Schloss Stein war auf Drängen der dortigen Schulleitung beendet worden, da weder Arndts schulische Leistungen noch seine Integrationsbereitschaft ausreichend erschienen. Nachdem Alfried davon ausging, dass sein Sohn einmal seine Stelle einnehmen würde, lag ihm sehr viel an dessen erfolgreichem Schulbesuch. Also fuhr er ins Engadin, um sich persönlich davon zu überzeugen, wie Arndt sich dort eingelebt hatte. Nachdem er mit mehreren Lehrern gesprochen hatte, setzte er sich mit seinem Sohn in den Park des Lyzeums.

»Und in der Schule, wie läuft es da?«

»Du hast doch schon mit den Lehrern gesprochen …«

»Ja …«

»Also werden sie mich wohl durchkriegen.«

»Sie meinen, du könntest spielend einer der Besten sein.«

»Ja?«

»Sie sagen, du leistest dir Extravaganzen.«

Arndt musste lachen. »Ein hübsches Wort.«

»Du störst den Unterricht durch geistreiche Bemerkungen, weigerst dich, Sport zu treiben.«

»Sport? Was sie Sport nennen, ist die organisierte Erniedrigung der Schwachen.« Arndt kicherte. »Oh! Ich hoffe, das war keine von den verbotenen ›geistreichen Bemerkungen‹.«

Alfried ignorierte Arndts Exaltiertheit, die sich vor allem in der Betonung der Worte und seinen ständigen Handbewegungen äußerte, und wechselte zu einem Thema, das ihn sehr beschäftigte. »Man hat mir erzählt, dass deine Mutter viel zu oft hier sei. Sie schenkt dir Geld, das du unter deinen Freunden verteilst, und sie ermuntert dich zu deinen Extravaganzen. Sie sagten mir, damit dein Ruf unter den Mitschülern nicht völlig ruiniert wird, mussten sie auf deine Mutter einwirken, dir keine weibischen Geschenke mehr zu bringen. Was meinen sie damit?«

»Sie meinen damit, dass meine Mutter als Einzige nicht dauernd etwas aus mir machen will, sondern akzeptiert, wie ich bin.«

Vielleicht hätte er doch mit Arndt essen gehen sollen, überlegte Alfried, um die Atmosphäre etwas zu entspannen. Die Verweigerung seines Sohns irritierte ihn, aber Alfried hatte nicht mehr besonders viel Zeit, er musste an diesem Tag noch nach Zürich fahren.

»Stimmt es, dass deine Mutter jetzt hier am Ort wohnt?«

»Willst du es ihr verbieten, oder willst du sie dafür bezahlen, dass sie mich nicht mehr besucht?« Langsam bereitete es Arndt Vergnügen, seinen Vater zu provozieren, wenn er ihn schon nicht gewinnen konnte.

Noch ehe Alfried darauf etwas erwidern konnte, kam Anneliese zufällig an ihnen vorbeispaziert. »Alfried«, stieß sie aus. »Was für eine Überraschung!«

»Was machst du hier?«

»Danke der Nachfrage! Mir geht es gut«, wies Anneliese ihren Exmann ironisch auf seine mangelnde Höflichkeit hin.

»Anneliese, was machst du hier?« Alfried ließ sich nach außen hin nicht aus der Ruhe bringen.

»Ich kümmere mich um meinen Sohn, wie immer.«

»Würdest du uns bitte einen Moment allein lassen«, bat Alfried seinen Sohn.

»Nein, du bleibst hier!«

Hin und her gerissen, beschloss Arndt, der Aufforderung seiner Mutter Folge zu leisten.

»Anneliese, hör auf damit!«

»Womit?«, gab Anneliese sich unschuldig.

»Lass den Jungen selbständig werden. Du kümmerst dich zu viel um ihn.«

»Oh, ich danke für den Ratschlag!« Anneliese stellte sich in Positur. »Vor allem, da du ja ein echter Experte darin bist, dich um andere Menschen zu kümmern.«

»Er muss sich langsam auf die Schule konzentrieren«, bemühte Alfried sich, sachlich zu bleiben.

»Und, was machst du hier?« Anneliese verspürte nicht die

geringste Lust, sich auf irgendeine Art mit Alfried einverstanden zu zeigen.

»Ich habe mit der Schulleitung gesprochen. Außerdem werde ich Arndt auf meine nächste große Auslandsreise mitnehmen.«

»Ich darf dich begleiten!« Alfried hätte seinem Sohn kaum eine größere Freude bereiten können.

»Ach, du meinst also, er soll sich mehr auf Krupp konzentrieren«, meinte Anneliese, und sie spürte, dass Arndt noch immer sehr viel mehr an seinem Vater hing, als sie geglaubt hatte.

Berthold Beitz und Alfried Krupp saßen zusammen in der ersten Klasse eines Flugzeugs nach Madrid. Sie nutzten die Flugzeit, um diverse Firmenunterlagen durchzuarbeiten.

»Herr von Bohlen, hier habe ich den genauen Ablaufplan für den Besuch des äthiopischen Kaisers Haile Selassi, der in zwei Wochen Krupp besucht.« Beitz übergab Alfried eine Mappe. »Nachdem Ihre Frau Sie …« Er suchte nach einem geeigneten Wort.

»Machen Sie sich keine Sorgen.« Alfried lächelte versonnen. »In solchen Fällen steht meine Mutter immer zur Verfügung. Übrigens, ich habe über Ihre Forderung nachgedacht, die unrentable Lokomotivenfabrik zu schließen. Der Betrieb wird nicht geschlossen. Mit der Eisenbahn wurde Krupp einst groß.«

»Die Fabrik macht seit Jahren Verluste.«

»Dann müssen die anderen Betriebe eben umso mehr erwirtschaften, damit wir diesen über Wasser halten können.«

»Sie müssen das nicht tun. Wir leben nicht mehr im 19. Jahrhundert«, erklärte Beitz.

»Dann bin ich eben der Einzige, der noch im 19. Jahrhundert lebt.« Alfried reichte Beitz die entsprechenden Papiere zurück.

Es war nicht zu übersehen, dass Beitz mit dieser Lösung nicht zufrieden war. Aber er hatte noch andere Themen mit Alfried zu besprechen. »Da wäre noch etwas, worüber wir uns Gedanken machen müssen, Herr von Bohlen«, setzte Beitz erneut an. »Die Verträge mit den Alliierten verlangen, dass wir bis Januar 1959 die Zeche Constantin verkaufen. Wir müssen uns demnächst etwas einfallen lassen, damit sie dem Krupp-Konzern nicht verlorengeht.«

»Wir werden es folgendermaßen machen, Herr Beitz. Hören Sie zu.« Alfried beugte sich näher zu Beitz hinüber und fuhr leiser fort: »Es gibt kaum jemanden, der in der Lage wäre, die Zeche zu kaufen. Aber ich weiß, dass der Bochumer Verein interessiert ist.«

»Die schärfste Konkurrenz in diesem Bereich. Das wäre bitter.«

»Ja, ich kann mir jetzt schon den Zorn der Kruppianer vorstellen. Unser hartnäckigster Konkurrent seit einhundert Jahren nutzt den Zwang der Alliierten aus, dass Krupp sich von den Zechen trennen muss … Nun, sollen sie sie kaufen. Denn was die Kruppianer nicht wissen: Ein alter Freund der Familie, der Schwede Wenner-Gren, hat auf meine Bitte hin neunundvierzig Prozent des Bochumer Vereins erworben. Er wird in den nächsten Jahren durch Strohmänner noch mehr Anteile übernehmen. Und sobald die Verträge mit den Alliierten in vier Jahren auslaufen, verkauft mir Wenner-Gren alle seine Anteile an der Bochumer Zeche.

Damit haben wir nicht nur unsere Zeche Constantin zurück, sondern zugleich auch unseren ärgsten Konkurrenten im Sack.«

»Und alle Verpflichtungen gegenüber den Siegermächten eingehalten.« Beitz pfiff anerkennend durch die Zähne.

20

1957

»Übrigens war es Berthold, der mich mit Herrn Beitz bekannt gemacht hat«, erklärte Alfried.

»Ausgerechnet Berthold?« Harald lachte ungläubig.

»Ich glaube, er wollte mir zeigen, wie der neue Typus des Geschäftsmanns aussieht, der Manager. Und wie hoffnungslos veraltet dagegen meine Denkweise war. Es war im Atelier irgendeines Künstlers, der moderne Plastiken für uns anfertigen sollte. Da stand dieser Mann, der sich all die Kunstwerke sehr genau anschaute, ernsthaft und konzentriert. Schwer zu beschreiben, was den Ausschlag gab. Für mich war es wie ein Erwachen. Ich hatte endlich gefunden, wonach ich schon so lange gesucht hatte. Nach der Begegnung mit diesem Mann war mir plötzlich klar, wie ich mein Ziel erreichen konnte. Ich brauchte jemanden, dem ich absolut vertrauen konnte, der den Mut und die Größe und die Fähigkeit besaß, meine Geschäfte zu führen. Damit ich mich in die zweite Reihe zurückziehen konnte, um das wesentliche Ziel im Auge zu behalten: die Firma wieder groß zu machen, um sie dann abgeben zu können. Endlich war ich mir sicher, dass es klappen könnte. Zusammen mit Beitz.«

»Wieso warst du dir so sicher, dass du ihm vertrauen kannst?«

»Ich habe ihn gesehen und wusste es!«

Harald schaute auf seine Armbanduhr, es war spät geworden. »Ich glaube, ich gehe jetzt besser nach Hause.«

»Komm, ich begleite dich noch nach draußen, ein wenig frische Luft schnappen, die Beine vertreten und eine Zigarette zum Abschied.« Alfried holte seinem Bruder Mantel und Hut und ging mit auf die Terrasse.

Die beiden standen rauchend nebeneinander, bliesen den Rauch weit in die dunkle Nacht.

»Geh zu ihr, Alfried. Sie wartet auf dich.« Harald beobachtete seinen Bruder von der Seite, er konnte nicht sicher sagen, ob er ein angedeutetes Nicken gesehen hatte. Nach einer kleinen Pause holte er aus der Innentasche seines Mantels einen fleckigen, zerknitterten Briefumschlag hervor. Sorgfältig faltete er das Feldpostpapier auseinander. »Eckbert, unser Kleiner, hat mir damals von der Front einen Brief geschrieben. Er schreibt, wir müssten uns unbedingt nach dem Krieg kennenlernen. Kurz darauf ist er gefallen.« Nachdem Alfried den Brief gelesen hatte, steckte Harald ihn sorgfältig wieder in den Umschlag zurück. »Ich bin froh, dass ich zu dir gekommen bin. Danke für deine Offenheit.«

Alfrieds Gesicht wirkte entspannt wie selten. »Was wirst du jetzt tun?«, fragte er.

»Ich weiß es noch nicht. Neu anfangen, irgendetwas anfangen ...!« Die beiden reichten sich die Hände. »Ich wünsche dir Glück, Alfried!«

»Ich dir auch!«

Harald machte sich erneut auf den Weg nach Hause. In der Richtung, in die er ging, wurde es bereits hell. In der Villa Krupp war noch immer Licht zu sehen. Seine Mutter schien ebenfalls wach zu sein, konnte anscheinend keine Ruhe finden. Ob er sie noch einmal sehen würde? Harald wusste nicht, wie es weitergehen sollte in seinem Leben. Aber nach diesem langen Gespräch mit Alfried hatte er das Gefühl, dass es weitergehen konnte.

Gut zwanzig Schallplatten warteten noch auf ihre Archivierung. Alfried setzte sich hin, um den Stapel zu erledigen. Dann stellte er die Platten an ihre Plätze in den Vitrinen, schob die Glastüren zu, schloss den Plattenspieler und klappte den Deckel über den Karteikasten. Er holte seinen Hut und seinen Mantel und öffnete die Tür. Die Sonne war aufgegangen, begrüßt vom Gezwitscher der Vögel, die wohl den Winter über im Land bleiben würden. Alfried zündete sich eine Zigarette an und machte sich auf den Weg zur Villa. Wie immer verharrte er vor der Tür seiner Mutter, ein Anflug von Unentschlossenheit, den Alfried jedoch schnell verdrängte.

Alfried merkte dem Zimmer an, dass hier seit einigen Tagen nicht nur seine Mutter, sondern auch ihr Dienstmädchen geschlafen hatten und es Tag und Nacht kaum verlassen worden war. Als Anna ihn erblickte, stand sie auf, legte die Decke zusammen und verließ wortlos den Raum.

Bertha betrachtete ihren Sohn prüfend. Seit ihrem letzten Gespräch hatte sich seine Haltung nicht geändert, zumindest nicht in der Hinsicht, die ihr gelegen käme. »Du bist immer noch entschlossen?«

»Ja, Mutter!«

Bertha spürte, dass ihr Einfluss schwand – ebenso wie ihre Kraft. Ihr würde es nicht mehr gelingen, Alfried umzustimmen. Seitdem er aus Landsberg entlassen worden war, hatte er sich von niemandem mehr etwas sagen lassen. Ich sollte stolz auf ihn sein, dachte sie, und auf mich, immer habe ich es gewollt, dass Alfried stark, unbeugsam und prinzipientreu werden sollte. Aber sie konnte in diesem Fall nicht über ihren Schatten springen. »Du weißt, dass du unserer Familie das Herz herausreißt!«

Alfried hätte seiner Mutter noch gern vieles gesagt, was ihm in den letzten Tagen, auch im Gespräch mit Harald, klargeworden war: vor allem, dass sie es war, die irgendwann auf ihrem Weg durchs Leben das Herz verloren hatte. Aber was hatte es andererseits für einen Sinn, seine alte, sterbende Mutter damit zu konfrontieren, statt sie in den Arm zu nehmen und ihr gut zuzureden. Doch das änderte nichts an seinem Entschluss, an Arndt festzuhalten, an allem festzuhalten, was er in den letzten Jahren entschieden hatte. »Ich kann nicht anders, es muss sein.«

Tapfer und wie immer um Haltung bemüht, schaute Bertha ihren Ältesten an. Tränen liefen ihr über die blassen Wangen. Sie hätte die Tränen gerne unterdrückt, aber was hatte das noch für einen Sinn? Ahnten doch beide, wie es um sie bestellt war.

Befangen stand Alfried noch immer in der Nähe der Tür, wusste nicht, wie er die wenigen Schritte zu ihrem Bett überwinden sollte, und wusste doch, dass er nichts anderes wollte als einen versöhnlichen Abschied. Auch wenn sie ihn noch so viel gequält, zu Entscheidungen gedrängt hatte, die er nicht wollte, ihn in die Einsamkeit getrieben hatte. Seine Mutter hatte stets ein großes Ziel vor Augen gehabt, und dieses Ziel hatte sie erreicht: einen Krupp zu erschaffen, dem das Wohl seines Unternehmens über alles ging. Aber dann war da noch jemand, der sein Recht einforderte. Dieser Jemand war Alfried. Und der war mit den gleichen Fähigkeiten ausgestattet, und er forderte sein Recht. Er hatte sich lange genug fügen müssen. Doch aus seiner Stärke wuchs auch die Bereitschaft zur Versöhnung. »Es tut mir leid, Mutter!«, sagte er.

Bertha sah ihn voller Trauer an. »Muss es wirklich vorbei sein, alles, vorbei?«

»Ja!« Es hatte keinen Sinn zu lügen. Alfrieds Kehle war wie zugeschnürt. Was hatte seine Mutter nicht alles vorübergehen sehen?

Bertha schaute ihn lange an. Schließlich nickte sie, wusste, dass er recht hatte. Und plötzlich brach alles aus ihr heraus. Sie barg ihr Gesicht in den Händen und begann laut und haltlos zu weinen, wie sie es in ihrem Leben noch nie getan hatte. Selbst den Tränen nahe, nahm Alfried sie in die Arme und versuchte, tröstende Worte zu finden. »Du brauchst nicht mehr stark zu sein. Der Kampf ist vorbei.«

Allmählich beruhigte sich Bertha, schluchzte nur noch hin und wieder kurz auf. Aber Alfried hielt sie noch eine Weile fest, bis die Spannung aus ihrem Körper gewichen war. Sie begann wieder gleichmäßig und leicht zu atmen. Ihre Gesichtszüge waren entspannt wie nie. Bertha schlief. Alfried versuchte sie behutsam auf ihr Kissen zurückzulegen und in eine angenehme Lage zu betten. »Vorbei«, sagte er ganz leise und wollte sich gerade erheben, als sie noch einmal die Augen aufschlug. Bedächtig näherte sich ihre Hand seinem Gesicht und streichelte es zärtlich. Sie lächelte matt. Und Alfried lächelte zurück. Dann schlief sie wieder ein. Alfried überließ es Anna, an ihrem Bett zu wachen. Er beeilte sich, die Villa Hügel zu verlassen, und erst als er ausreichend Abstand hatte, blieb er stehen und zündete sich eine Zigarette an. Ihn hätte es nicht gewundert, wenn das gesamte Haus zerschmettert worden wäre wie der Tempel in Jerusalem oder einfach im Erdboden versunken.

In Berthas Träumen kehrten die Bilder ihres Lebens zurück, Gustavs Tod, die Bombenangriffe, Hitler als Gast auf dem Hügel, Gustav in französischer Gefangenschaft, der lange Sommer in Blühnbach, die Konfrontation mit den Rotarmisten, die Besuche des Kaisers, die Hochzeit mit Gustav, der Tod ihres Vaters, der Abtransport ihrer Mutter in die Irrenanstalt, das Spatzenhaus mit Barbara. Etwas trieb sie, das Bett zu verlassen, bedächtig ging sie den Flur entlang, sah die Dienstmädchen bei der Verrichtung ihrer Arbeit, hörte die Geräusche einer großen Gesellschaft, die in der Halle tafelte, begegnete dem Majordomus, der ihr einen guten Morgen wünschte. »Es ist ein schöner Tag, bereiten Sie alles für eine Ausfahrt vor!« Vorsichtig stieg sie die breite Treppe hinunter, befahl dem Kindermädchen, die Kinder ausgehfertig zu machen, und stellte sich dann vor den großen Spiegel, wo ihr Hut bereitlag. Bertha setzte sich den Hut auf und fühlte sich noch einmal wie in ihren besten Jahren: Sie sah eine etwa dreißigjährige Bertha, dann verschwamm das Spiegelbild langsam, bis es schließlich ganz verschwunden war.

Obwohl die Sonne hoch am Himmel stand, war Anna eingenickt. Als sie aufwachte, bemerkte sie sofort das leere Bett. Fieberhaft durchsuchte sie alle Zimmer, in denen sich ihre Herrschaft üblicherweise aufgehalten hatte, hastete die große Treppe hinunter. In der Halle sah sie bereits von weitem eine Gestalt am Boden liegen. »Frau von Bohlen!«, rief sie.

Wenige Stunden später versammelte sich die Familie um das Totenbett. Alfried stand direkt am Fußende und sah seiner Mutter in das graue faltige Gesicht. Er setzte in stiller Zwiesprache den Abschied von seiner Mutter fort, den er in der Morgendämmerung begonnen hatte. Seine Geschwister hielten sich im Hintergrund. Auch Barbara und Tilo erschienen, um zu kondolieren und sich von der Toten zu verabschieden. Barbara umarmte ihren Neffen innig, dann kniete sie sich neben ihre Schwester, streichelte wehmütig ihr Gesicht und begann, so wie sie es in ihrer Jugend beide geliebt hatten, ein Stück aus dem *Faust* zu rezitieren:

»Ihr bringt mit euch die Bilder froher Tage,
Und manche liebe Schatten steigen auf;
Gleich einer alten, halbverklungnen Sage
Kommt erste Lieb und Freundschaft mit herauf;
Der Schmerz wird neu, es wiederholt die Klage
Des Lebens labyrinthisch ihren Lauf,
Und nennt die Guten, die, um schöne Stunden
Vom Glück getäuscht, vor mir hinweggeschwunden.«

Epilog

1966/1967

Die Wanderung hinauf in das Hagengebirge war Alfried Krupp in früheren Jahren bedeutend leichter gefallen. Er versuchte, es sich nicht anmerken zu lassen, aber Berthold Beitz kannte ihn mittlerweile lange genug, um sich nicht täuschen zu lassen. Er war insgeheim froh darüber, mit seinem asketisch wirkenden Chef leichter Schritt halten zu können.

»Da gibt es eine Sache, über die wir noch sprechen müssen. Ihr Testament zugunsten Ihres Sohns.«

Verwundert blieb Alfried stehen.

»Ich habe es durchsehen lassen, wieder und wieder. Die Erbschaftssteuer wäre untragbar, sie würde alles zerschlagen.«

Mit solchen Problemen hatte Alfried nicht gerechnet, aber das war wohl der Nachteil seines Plans, die Firma Krupp nicht zu einer Art »vaterländischer Anstalt« der Nato zu machen. Dieser Nimbus, für das Gemeinwesen unersetzlich zu sein, hatte das Unternehmen sowohl unter Hitler als auch unter dem Kaiser gerettet. Dennoch wollte er sichergehen. »Die Bundesregierung?«, fragte er.

»Keine Chance. Es wird definitiv keine neue Lex Krupp geben. Ein so bedeutendes Unternehmen im Besitz eines einzelnen Mannes will niemand mehr haben. Sie warten geradezu auf die Gelegenheit, diesen Umstand zu beenden.«

Alfried schritt wieder aus, die kleine Pause hatte ihm gutgetan, und Beitz hatte Mühe, ihm zu folgen. »Eine Zerschlagung des Konzerns kommt nicht in Frage. Das Ganze muss erhalten bleiben, für die Kruppianer. Was wäre mit einer Stiftung, wie bei Bosch?«

»Eine Stiftung.« Darüber hatte Beitz sich bisher keine Gedanken gemacht.

»Ja, wir werden eine Stiftung gründen. Dann werde ich den kompletten Besitz der Stiftung in Form von Aktien übergeben. Die Stiftung ist dann Eigner des Krupp-Konzerns und wird alle Gewinne für gemeinnützige Zwecke einsetzen.« Der Gedanke faszinierte Alfried, denn damit war er auch die Sorge los, ob Arndt wirklich ein geeigneter Nachfolger wäre.

»Das bedeutet, Sie geben alles ab?«

»Es ist wohl an der Zeit. Außerdem bleibt ja noch einiges, was sich neben dem Unternehmen in meinem Besitz befindet. Aber das Beispiel der Villa Hügel stimmt mich optimistisch. Ich denke, in ihrer jetzigen Nutzung als Ort für Kunstausstellungen dient sie den Menschen mehr, als sie es je für mich getan hat. Möglicherweise verhält es sich bei den Krupp-Werken genauso.«

»Arndt müsste auf sein Erbe verzichten, freiwillig«, deutete Beitz die Schwierigkeit dieses Vorhabens an.

»Man müsste mit ihm sprechen …«

Nachdem die rechtlichen Möglichkeiten und Konsequenzen einer Stiftung ausgelotet waren, machte Beitz sich auf den Weg nach Blühnbach, wo Arndt gerade im wahrsten

Sinne des Wortes Hof hielt. Schon während seiner Internatszeit liebte er Auftritte als mittelalterlicher Herrscher. Musik von Richard Wagner schallte über die Wiese vor dem Schloss, und Schützen in Tiroler Tracht schossen Salut, während Arndt, in einen blauen Umhang gehüllt, der in einer von zwei Pagen getragenen Schleppe auslief, eine Ehrenformation abschritt. Dann setzte er sich auf eine Art Thron und ließ sich bedienen. Am Rande dieses überraschenden Spektakels wartete Beitz auf einen günstigen Moment, um den selbsternannten König von Blühnbach auf sich aufmerksam zu machen.

Wenig später saßen der Generalbevollmächtigte und der potentielle Erbe der Firma Krupp in einer gemütlichen Ecke des Schlosses.

»Es liegt an Ihnen, die Firma zu retten«, erklärte Beitz den Grund seines Kommens.

»Indem ich auf sie verzichte …«, konkretisierte Arndt.

»Die Erbschaftssteuer wäre so hoch, dass ein Großteil des Konzerns verkauft und aufgegeben werden müsste.«

»Aber mein Vater hat sie auch geerbt!«

»Sie wissen doch, dass Hitler persönlich verfügt hat, dass man auf die Erbschaftssteuer verzichtet. Und dasselbe hat der Kaiser getan, als Ihre Großmutter geerbt hat. Derzeit gibt es niemanden, der das entscheiden kann und will. Ein Privatunternehmen in dieser Größe ist heute unerwünscht.«

»Unerwünscht? Jemand, der Verantwortung übernimmt? Zu seinen Leuten steht? Ich würde mein Bestes geben, um das zu tun.«

Beitz wartete eine Weile, bevor er erklärte: »Natürlich weiß jeder der Beteiligten, vor allem Ihr Vater, Ihren selbstlosen Verzicht zu schätzen. Ihnen wurde eine großzügige

Abfindung zugestanden: zwei Millionen Mark Leibrente im Jahr. Außerdem wünscht Ihr Vater, dass Sie die Villa Bled Targui in Marrakesch erhalten sowie Schloss Blühnbach.«

»Wie viel ist Krupp wert?« Arndt, der sich nicht sicher war, ob er wirklich das Leben seines Vaters oder seines Großvaters teilen wollte, versuchte zumindest herauszufinden, worauf er verzichten sollte.

»Etwa 2,3 Milliarden«, gab Beitz bereitwillig Auskunft.

»Ich verzichte also auf zwei Milliarden, um zwei Millionen zu bekommen?«

Als geschickter Unterhändler wusste Beitz, wann er zu schweigen hatte.

Arndt bezweifelte, wirklich eine Wahl zu haben. Er fügte sich in sein Schicksal, kannte er doch schlimmere. »Millionen, Milliarden – was macht das schon für einen Unterschied«, philosophierte er. »Mein Vater hat mir einmal gesagt, ich solle mir eine eigene Welt erschaffen. Eine Welt, in der ich mich stark fühle … Er hat es am Ende geschafft, nicht wahr?«

Blitzlichtgewitter durchzuckte die große Halle, ehe Alfried ein Zeichen gab, das er zu sprechen beabsichtigte. »Dies ist ein schwieriges Jahr gewesen«, begann Alfried seinen letzten großen Auftritt in der Villa Hügel. Vor einer großen Zahl geladener Gäste, verdienstvoller Kruppianer, seinen Geschwistern und natürlich einigen Reportern plante er, das wohlgehütete Geheimnis zu lüften. »Die Preise für Kruppstahl sind gefallen, weil es keine Abnehmer gab. In den Hüttenwerken haben wir zweitausendneunhundert Angestellte entlassen müssen. Kurzarbeit erwies sich als unvermeidbar, und die Erträge aus der Kohlenförderung sind um zweiunddreißig

Prozent gesunken. Ich bin mir immer noch der großen Rolle bewusst, die das Prinzip der sozialen Verantwortung in meiner Familie und unserem Konzern gespielt hat. Und ich sage es ganz offen: Ich bin stolz darauf. Aber um ein Wohlfahrtsunternehmen führen zu können, brauche ich eine breitere Kapitalbasis.« Alfried versuchte, unter den Zuhörern bekannte Gesichter auszumachen, bevor er zum Kern der Sache kam. »Ich habe daher beschlossen, die Firma auf der Grundlage einer Stiftung in eine Aktiengesellschaft umzuwandeln. Die Gewinne der Stiftung werden zur Förderung der wissenschaftlichen Forschung verwendet werden. Ich danke den Banken, der Bundesregierung, Herrn Beitz und vor allem meinem Sohn Arndt, ohne dessen Erbverzicht dieses Ende der Dynastie nicht möglich gewesen wäre.«

Diese Worte riefen mehr Überraschung als Begeisterung hervor. Keine Hand rührte sich. Gelassen verließ Alfried das Podium, die Halle und die Villa Hügel. Er hatte seinen Beitrag zum Fortbestand des Unternehmens geleistet.

Nach dieser öffentlichen Bekanntmachung zog Alfried Krupp sich mehr und mehr zurück. Bald darauf wurde bei ihm ein Bronchialkrebs diagnostiziert, der seine restliche Lebenszeit auf wenige Wochen zusammenschrumpfen ließ. Am 30. Juli 1967 verstarb der letzte Krupp, begleitet von einer Krankenschwester des Sanitätsdienstes seiner ehemaligen Fabrik, in seinem Essener Bungalow.

Befreit von allen Verpflichtungen genoss Arndt von Bohlen und Halbach ein luxuriöses Leben weit über Blühnbach, München und Marrakesch hinaus. Es war die Zeit des Jetsets, des Rausches und der Hippiekultur, die ihn zu einem ihrer Protagonisten machte. Doch auch sie verging und hinterließ einen stets zwischen Schulden und finanziellen Exzessen schillernden Dandy, dem das Älterwerden als eine der größten Bedrohungen erschien. Seine mehrfachen Gesichtsoperationen vertrugen sich nicht mit dem Mundbodenkrebs, von dem er schon einmal geheilt worden war, aber Arndt konnte nicht davon lassen. Wegen eines Besuchs der thailändischen Königin Sirikit, die dem Wohltäter für seine langjährige Spendenbereitschaft ihren Dank abstattete, ließ er sich erneut liften. Und bezahlte 1986, nur ein Jahr danach, mit dem Tod, vor dem ihn sein Onkologe gewarnt hatte.

Schloss Blühnbach gehört gegenwärtig dem Erben eines texanischen Ölmagnaten und ist der Öffentlichkeit nicht zugänglich. Die Villa Bled Targui, in der in den späten sechziger Jahren auch die Rolling Stones zu den gerngesehenen Gästen gehörten, steht derzeit zum Verkauf.

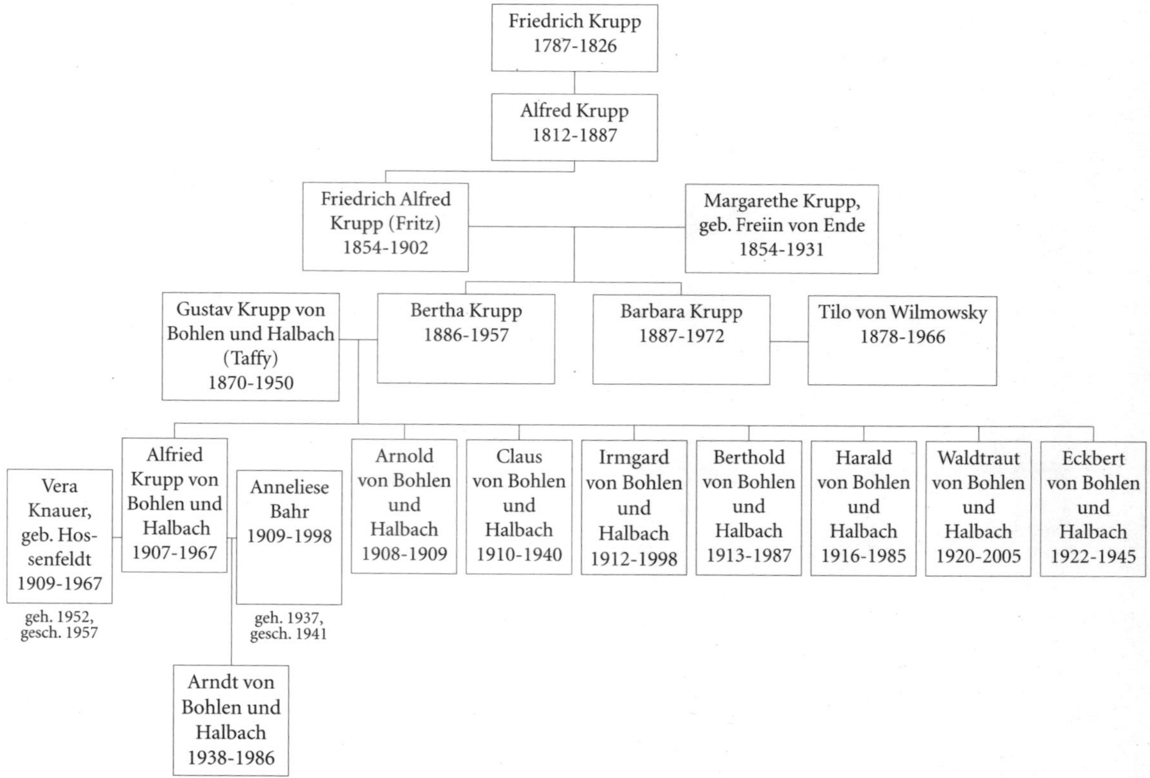
Friedrich Krupp 1787-1826
Alfred Krupp 1812-1887
Friedrich Alfred Krupp (Fritz) 1854-1902
Margarethe Krupp, geb. Freiin von Ende 1854-1931
Gustav Krupp von Bohlen und Halbach (Taffy) 1870-1950
Bertha Krupp 1886-1957
Barbara Krupp 1887-1972
Tilo von Wilmowsky 1878-1966
Vera Knauer, geb. Hos-senfeldt 1909-1967
geh. 1952, gesch. 1957
Alfried Krupp von Bohlen und Halbach 1907-1967
Anneliese Bahr 1909-1998
geh. 1937, gesch. 1941
Arnold von Bohlen und Halbach 1908-1909
Claus von Bohlen und Halbach 1910-1940
Irmgard von Bohlen und Halbach 1912-1998
Berthold von Bohlen und Halbach 1913-1987
Harald von Bohlen und Halbach 1916-1985
Waldtraut von Bohlen und Halbach 1920-2005
Eckbert von Bohlen und Halbach 1922-1945
Arndt von Bohlen und Halbach 1938-1986